普通高等院校"十三五"规划教材

成本会计

CHENGBEN

KUAIJI

王　静　孙明涛　郑艳华◎主　编
刘永珍　杨　敏　王柏慧　周顺奎　赵家钰　杨贤超◎副主编

清华大学出版社
北京

内容简介

本书介绍了成本会计的基本概念、基本理论和基本核算方法，理论联系实际，并将会计与成本紧密结合，注重新颖性、实用性和可操作性。全书共十二章，主要内容包括总论、要素费用的归集与分配、辅助生产费用的归集与分配、制造费用及损失性费用的归集与分配、生产费用在完工产品与在产品之间的分配、产品成本计算方法概述、产品成本计算的品种法、产品成本计算的分批法、产品成本计算的分步法、产品成本计算的辅助方法、成本报表和成本分析，以及其他行业成本核算。

本书适合本科院校会计、财务管理专业的学生使用，也可作为企业会计人员的参考书。

本书封面贴有清华大学出版社防伪标签，无标签者不得销售。
版权所有，侵权必究。举报：010-62782989，beiqinquan@tup.tsinghua.edu.cn。

图书在版编目(CIP)数据

成本会计 / 王静，孙明涛，郑艳华主编. —北京：清华大学出版社，2018（2024.8重印）
（普通高等院校"十三五"规划教材）
ISBN 978-7-302-49207-8

Ⅰ.①成… Ⅱ.①王… ②孙… ③郑… Ⅲ.①成本会计-高等学校-教材 Ⅳ.①F234.2

中国版本图书馆 CIP 数据核字(2017)第 329910 号

责任编辑：刘志彬
封面设计：汉风唐韵
责任校对：宋玉莲
责任印制：杨　艳

出版发行：清华大学出版社
网　　址：https://www.tup.com.cn, https://www.wqxuetang.com
地　　址：北京清华大学学研大厦 A 座　　邮　编：100084
社 总 机：010-83470000　　邮　购：010-62786544
投稿与读者服务：010-62776969，c-service@tup.tsinghua.edu.cn
质量反馈：010-62772015，zhiliang@tup.tsinghua.edu.cn

印 装 者：三河市龙大印装有限公司
经　　销：全国新华书店
开　　本：185mm×260mm　　印　张：16　　字　数：360 千字
版　　次：2018 年 1 月第 1 版　　印　次：2024 年 8 月第 6 次印刷
定　　价：48.00 元

产品编号：077921-01

前　言

成本会计是企业会计核算的重要组成部分，是现代会计的一个分支，体现了传统会计与现代管理的结合，是多种学科相互渗透、相互结合的综合学科。成本会计作为企业管理的重要信息系统和管理工具，通过提供成本信息参与企业内部管理，尤其是现代成本会计核算方法的引入，为企业成本管理提供了新的理念，使企业真正实现科学管理，提高了管理效率。成本会计的形成与发展是会计适应现代化企业管理要求，以及管理适应经济发展的必然结果。

本书介绍了成本会计的基本概念、基本理论和基本核算方法，理论联系实际，并将会计与成本紧密结合，注重新颖性、实用性和可操作性。编者在编写本书时，总结了多年的教学经验，在借鉴国内外成本会计相关文献的基础上，并充分考虑到高等院校会计、财务管理专业的教学要求。编写本书的基本思路是：作为一本教材，要在有限的教学时间内，让学生尽可能地掌握成本会计的基本概念、基本理论和基本核算方法，注重理论与实践的关系，引导学生将理论知识与实践相结合。

本书由兰州文理学院王静、菏泽学院孙明涛和吉林工程技术师范学院郑艳华担任主编，安徽师范大学刘永珍、四川交通职业技术学院杨敏、河北东方学院王柏慧、唐山师范学院周顺奎、信阳职业技术学院赵家钰和炎黄职业技术学院杨贤超担任副主编。在本书编写过程中，编者参阅了大量的国内外相关文献，引用了相关的论点及资料并借鉴部分实务操作练习，由于篇幅所限，不能逐一罗列，在此一并向有关人士致以诚挚的歉意和谢意！

由于编写时间仓促，加之角度不同，观点见仁见智，书中定有不当、偏颇之处，诚恳同行、专家和老师多提宝贵意见。

编　者

目　录

第一章　总论　1
- 第一节　成本概述　1
- 第二节　成本会计的概述　7
- 第三节　成本核算的原则、要求和基础工作　12
- 第四节　产品成本核算的科目设置和基本程序　16
- 本章小结　19
- 综合练习　19

第二章　要素费用的归集与分配　22
- 第一节　材料费用的归集与分配　22
- 第二节　人工费用的归集与分配　34
- 第三节　折旧费及其他费用的归集与分配　44
- 本章小结　47
- 综合练习　47

第三章　辅助生产费用的归集与分配　50
- 第一节　辅助生产费用的归集　50
- 第二节　辅助生产费用的分配　53
- 本章小结　63
- 综合练习　63

第四章　制造费用及损失性费用的归集与分配　66
- 第一节　制造费用的归集与分配　66
- 第二节　损失性费用的归集与分配　72
- 本章小结　78
- 综合练习　78

第五章 生产费用在完工产品与在产品之间的分配　81

第一节　在产品数量的核算 …………………………………………………… 81
第二节　生产费用在完工产品与在产品之间分配的方法 ……………………… 83
本章小结 ………………………………………………………………………… 91
综合练习 ………………………………………………………………………… 91

第六章 产品成本计算方法概述　95

第一节　生产的分类 …………………………………………………………… 95
第二节　产品成本的计算方法 ………………………………………………… 97
第三节　各种产品成本计算方法的实际运用 ………………………………… 103
本章小结 ………………………………………………………………………… 104
综合练习 ………………………………………………………………………… 104

第七章 产品成本计算的品种法　107

第一节　品种法概述 …………………………………………………………… 107
第二节　品种法的核算程序及应用 …………………………………………… 109
本章小结 ………………………………………………………………………… 117
综合练习 ………………………………………………………………………… 117

第八章 产品成本计算的分批法　124

第一节　分批法概述 …………………………………………………………… 124
第二节　分批法的核算程序及应用 …………………………………………… 125
第三节　简化分批法及其应用 ………………………………………………… 129
本章小结 ………………………………………………………………………… 133
综合练习 ………………………………………………………………………… 133

第九章 产品成本计算的分步法　140

第一节　分步法概述 …………………………………………………………… 140
第二节　逐步结转分步法 ……………………………………………………… 142
第三节　平行结转分步法 ……………………………………………………… 151
本章小结 ………………………………………………………………………… 155
综合练习 ………………………………………………………………………… 156

第十章 产品成本计算的辅助方法　　164

第一节　产品成本计算的分类法　　164
第二节　产品成本计算的定额法　　168
第三节　联产品、副产品、等级产品的成本计算　　177
本章小结　　181
综合练习　　182

第十一章 成本报表和成本分析　　189

第一节　成本报表　　189
第二节　成本分析　　199
本章小结　　210
综合练习　　211

第十二章 其他行业成本核算　　215

第一节　商品流通企业成本核算　　215
第二节　施工企业成本核算　　222
第三节　旅游、餐饮、服务企业成本核算　　230
本章小结　　237
综合练习　　237

参考文献　　240

第一章 总论

> **学习目标**
> 1. 了解成本的概念、成本会计的产生和发展；
> 2. 明确成本会计的对象、职能、任务和作用；
> 3. 掌握成本核算的原则和要求；
> 4. 了解成本会计法规制度、机构设置和成本会计的基础工作。

在市场经济条件下，企业的竞争主要是产品价格和质量的竞争，而价格的竞争归根到底是成本的竞争。企业经济效益的高低、市场竞争能力的强弱，在很大程度上取决于成本的高低，成本关系到企业的兴衰、企业的命运。通过本章的学习，对成本会计课程有一个初步的认识。

第一节 成本概述

一、成本的概念及经济实质

（一）成本的概念

成本是一个行为主体为了达到特定目的所失去或者放弃的资源，它表现为一定时期内人力、物力和财力的消耗。这里的"资源"，不仅包括作为生产资料和生活资料的天然资源、还包括经过人类加工的物质资源及人力资源；"行为主体"既包括会计主体，也包括自然人；"特定目的"指需要对成本进行单独测量的一切活动，也就是成本对象，如一件物品、一项设计、一项服务、一个客户、一种商标、一项任务等；"失去"是指资源被消耗，例如材料在生产中被消耗掉、设备在使用中被磨损等；"放弃"是指资源交给其他企业或者个人,例如用货币支付职工薪酬、加工费等。由此可见,成本作为资源的耗费在现实生活中是无处不在,无日不发生的。这些耗费的人力、物力和财力用货币形式表现出来,会计上称之为费用,也称之为广义的成本。狭义的成本仅是指物质生产部门制造产品所发生的成本,也称产品成本。现代成本会计学中,成本是这样定义的:特定会计主体为达到其特定目的或目标而发生的可以用货币计量的代价。

成本作为市场经济中客观存在的一个价值指标,它遍及各行各业的各项活动,但并不是所有活动的成本都需要通过会计来核算和考核,不同行业的会计对成本的处理是不同的。在不以营利为目的的政府机关和全额预算的事业单位里,虽然也发生成本,但这些成本开支不依靠自身创造的财富来补偿,而是通过国家财政预算拨款来满足,因此,不需要进行成本核算和考核,而仅仅需要通过预算或计划对发生的费用进行控制和约束。在以营利为目的的自收自支、自负盈亏的生产经营部门和企业化管理的事业单位,它们在经营活动中发生的成本开支需要通过自身创造的财富来补偿,这就要求它们必须对发生的耗费进行核算和考核,努力做到以收抵支,保证盈利。成本会计所研究的成本主要是以营利为目的的企事业单位所发生的成本费用,特别是物质生产部门为制造产品所发生的产品生产成本。

(二)成本的经济实质

成本是商品经济的产物,是商品价值的一个重要组成部分。商品作为用于交换的劳动产品,其价值由三部分构成,即物化劳动的转移价值也就是已耗费生产资料的转移价值(C)、活劳动中劳动者为自己创造的价值(V),以及劳动者为社会所创造的价值(M)。马克思曾在《资本论》中用一个公式表示商品价值(W)和这三者的关系:

$$W=C+V+M$$

从理论上讲,产品成本就是C+V之和,即以货币表现的为制造产品所耗费的物化劳动和活劳动中必要劳动的价值之和,这是产品价值中的补偿部分,它构成了产品的理论成本。由此可以将成本的经济实质概括为:生产经营过程中所耗费的生产资料的转移价值和劳动者为自己劳动所创造的价值的货币表现,也就是企业在生产经营中所耗费的资金总和。

按照持续经营会计假设要求,生产者的生产经营活动是不间断地进行的,产品的投入产出也就不间断地发生,根据成本管理和成本核算的要求,产品成本的计算不可能等到全部生产活动结束后再进行。因此,要按照会计期间的划分,结合产品的生产特点,按会计期间或产品的生产周期进行产品成本计算。由于受期初、期末在产品和跨期摊提费用的影响,同一会计期间的生产成本并不一定等于同一时期的生产耗费,因此,需要按照会计分期假设和权责发生制会计基础确认应当归属于一定种类和数量的产品的生产耗费,这种对象化的生产耗费才构成了产品成本。即产品成本是指企业为了生产一定种类和数量的产品或提供一定数量的劳务所消耗而又必须补偿的物化劳动和活劳动中必要劳动的货币表现。

在实际工作中,一般很难确定这种纯粹的C+V的理论成本,它只是一种理论抽象。在会计实务工作中,国家统一规定了成本开支范围,由这样的成本开支范围确定的成本称为现实成本,即产品成本。现行财务制度规定,产品成本开支范围包括以下各项:

（1）为制造产品消耗的原材料、辅助材料、外购半成品及燃料等费用；
（2）为制造产品而耗用的动力费用；
（3）支付给生产人员的职工薪酬；
（4）生产性固定资产折旧费、租赁费（不包括融资租赁费）、修理费和周转材料的摊销费用；
（5）因生产原因发生的废品损失，以及季节性和修理期间的停工损失；
（6）为组织和管理生产而支付的办公费、取暖费、水电费、差旅费，以及运输费、保险费、设计制图费、试验检验费和劳动保护费等。

（三）产品成本与生产费用

产品成本与生产费用是一组既有紧密联系又有一定区别的概念。

产品成本是指企业为生产一定种类、一定数量的产品而发生的各项生产费用的总和。产品成本也称为产品生产成本或产品制造成本。

生产费用是指企业在一定时期内，在生产产品和提供劳务过程中所发生的各种耗费。生产费用的概念表述中不包括期间费用。生产费用和期间费用都是企业生产经营过程中发生的耗费，可以将企业的生产费用和期间费用合称为生产经营费用，只有生产费用计入产品成本。生产费用和产品成本在经济内容上是完全一致的，一定时期的生产费用是计算产品成本的基础，产品成本是对象化的生产费用。它们的区别是：生产费用与一定会计期间相联系，产品成本与一定种类和数量的产品相联系。在一定的会计期间内，一个企业的生产费用总额与其完工的产品成本总额不一定相等。

二、成本的分类

为了加强成本管理，寻求进一步降低成本的途径，企业应按照不同的标准对成本加以分类。物质生产部门的成本分类一般有以下几种。

（一）按成本的经济用途分类

按成本的经济用途划分，可分为制造成本和非制造成本两大类，这是成本最基本的分类。

▶ 1. 制造成本

制造成本是指产品在制造过程中发生的各项成本，具体包括以下各项。

（1）直接材料。直接材料指直接用于产品生产，构成产品实体的原料、主要材料，以及有助于产品形成的辅助材料等。例如食品厂生产的面包，所用的面粉就是构成其实体的主要原料，所用的白砂糖、蜂蜜、鸡蛋、奶油等就是有助于产品形成的辅助材料。

（2）直接人工。直接人工指在生产过程中，直接从事产品生产的工人的工资、奖金、津贴和补贴，以及按规定提取的该部分人员的职工福利费。

（3）制造费用。制造费用是指在车间范围内，为了组织和管理产品的生产而发生的各项间接费用。例如车间设备所提折旧、车间的办公费、修理费、车间管理人员的职工薪酬等。

按成本的经济用途分类，制造成本包含的各个项目也称成本项目。成本项目由会计制度统一规定，但企业可以在此基础上，根据本企业的生产特点适当增减。例如，工艺用燃料和动力，耗用额不大时，可将工艺用燃料费并入"直接材料"，将工艺用动力费并入"制造费用"，但耗用额较大时，应增设"燃料及动力"成本项目单独进行反映。再如，废品损失，其在成本中所占比重较大时，也可增设"废品损失"成本项目，以便于重点核算和管理。

▶ 2. 非制造成本

非制造成本是指与一定的会计期间相联系，从某一会计期间的销售收入中扣除，不计入产品的成本而直接计入当期损益的费用，具体包括以下各项。

(1) 管理费用。管理费用是指企业行政管理部门为组织和管理生产而发生的各项费用。

(2) 销售费用。销售费用是指企业在产品销售过程中所发生的各项费用以及专设销售机构发生的各项费用。

(3) 财务费用。财务费用是指企业在筹资等财务活动过程中发生的各项费用。

成本按经济用途分类是最基本的分类。此分类的意义在于分清哪些费用可以计入制造成本，哪些费用不应计入制造成本而应直接计入当期损益。这对于正确地进行产品成本核算和确定损益具有重要意义。

(二) 按成本与特定产品的关系分类

按成本与特定产品的关系划分，成本可分为直接成本和间接成本。

▶ 1. 直接成本

直接成本指直接为某种特定产品所消耗，可以直接计入某种产品的成本，如直接材料、直接人工。

▶ 2. 间接成本

间接成本指与某一特定产品没有直接联系，需要采用一定的分配标准在各种产品之间进行分配后计入各种产品的成本，如机物料消耗、厂房折旧费等。

直接成本和间接成本不是截然分开的，例如直接材料，一般情况下为直接成本，但当几种产品共同耗用一种材料时，材料成本就需按一定标准在几种产品之间进行分配，此时，直接材料就不是直接成本而是间接成本了。

成本划分为直接成本和间接成本后，直接成本可根据原始凭证直接计入某种产品成本；间接成本则需采用科学、合理的分配标准将其在各种产品之间进行分配，否则会影响成本计算的正确性。因此，此种分类对于正确、及时地计算各种产品成本具有重要意义。

(三) 按成本与产量的关系分类

按成本与产量的关系分类，成本可以分为变动成本、固定成本和混合成本。

▶ 1. 变动成本

变动成本指成本总额随产品产量的增减而呈正比例升降，但单位成本额却保持不变的成本，如直接材料、计件工资等。

▶ 2. 固定成本

固定成本指在一定期间的相关产量范围内，成本总额保持不变，但单位成本额却随产量增减变化而呈反比例变动的成本，如固定资产折旧费、管理人员工资等。

▶ 3. 混合成本

混合成本既有固定成本的性态，又有变动成本的性态，成本总额随着产量的变化而变化，但其变动幅度不与产量保持严格的比例关系。根据具体变动情况，又可以分为半变动成本和半固定成本。

（1）半变动成本。通常有一个成本初始量，类似于固定成本，在这个成本基础上，随着产量的增加，成本也会相应的增加，又类似于变动成本，如电话费等，如图1-1所示。

（2）半固定成本。成本在一定的产量范围内，其发生额是固定的，但产量超过一定限度，其发生额就会跳跃上升，然后固定，再跳跃上升，再固定，呈现一种阶梯形的变化，如检验员工资等，如图1-2所示。

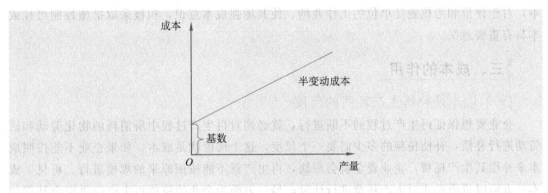

图 1-1 半变动成本

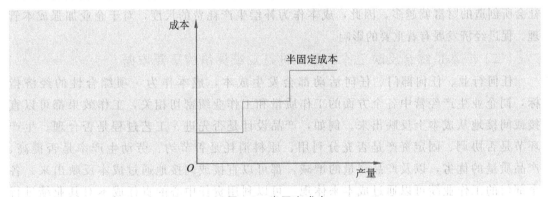

图 1-2 半固定成本

混合成本可以按照一定的方法分解为变动成本和固定成本，这也是成本按其性态所进行的分类。变动成本和固定成本的划分有助于企业寻求降低成本的途径，单位变动成本的升降与产品产量的变化没有直接关系，企业若要降低单位变动成本，就应通过改善经营管理、提高技术水平、降低消耗来实现；而固定成本总额虽然不随产品产量变动而变动，但在固定成本总额一定的情况下，随着产品产量的增加，单位产品分担的固定成本就会减少，因此，应通过控制固定成本总额和提高产品产量来降低单位产品的固定成本。

（四）按成本的可控性分类

按成本的可控性划分，成本可分为可控成本和不可控成本。

▶ 1. 可控成本

可控成本指能被一个责任单位的行为所制约，并受其工作质量好坏影响的成本。责任单位可能是一个单位、一个部门或某一个人。

▶ 2. 不可控成本

不可控成本指成本的发生不能被某个责任单位的行为所制约，也不受其工作质量好坏影响的成本。

成本是否可控，应从权责上进行区分。某一部门的不可控成本，对另一部门来说可能就是可控成本，所以，所有的成本在一定的范围内都应是可控成本。明确可控与不可控成本，对于评价和考核责任单位的工作业绩，使其增强成本意识，积极采取措施控制可控成本具有重要意义。

三、成本的作用

（一）成本是补偿生产耗费的尺度

企业要想保证再生产过程的不断进行，就必须对再生产过程中所消耗的物化劳动和活劳动进行补偿，补偿份额的多少需要一个尺度，这个尺度就是成本。如果企业不能按照成本来补偿其生产耗费，企业资金就会短缺，再生产就不能按照原来的规模进行。可见，成本一方面以货币形式对生产耗费进行计量；另一方面为企业的简单再生产提供资金补偿的标准。在企业销售收入一定的情况下，成本越低，企业的利润就越多，企业为自身发展和社会所创造的财富就越多。因此，成本作为补偿生产耗费的尺度，对于企业加强成本管理、促进经济发展有着重要的影响。

（二）成本是综合反映工作质量、进行业绩评价的重要依据

任何行业、任何部门、任何活动都会发生成本，成本作为一项综合性的经济指标，同企业生产经营中各个方面的工作质量和工作业绩密切相关，工作效果都可以直接或间接地从成本上反映出来。例如，产品设计是否先进、工艺过程是否合理、生产环节是否协调、固定资产是否充分利用、原料消耗是否节约、劳动生产率是否提高、产品质量的优劣，以及产品产量的增减，都可以直接或间接地通过成本反映出来。各个部门的工作业绩可以通过成本来体现，可以利用责任中心的责任成本对其业绩进行评价，促使企业及企业内部各部门努力降低各种耗费，采取措施挖掘潜力，降低成本，提高经济效益。

（三）成本是制定产品价格的重要因素

依据价值规律，产品的价格决定于产品的价值，价格是价值的货币表现。而在实际工作中，产品的价值无法直接计算，只能通过成本间接地反映产品的价值水平。产品的价格往往是在成本的基础上加上社会平均利润率构成的，因此，成本是制定产品价格的重要依据。但产品的定价是一项复杂的工作，在已知耗费的基础上，需要考虑国家的经济政策、市场需求、企业竞争及各种产品的比价关系等，所以成本是制定产品价格的重要因素，但

不是唯一因素。

（四）成本是企业进行经营决策的重要依据

要提高企业在市场上的竞争能力和经济效益，企业必须进行正确的生产经营决策。由于成本的高低直接影响了企业的盈利水平和参与市场竞争的能力，因此，在影响生产经营决策的诸多因素中，成本是需要考虑的主要因素。企业应在增加品种、扩大产量、优选加工方式、创造最佳经济效益的前提下，为企业提供有效的成本数据，从而提升企业的竞争能力。

第二节 成本会计的概述

一、成本会计的产生及发展

成本会计是随着商品经济的发展而逐步形成、发展和完善起来的，是以企业的生产经营业务成本和经营管理费用为主要对象的一种专业会计。最初阶段的成本会计仅是指成本核算，在较长的一段时期一直作为财务会计的重要组成部分，按照财务会计的核算要求来进行成本计算，这也是狭义的成本会计。随着商品经济的不断发展，成本会计与企业内部管理的结合日益缜密，它根据成本核算和其他资料，采用现代数学、运筹学和数理统计的原理和方法，建立数量化的管理技术。按照成本最优化的要求，对企业在生产经营过程中发生的成本进行预测、决策、计划、控制、核算、分析和考核，促使企业生产经营实现最优化的运转，以提高企业的经济效益和市场适应能力与竞争能力，这就形成了现代成本会计，也就是广义的成本会计，实际上也就是成本管理。成本会计的形成、发展和完善大致可以划分为三个阶段。

（一）早期成本会计阶段（1880—1920 年）——成本会计的初级阶段

早期的成本会计仅局限于对生产过程中的生产消耗进行系统的汇集和计算。这一时期的成本会计被会计学家劳伦斯（W. B. Lawrence）定义为："成本会计就是应用普通的会计原理、原则，系统地记录某一工厂生产和销售产品时所发生的一切费用，并确定各种产品或服务的单位成本和总成本，以供工厂管理当局在决定经济的、有效的和有利的产销政策时参考。"

（二）近代成本会计阶段（1921—1945 年）——成本会计的发展阶段

19 世纪末 20 世纪初，在制造业中发展起来的以泰勒为代表的科学管理，对成本会计产生了深刻的影响。这一时期的成本会计主要采用标准成本制度和成本预测，为生产过程的成本控制提供条件。英国会计学家杰·贝蒂（J. Batty）将其定义为："成本会计是用来详细地描述企业在预算和控制它的资源利用情况方面的原理、惯例、技术和制度的一种综合术语。"

（三）现代成本会计阶段（1946 年以后）——成本会计发展的崭新阶段

随着生产社会化程度的提高、社会资本的高度集中、市场竞争的日趋激烈、成本管理也加速现代化。这一时期成本会计发展的重点，已由如何对成本进行事中控制、事后计算和分析，转移到如何预测、决策和规划成本，并借助现代化科学技术手段或方法加以实施。换言之，成本会计已发展为新型的、以管理为主的现代成本会计。现代成本会计是成本会计与管理的直接结合，它根据会计资料和其他资料，利用现代科学方法和手段，对企业生产经营过程中所发生的成本进行预测、决策、计划、核算、控制、分析和考核，促使企业生产经营实现最优化运转，以提高企业经济效益和市场竞争能力。

理解现代成本会计，主要包含以下几个要点。

（1）成本会计的依据：会计资料和其他资料，如计划、统计、业务核算以及外部的信息资料等。

（2）成本会计采用的方法：现代科学方法，如现代数学、运筹学、系统工程、电子计算机等。

（3）成本会计的对象：企业生产经营过程中所发生的各种成本。

（4）成本会计的职能：成本预测、成本决策、成本计划、成本控制、成本核算、成本分析、成本考核。

（5）成本会计的目的：促使企业生产经营实现最优化运转，以提高企业经济效益和市场竞争能力。

二、成本会计的对象

成本会计的对象是指成本会计核算和监督的内容。根据前述成本经济实质可知，成本的内容包括生产经营过程中所耗费的生产资料的转移价值和劳动者为自己劳动所创造的价值，这两部分的内容按照经济用途又可以分为生产经营业务成本和经营管理费用。不同性质的企业，其生产经营业务成本和经营管理费用的具体内容不同。

（一）工业制造企业成本会计的内容

工业制造企业的基本生产经营活动就是生产和销售工业产品。因此，工业制造企业的生产经营业务成本是指产品的生产成本，包括产品在制造过程中发生的原料及主要材料、辅助材料、燃料、生产单位固定资产折旧、生产工人及生产单位管理人员的职工薪酬和其他一些货币支出，这些耗费按照具体项目可以归纳为直接材料、直接人工和制造费用等，这是工业制造企业成本会计反映和监督的主要内容。同时，工业制造企业在产品产销过程中，其行政管理部门为组织和管理生产经营活动而发生工会经费、业务招待费、行政部门人员的职工薪酬、行政固定资产折旧费等管理费用，为销售产品而发生运输费、装卸费、保险费、展览费、广告费等销售费用，为筹集生产经营资金而发生的利息净支出、汇兑净损失、金融机构手续费等财务费用，这三部分费用分布面广、综合性强，与产品的制造没有直接联系，不计入产品成本，按发生期间归集，直接计入当期损益，从当期收入中扣除，它们构成了工业制造企业的经营管理费用。因此，工业制造企业成本会计对象的具体内容如下。

▶ 1. 产品生产成本

产品生产成本包括直接材料、直接人工和制造费用。

▶ 2. 经营管理费用

经营管理费用包括管理费用、销售费用和财务费用。

(二) 其他行业企业成本会计的内容（见表1-1）

表1-1 其他行业企业成本会计的内容

企业类型	成本会计的具体内容	
商品流通企业	经营业务成本	商品采购成本
		商品销售成本
	经营管理费用	管理费用
		销售费用
		财务费用
施工企业	经营业务成本	施工企业工程成本
		机械作业成本
	经营管理费用	管理费用
		财务费用
房地产开发企业	经营业务成本	土地开发成本
		房屋开发成本
		配套设施开发成本
		代建工程开发成本
	经营管理费用	管理费用
		销售费用
		财务费用
物流企业	经营业务成本	运输成本
		装卸成本
		仓储成本（或堆存成本）
		配送成本
	经营管理费用	管理费用
		财务费用

三、成本会计的职能

成本会计的职能是指成本会计所具有的功能。最初的成本会计的职能仅是成本核算，随着经济的发展、生产复杂程度的增加和企业管理要求的提高，成本会计的工作内容在不断地发展变化，社会对成本会计的要求越来越高，成本会计的职能也在不断地扩大。现代成本会计的职能包括成本预测、成本决策、成本计划、成本控制、成本核算、成本分析和成本考核七个方面。

(一) 成本预测

成本预测是在认真分析企业现有技术条件、市场状况及其发展趋势的基础上，根据与成本有关的各种数据，运用一定的技术方法，对企业未来的成本水平及其变化趋势进行科学的测算。通过成本预测，有助于企业选择最优方案合理组织生产，减少生产经营的盲目性，提高成本管理的科学性和可预见性。成本预测是成本决策和编制成本计划的基础。

（二）成本决策

成本决策是在成本预测的基础上，制订各种备选方案，运用一定专门方法进行比较分析，从中选出最优方案的过程。成本决策是编制成本计划的前提，是进行事前控制、实现经济效益的重要途径。

（三）成本计划

成本计划是在成本预测和成本决策的基础上，为保证成本决策目标的实现，具体确定计划期内为完成计划产量应发生的耗费和各种产品的成本水平，并提出为了达到该成本水平而应采取的措施和方法。成本计划是进行目标成本管理的基础，一般以"书面文件"形式下达，是成本控制、成本分析和成本考核的依据，对控制成本、挖掘降低成本的潜力具有重要的作用。

（四）成本控制

成本控制是指根据预先制定的成本目标，对整个成本发生和形成过程中的各种耗费进行监督、引导和限制，及时揭示实际和计划之间的差异，采取措施消除不利因素的影响，使实际成本能达到计划目标的一种管理活动。成本控制包括事前控制、事中控制和事后控制。通过成本控制，可以保证成本计划目标的实现。

（五）成本核算

成本核算是根据企业所确定的成本计算对象，借助专门的方法，对生产经营过程中发生的各种生产费用按照成本项目进行归集和分配，计算出各种产品的总成本和单位成本。成本核算既可以反映成本计划的完成情况，评价成本控制情况，又可以为下期进行成本预测、编制下期成本计划提供可靠资料，同时也为以后的成本分析和成本考核提供依据，这是成本会计工作的核心。

（六）成本分析

成本分析是指利用成本核算资料和其他相关资料，与本期计划成本、上年同期实际成本和国内外同类产品的先进成本进行比较，系统研究成本变动的水平并分析产生差异的原因，制定有效的办法和措施，以便企业改进管理、挖掘潜力、降低成本、提高效益。成本分析也可为成本考核、未来的成本预测、决策和编制计划提供依据。

（七）成本考核

成本考核是在成本分析的基础上，定期对成本计划的执行情况或成本控制任务的完成情况进行总结、检查和评价，并联系责任单位的业绩给予必要的奖惩，以充分调动各责任单位和责任人完成责任成本的积极性。

上述成本会计的各种职能是相互联系、相互补充的，从而构成了一个有机整体。它们在生产经营活动的各个环节、成本发生的各个阶段，相互配合地发挥着作用。成本预测是成本决策的前提；成本决策既是成本预测的结果，也是成本计划的依据；成本计划是成本决策的具体化，是成本分析和考核的依据；成本控制是对成本计划实施的监督，是实现决策目标的保证；成本核算是成本会计的基础，也是对成本计划的检验；成本分析与成本考核是实现成本决策目标和完成计划的有效手段。其中，成本核算是最基本的职能，成本预测、决策、计划必须以过去的成本核算为依据，成本控制和成本考核必须以成本核算为资料，没有成本核算就没有其他职能，也就没有成本会计。

四、成本会计的工作组织

一般来说，企业应根据本单位生产经营的特点、生产规模的大小、企业机构的设置和成本管理的要求等具体情况来组织成本会计的工作。成本会计的工作组织，主要包括成本会计的机构设置、相关成本会计人员的配备、制定合理的成本会计制度等。

（一）成本会计机构的设置

企业的成本会计机构是负责组织领导和从事成本会计工作的职能部门，属于企业会计机构的重要组成部分，主要职责是负责企业内部成本会计工作。它是企业实施成本管理的组织保证，也是进行成本核算的重要条件。建立成本会计机构，既要考虑企业生产类型的特点、经营规模的大小，又要考虑成本管理的要求，适应成本会计的工作内容和目标。在大中型企业，通常在厂部的会计部门设置成本会计科负责企业的成本会计工作，在分厂或车间等二级单位设置成本会计组或配备专职成本会计人员，负责分厂或车间的成本核算工作。在小型企业，一般在会计部门设置成本核算组或专职成本核算人员负责成本会计工作。

企业内部各级成本会计机构之间，按照组织分工的不同，通常有集中核算制和非集中核算制两种组织方式。

▶ 1. 集中核算制

集中核算制又称一级核算，是指将企业所有会计工作都集中在财会部门进行统一核算的一种会计工作组织形式。而各车间及其他职能部门一般不进行单独核算成本，只对其所发生的经济业务进行原始记录，并定期将所填制的原始凭证和原始凭证汇总表送交财会部门。财会部门根据审核后的原始凭证填制记账凭证，集中办理全部或大部分账户的明细分类核算，以及所有总分类核算和会计报表的编制。

集中核算制的优点是可以减少核算环节，简化核算手续，精减人员；有利于管理当局全面、及时地掌握本企业的成本信息、单位的财务状况和经营成果。其缺点是不便于下属单位加强经营管理工作，不利于单位内部经济责任制的贯彻落实，不利于调动全体职工降低成本的积极性。因此，它一般适用于小型企事业单位。

▶ 2. 非集中核算制

非集中核算制又称二级核算或分散核算，是指将会计工作分散在单位内部各部门和所属单位所进行的核算组织形式。在该组织形式下，内部所属单位整理有关本部门业务的原始凭证，进行明细核算，上报有关会计报表；单位会计部门进行总分类核算，编制单位会计报表。

非集中核算制的优点是便于内部单位利用会计资料加强经营管理，有利于经济责任制的贯彻落实，有利于分厂或车间等基层单位了解和关心本部门的成本水平及其变动情况，从而形成人人关心成本、人人降低成本的习惯。其缺点是核算层次多、手续复杂，不利于精减人员，同时会增加成本会计机构的层次和成本会计人员，增加人工成本。因此，它一般适用于大中型企事业单位。

（二）成本会计人员的配备

成本会计人员是指在会计机构或专设成本会计机构中所配备的成本工作人员，对企业日常的成本工作进行处理，如成本计划、费用预算、成本预测、成本决策、实际成本计算和成本分析、考核等。成本核算是企业核算工作的核心，成本指标是企业一切工作质量的综合表现，为了保证成本信息质量，对成本会计人员业务素质要求比较高。要求成本会计人员会计知识面广，对成本理论和实践有较好的基础；熟悉企业生产经营的流程并具有良好的职业道德。

成本会计人员的配备应该是多层次的，除厂部和生产车间配备专职的成本会计人员，做好成本核算，参与成本管理外，在生产班组内，也可设置兼职核算员，开展组织核算，参与企业生产经营决策，提出改进生产经营管理、降低成本、节约费用的建议和措施，真正当好企业领导的参谋，及时提供成本信息。

（三）成本会计制度

成本会计制度是指对企业进行成本会计工作所做的规定，是企业会计制度的重要组成部分。建立、健全成本会计制度，对于规范企业的成本会计工作，保证成本信息的质量，满足企业管理的要求，具有十分重要的意义。企业应根据我国的《会计法》《企业会计准则》和《企业财务通则》及相关的会计制度，结合本企业的生产经营特点和管理要求，具体制定本企业的成本会计制度、规程和办法，规范本企业成本会计工作，以便成本会计工作顺利进行。企业的成本会计制度一般包括：成本定额、成本预算和计划的编制方法；关于存货的收发领退和盘存制度；关于成本核算的原始记录和凭证传递流程；成本核算制度；成本预测和决策制度；成本计划和控制制度；成本分析制度；成本报表制度，以及其他成本会计制度。

第三节 成本核算的原则、要求和基础工作

一、成本核算的原则

（一）按实际成本计价原则

按实际成本计价原则，是指企业按取得或制造某项财产物资时发生的实际成本进行核算。实际成本计价原则在成本方面的应用主要体现为：一是某项成本发生时，按发生时的实际耗费数确认；二是完工入库的产成品成本按实际承担额计价；三是由当期损益负担的销售产品成本，也按实际数结账。尽管有些企业在成本计算时，根据企业的生产特点和管

理要求，采用了定额法或标准成本法，也有些企业存货核算采用计划成本法等，但在期末计算产品成本时，必须将其调整为实际成本，以保证成本与利润数据的真实、可靠、客观。

（二）权责发生制原则

权责发生制原则，是指收入与费用的确认应当以收入与费用的实际发生作为确认计量的标准。其基本内容是：凡是当期已经实现的收入和已经发生或应当负担的费用，无论款项是否收付，都应作为当期的收入和费用处理；凡是不属于当期的收入和费用，即使款项已在当期收付，也不作为当期的收入和费用处理。遵循权责发生制原则，能使企业的成本信息较为准确地反映成本状况，从而为正确计算损益提供可靠的依据。

（三）重要性原则

重要性原则，是指在成本会计实务中，对经济业务或会计事项应区别其重要程度，采用不同的会计处理方法和程序。对于一些主要产品、主要费用，应采用比较复杂、详细的方法进行分配和计算，而对于一些次要的产品费用，则可采用简化的方法，进行合并计算和分配。例如，构成产品实体或主要成分的原材料、生产工人的工资就直接计入产品成本中的"直接材料""直接人工"项目单独进行反映；对于一般性耗用的数额不大的材料费用可以计入制造费用或管理费用在综合项目中合并反映。遵循重要性原则，能够保证工作的重点，解决关键性问题，使成本核算工作达到事半功倍的效果。

（四）可比性原则

可比性原则，是指企业采用的成本计算程序和方法前后期必须一致，不得随意变动，以使计算出来的成本资料便于比较。例如，耗用材料成本的计价方法、计提折旧的方法、辅助生产费用和制造费用分配的标准和方法、在产品的计价方法、产成品成本的计算方法等。可比性原则并不是说成本核算方法固定不变，如因特殊情况需要改变原来的成本计算程序和方法时，应在有关的财务报告中加以说明，并对原有成本计算单的有关数字进行必要的调整。

（五）成本分期原则

企业生产经营活动不断地进行着，为了取得一定期间所生产产品的成本，就必须将生产经营期划分为若干个相等的成本会计期间，按期计算产品生产成本。成本分期原则，是指分期归集与分配所发生的生产费用，而不管成本计算期与产品生产周期是否一致。成本核算一般按月进行。企业生产类型的特点决定了成本计算期与产品生产周期可能一致，也可能不一致。但生产费用的归集与分配、废料和退料成本的冲销等日常工作，都必须按月进行，并在月末把有关生产费用账簿上登记的数额加以结计，以便考核成本费用的发生情况。

（六）合法性原则

合法性原则，是指计入成本的费用必须与国家有关法规和制度相符。企业应遵守国家关于成本、费用开支范围的规定，防止乱摊和少计生产经营费用；防止混淆产品成本和期间成本；防止在盈利产品和亏损产品之间任意增减费用；防止在完工产品和月末在产品之间人为地调节成本。例如，目前制度规定：购置和建造固定资产的支出，购入无形资产的支出，对外投资的支出，被没收的财物，各项罚款性质的支出，捐赠和赞助性质的支出等不能列入成本开支。

二、成本核算的要求

为了充分发挥成本核算的作用，在成本核算工作中，除应遵循成本核算原则之外还应符合以下各项成本核算的要求。

（一）加强对费用的审核和控制

进行成本核算，首先要依据国家有关的法令、制度和企业的有关规定、定额、计划等，对各项费用进行事前、事中的审核和控制。如在费用发生前，应认真审核其是否符合国家规定的财经政策、制度，有无扩大费用开支标准、违反成本开支范围的情况；在费用发生时，应严格执行各项定额、计划或标准，以避免或减少损失与浪费，最大限度地降低产品成本和费用。

（二）正确划分各种费用支出的界限

为了正确计算产品成本，为成本管理提供正确的成本资料，必须正确划分以下五个方面的费用界限。

▶ 1. 正确划分收益性支出与资本性支出的界限

工业企业的生产经营活动是多方面的，发生的支出也是多种多样的。企业应根据《企业会计准则》以及成本开支范围的要求，正确划分收益性支出和资本性支出的界限。凡为日常生产经营活动所发生的并应由当期收入补偿的各项耗费，都属于收益性支出，其支出应视具体情况，计入产品成本或期间成本；反之，不是为日常生产经营活动所发生的，并应由以后各期实现的收入逐步加以补偿的各项耗费，都属于资本性支出，其支出应计入有关资产的价值，予以资本化。如购置和建造固定资产、无形资产的支出，对外投资的支出等，都属于资本性支出。划清收益性支出与资本性支出的界限，对于正确计算资产的价值和正确计算各期的产品成本及损益，具有重要意义。

▶ 2. 正确划分产品成本与期间费用的界限

企业发生的收益性支出，并不一定全部计入产品成本。只有为生产产品所发生的材料支出、工资支出、费用支出等，才能计入产品成本；而为销售产品所发生的产品销售费用、为管理和组织企业生产经营活动所发生的管理费用、为筹集资金所发生的财务费用，虽都是在经营过程中发生的，但与产品生产无直接关系，因而，应计入期间费用，从当期利润中扣除。划清产品成本与期间费用的界限，对于明确产品成本与损益的概念，控制企业人为调节成本、减少潜亏、避免利润虚增，具有重要意义。

▶ 3. 正确划分各个月份的费用界限

应计入产品成本的费用和应计入当期损益的费用，还存在着怎样在各个月份之间划分的问题。按权责发生制和配比原则的要求，只有应由本期负担的费用，才能计入当月的产品成本和期间成本；反之，则不应计入。同样，对于应计入当月的产品成本和期间成本，也不应递延到下期和以后各期。

▶ 4. 正确划分各种产品成本的界限

企业生产的产品往往不止一种，为了正确计算各种产品的成本，必须按照费用归属对象划分各种不同产品成本的界限。凡能分清的由某种产品负担的直接费用，应直接计入这种产品的成本；对各种产品共同负担的间接费用，则应采取合理的分配标准，分别计入各种产品的成本。尤其注意要划清可比产品与不可比产品的界限，盈利产品与亏损产品的界限。

▶ 5. 正确划分完工产品成本和期末在产品成本的界限

企业一定时期投产的产品不一定全部完工，往往存在一定数量的在产品，这就需要采用适当的方法，将生产费用在完工产品和期末在产品之间进行分配。划清这一界限的意义在于，防止任意提高或降低月末在产品成本、人为调节完工产品成本的情况发生。

三、成本核算的基础工作

(一) 加强定额管理

定额是指在一定生产技术组织条件下，对人力、物力、财力的消耗及占用所规定的数量标准。科学先进的定额，是制订成本计划的基础，是对产品成本进行预测、核算、控制和考核的依据。企业可根据已制定的定额，审核各项耗费是否合理、是否节约，借以控制耗费，降低成本费用。当定额制定后，为了保持它的科学性和先进性，还必须根据生产的发展、技术的进步、劳动生产率的提高，不断地进行修订，使它为成本管理与成本核算提供客观的依据。

(二) 建立、健全原始记录

作为经济业务载体的原始凭证(记录)，是成本核算的最基本的依据，如果没有数据可靠、内容完整的原始记录，成本的核算工作将无法进行，成本核算的准确性也就更无从谈起。因此，要正确地核算产品的成本，就必须建立、健全有关料、工、费核算所需要的原始凭证的记录及流转制度，为正确核算成本做好基础工作。

(三) 严格材料物资计量、收发、领退和盘点制度

为了保证入库材料物资的数量与质量，各种材料物资及半成品、产成品的收发领退都必须认真进行计量和检验，填制必要的凭证，办理必要的手续，以防止任意领发和转移；计量工具要经常校正和维修，以便准确地计量各种物资消耗；库存的材料、半成品和产成品，以及车间剩余材料、在产品和半成品，由于品种、规格多，进出频繁，均应定期或不定期进行盘点、清查，防止丢失、积压、损坏变质和被贪污盗窃。为了保证领、退的材料物资准确无误，还必须及时办好领料和退料凭证手续，使成本中的材料费用相对准确。

(四) 建立、健全企业内部计划价格制度

在生产经营过程中，企业内部各单位之间往往会相互提供半成品、材料、劳务等，为了分清企业内部各单位的经济责任，明确各单位工作业绩以及总体评价与考核的需要，应制定企业内部结算价格。

（五）适应生产特点和管理要求，采用适当的成本计算方法

产品成本是在生产过程中形成的，因而企业在进行成本核算时，应根据企业生产的具体情况，选择适合本企业特点的成本计算方法进行成本计算。成本计算方法的选择，应同时考虑企业生产类型的特点和管理的要求两个方面。在同一个企业里，可以采用一种成本计算方法，也可以采用多种成本计算方法。成本计算方法一经选定，就不应经常变动。

第四节 产品成本核算的科目设置和基本程序

一、产品成本核算的科目设置

为了全面地进行产品成本核算，达到计算成本和控制成本的目的，提供管理上所需要的各种成本资料，企业应设置一系列成本、费用核算的会计科目，主要有以下类别。

（一）核算各项要素费用的科目

企业在一定时期发生于生产中的各种耗费，称为生产费用。生产费用不外乎是劳动对象、活劳动中的必要劳动和劳动资料三方面的消耗。这种按费用的经济内容（或性质）不同所进行的分类，在会计上称为生产要素费用，主要包括以下内容。

▶ 1. 材料费用

材料费用指企业为生产产品而耗用的原料及主要材料、半成品、辅助材料、包装物、修理用备件和低值易耗品等。

▶ 2. 燃料费用

燃料费用是指企业为生产产品而耗用的各种固体、液体和气体燃料。

▶ 3. 外购动力费用

外购动力费用指企业为生产产品而耗用的一切从外单位购进的各种动力。

▶ 4. 工资费用

工资费用指企业应计入生产费用的职工工资费用。

▶ 5. 提取的职工福利费

提取的职工福利费指企业应计入生产费用的按职工工资的一定比例计提的职工福利费。

▶ 6. 折旧费

折旧费指企业直接用来生产产品的固定资产和车间管理用固定资产提取的折旧费用。

▶ 7. 其他支出

其他支出指不属于以上各要素费用但应计入产品生产成本的生产费用，如差旅费、租赁费、外部加工费及保险费等。

为了核算各项要素费用的发生、归集和分配，应设置"原材料""材料成本差异""周转材料"等反映劳动对象耗费的科目；设置"应付职工薪酬"等反映劳动力耗费的科目；设置"累计折旧"等反映劳动资料耗费的科目。上述会计科目已在财务会计教材中做过介绍，不再重复。

（二）计算产品成本的会计科目

为了核算按用途（即按成本项目）归集和分配的生产费用，计算产品成本，应设置"生产成本""制造费用"等成本类科目。

▶ 1."生产成本"科目

"生产成本"科目用来核算企业进行工业性生产，包括生产各种产品（产成品、自制半成品）、自制材料、自制工具、自制设备、提供劳务等所发生的各项生产费用。

在该科目下一般可设"基本生产成本"和"辅助生产成本"两个明细科目。生产过程中发生的直接材料、直接人工，可直接计入"基本生产成本"和"辅助生产成本"科目借方的有关成本项目中，其他间接费用先在"制造费用"科目中进行归集，月终再按一定的标准分配计入有关产品的成本。已完工并已验收入库的产成品及自制半成品的成本，应按实际成本从本科目的贷方转出。该科目的月末借方余额表示尚未加工完成的各种在产品的成本。"辅助生产成本"明细科目归集的费用，月终根据生产的产品以及为其他部门提供的产品和劳务按一定的标准分配给受益对象，分配转出后，月末一般无余额。

▶ 2."制造费用"科目

"制造费用"科目用来核算企业为生产产品和提供劳务，在基本生产车间、辅助生产车间范围内发生的间接费用，包括工资和福利费、折旧费、办公费、水电费、机物料消耗、劳动保护支出、季节性和修理期间的停工损失等。发生各项制造费用时，计入本科目的借方；月末按一定的分配标准从贷方分配转入有关的成本计算对象。该科目按不同车间、部门设置明细账。除季节性生产企业或采用累计分配法分配制造费用的企业外，月末一般无余额。

为了归集和结转销售费用、管理费用和财务费用，应分别设立"销售费用""管理费用"和"财务费用"总账账户，为了归集和分配待摊费用，还应设立"待摊费用"总账账户。企业如果单独核算废品损失和停工损失，还可以增设"废品损失"和"停工损失"总账账户，上述成本、费用会计科目，存在相互依存的关系，形成了一个严密、完整的成本核算科目体系。

二、成本核算的基本程序

成本核算的基本程序是指对企业在生产经营过程中发生的各项生产费用和期间费用，按照成本核算的要求，逐步进行归集和分配，最后计算出各种产品的生产成本和各项期间费用的过程。成本核算是个较为复杂的过程，它涉及的内容广泛，运用的方法很多，不同的企业，其生产特点和管理要求是不同的，成本核算的程序也会有所变化。一般情况下，产品成本的核算主要涉及以下程序。

（一）确定成本核算对象

成本核算对象是生产费用的归集对象和生产耗费的承担者，是设置产品成本核算单和核算产品成本的前提。由于企业的生产特点、管理要求、规模大小、管理水平的不同，企业成本核算对象也不相同，对工业制造企业而言，产品成本核算的对象包括产品品种、产品批别和产品的生产步骤等。企业应根据自身的生产特点和管理要求，选择合适的产品成本核算对象。

（二）确定成本核算期

成本核算期是指成本核算的间隔期，即多长时间计算一次成本。产品成本核算期要根据企业生产组织的特点来确定，可能与会计期间一致，也可能与会计期间不一致，而与产品的生产周期一致。

（三）确定成本项目

成本项目是指计入产品成本的生产费用按照经济用途所做的分类。工业企业的产品成本项目一般可以设置"直接材料""直接人工""制造费用"三项。但企业也可以根据成本管理的需要确定成本项目，可以在"直接材料""直接人工""制造费用"三个成本项目的基础上进行必要的调整，如可增设"废品损失""停工损失"等成本项目。

（四）审核和控制生产费用

对于发生的各项生产费用支出，应根据国家、上级主管部门和本企业的有关制度、规定严格审核费用开支的合法合理性，确保产品成本核算的准确性和真实性。同时对不符合制度和规定的费用，以及各种浪费、损失等加以制止和追究经济责任。

（五）生产费用的归集和分配

生产费用的归集和分配就是将应计入本月产品成本的各种要素费用在各有关产品之间，按照成本项目进行归集和分配。归集和分配的原则为：产品生产中直接发生的生产费用直接作为产品成本的构成内容，直接计入该产品成本；为产品生产服务发生的间接费用，可先按发生地点和用途进行归集汇总，然后分配计入各收益产品。产品成本计算的过程就是生产费用的分配和汇总过程。

（六）计算完工产品成本与在产品成本

对于月末既有完工产品又有在产品的情况，应将月初在产品费用与本月生产费用之和在完工产品和在产品之间进行分配，计算出完工产品和期末在产品的成本。

根据成本核算的基本步骤，结合企业设置的成本、费用会计科目体系，设计出产品成本核算的一般程序，如图1-3所示。

① 生产产品发生的直接材料费用和发生在制造费用中的消耗性材料费用；
② 生产产品发生的直接人工费用和发生在制造费用中的职工薪酬费用；
③ 发生的生产用固定资产折旧费；
④ 发生的长期待摊费用摊销；
⑤ 分配制造费用；
⑥ 结转完工产品的实际成本。

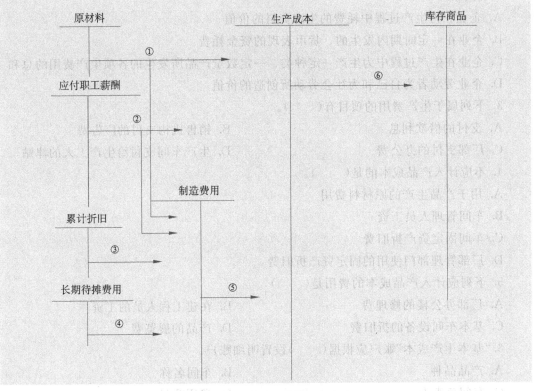

图 1-3　产品成本核算的一般程序

本章小结

本章主要介绍成本的概念、成本会计的产生和发展；明确成本会计的对象、职能、任务和作用；掌握成本核算的原则和要求；了解成本会计法规制度、机构设置和成本会计的基础工作。通过本章的学习，了解产品成本是成本会计的工作对象，现代成本会计作为企业经营管理的一个重要组成部分，必须在严格遵循成本核算的原则和要求的基础上，结合企业的实际情况，正确组织核算程序，恰当设置会计机构，才能为企业管理者提供有价值的成本信息。

综合练习

一、单项选择题

1. 企业成本会计最基本的任务和中心环节是(　　)。

A. 进行成本预测，编制成本计划

B. 审核和控制各项费用的支出

C. 进行成本核算，提供实际成本核算资料

D. 进行成本分析，参与生产经营决策

2. 成本是( )。
   A. 企业在再生产过程中耗费的生产资料的价值
   B. 企业在一定时期内发生的、货币表现的资金耗费
   C. 企业在生产过程中为生产一定种类、一定数量产品所发生的各项生产费用的总和
   D. 企业劳动者为自己和为社会劳动所创造的价值
3. 下列属于生产费用的项目有( )。
   A. 支付的借款利息　　　　　　　　B. 销售机构支付的广告费
   C. 厂部支付的办公费　　　　　　　D. 生产车间支付给生产工人的津贴
4. 不应计入产品成本的是( )。
   A. 用于产品生产的原材料费用
   B. 车间管理人员工资
   C. 车间固定资产折旧费
   D. 厂部管理部门使用的固定资产折旧费
5. 下列应计入产品成本的费用是( )。
   A. 厂部办公楼的修理费　　　　　　B. 在建工程人员的工资
   C. 基本车间设备的折旧费　　　　　D. 产品的展览费
6. "基本生产成本"账户应根据( )设置明细账户。
   A. 产品品种　　　　　　　　　　　B. 车间名称
   C. 车间负责人　　　　　　　　　　D. 费用项目
7. 成本是相对于( )而言的。
   A. 特定对象　　　　　　　　　　　B. 特定时期
   C. 特定企业　　　　　　　　　　　D. 特定单位
8. 要素费用中的应付职工薪酬不能计入的会计账户有( )。
   A. 制造费用　　　　　　　　　　　B. 销售费用
   C. 生产成本　　　　　　　　　　　D. 营业外支出
9. 下列说法中,不正确的有( )。
   A. 生产费用的含义表述中不包括期间费用,但包括制造费用
   B. 生产费用和期间费用都是企业生产经营过程中发生的耗费
   C. 生产费用和期间费用都计入产品成本
   D. 管理费用和财务费用都属于期间费用
10. "辅助生产成本"账户应根据( )设置明细账户。
    A. 产品品种　　　　　　　　　　　B. 辅助生产车间名称
    C. 车间负责人　　　　　　　　　　D. 费用项目

二、多项选择题
1. 按照马克思的成本理论,产品成本是产品价值中的( )部分。
   A. C(物化劳动)　　　　　　　　　B. V(活劳动)
   C. M(剩余价值)　　　　　　　　　D. C+M(物化劳动+剩余价值)

2. 下列各项中，属于生产费用的有（　　）。
   A. 固定资产的盘亏损失　　　　　　　B. 生产人员的职工薪酬
   C. 生产车间机物料消耗　　　　　　　D. 自然灾害引起资产毁损损失
3. 成本会计的职能包括（　　）。
   A. 成本预测、决策　　　　　　　　　B. 成本核算、分析
   C. 成本计划　　　　　　　　　　　　D. 成本控制、成本考核
4. 为了正确计算产品成本，必须正确划分费用的界限，主要有（　　）。
   A. 正确划分生产费用与期间费用的界限
   B. 正确划分本期生产费用与非本期生产费用的界限
   C. 正确划分各种产品成本的界限
   D. 正确划分完工产品成本和期末在产品成本的界限
5. 下列属于产品生产成本构成项目的有（　　）。
   A. 直接材料　　　　　　　　　　　　B. 直接人工
   C. 营业外支出　　　　　　　　　　　D. 制造费用

三、判断题

1. 成本经济实质是生产经营过程中所耗费的生产资料转移价值的货币表现。（　　）
2. 生产费用按经济内容划分为直接材料、直接人工和制造费用三个成本项目。（　　）
3. 产品的实际成本与其理论成本不相符。（　　）
4. 产品成本是企业为生产产品而发生的各种耗费，包括管理费用。（　　）
5. "制造费用"账户用来核算企业为管理和组织生产经营活动而发生的各项费用。（　　）
6. 成本和费用的重要区别，就是成本有特定的对象，而费用没有特定的对象。（　　）
7. 基本生产车间生产产品领用的原材料，应直接计入各成本计算对象的产品成本明细账。（　　）
8. 企业可根据自己的生产特点和管理要求，对成本项目做适当的增减。（　　）

四、简答题

1. 成本的经济实质是什么？
2. 生产费用和产品成本有什么联系和区别？
3. 成本核算的一般程序是什么？
4. 为了正确计算产品成本，如何正确划分各种费用支出的界限？

第二章 要素费用的归集与分配

> **学习目标**
> 1. 熟练掌握材料费用的分配方法，了解燃料、外购动力的分配方法；
> 2. 掌握人工费用的核算分配及账务处理；
> 3. 掌握折旧费用与其他费用的分配方法。

企业要进行生产经营活动就必然有各种耗费，如材料费用、人工费用、燃料动力费用等。企业在一定时期发生于生产中的各种耗费，称为生产费用。生产费用不外乎是劳动对象、活劳动中的必要劳动和劳动资料三方面的消耗。这种按费用的经济内容（或性质）不同所进行的分类，在会计上称为生产要素费用，主要包括材料费用、燃料费用、外购动力费用、工资及福利费用、折旧费及其他费用支出。要素费用的发生是成本计算的基础和前提条件，没有要素费用的支出就不会形成成本。因此，本章主要阐述各项要素费用的归集与分配。

第一节 材料费用的归集与分配

一、材料费用的组成

材料是工业企业生产加工的劳动对象，是生产中必不可少的物质要素。凡在生产中直接取之于自然界的劳动对象（如各种矿石），称为原料；已经过工业加工的产品作为劳动对象（如各种钢材），称为材料。在实际工作中，把两者合称为原材料，简称材料。材料费用是构成产品成本的主要生产费用，包括企业在生产经营过程中实际消耗的各种原材料及主要材料、辅助材料、设备配件、外购半成品、燃料、动力、周转材料及其他材料价值。

（一）原料及主要材料

原料及主要材料是指经过加工后构成产品实体的各种原料和材料。例如，冶金企业炼铁耗用的矿石、纺织企业纺纱耗用的原棉等；半成品（即材料）对购入企业来说，同原料一样都是劳动对象，在继续加工中构成产品的主要实体，因此也列入此类，如机械制造企业使用的钢材、纺织企业织布耗用的棉纱等。

（二）辅助材料

辅助材料是指直接用于生产过程，有助于产品形成或便于生产进行但不构成产品实体的各种材料。辅助材料在生产过程中发挥的作用不同，有的为劳动工具所耗费，如维护机器设备用的机油和防锈剂等；有的与主要材料相结合有助于产品形成，如漂白粉、催化剂、油漆和燃料等；有的为正常劳动创造条件，如各种清洁用具和照明用具等。

（三）燃料

燃料是指在生产过程中用来燃烧发热的各种材料，包括固体燃料、气体燃料和液体燃料，如煤、天然气和汽油等。燃料在生产过程中作用较大，故单列一类，以便于管理和核算。

（四）动力

动力是指在生产过程中耗用的电力、热力等。

（五）周转材料

周转材料包括低值易耗品和包装物。低值易耗品是指单位价值或使用年限在规定限额以下的劳动工具或资料；包装物是指为了包装本企业产品，随同产品一同出售或在销售过程中租、借给购货单位使用的各种包装物品，如箱、桶、瓶和袋等，但不包括包装用的一般零星材料，如纸张、绳子和铁丝等。

（六）其他材料

其他材料是指企业在生产过程中消耗的不属于上述各类的其他材料。

材料是生产过程中的劳动对象。对于生产过程中发生的材料费用，应首先按其发生的地点和用途进行归集，然后再采用适当的方法进行分配。所以，材料费用的核算包括材料费用的归集和分配两个方面。企业的材料，不论是外购、自制、委托加工还是投资者投入，其材料费用核算方法基本相同。首先是进行材料发出的核算，然后根据发出材料的具体用途分配材料费用，计算各种产品成本。

二、材料发出的核算

材料发出应根据领料单、限额领料单或领料登记表等发料凭证进行。会计部门应该对发料凭证所列材料的种类、数量和用途等进行审核，检查所领材料的种类和用途是否符合规定，数量有无超过定额或计划。只有经过审核、签章的发料凭证才能据以发料，并作为发料核算的原始凭证。领料单和限额领料单如表2-1和表2-2所示。

生产所剩余料，应该编制退料单，据以退回仓库。对于车间已领未用，下月需继续耗用的材料，为了简化核算工作，可以采用"假退料"方法。即材料实物不动，只是在凭证传递上，填制一张本月份退料单表示该项余料已经退库，同时还需编制一张下月份的领料单，表示该项余料又作为下月份的领料出库。

表 2-1 领 料 单

领料部门：　　　　　　　　　　　年　月　日　　　　　　　　　　凭证编号：
用　途：　　　　　　　　　　　　　　　　　　　　　　　　　　发料仓库：

材料编号	材料名称	材料规格	计量单位	数　量		成　本	
				请领	实领	单价	金额
		备注				合计	

发料人：　　　　　领料人：　　　　　领料单位负责人：　　　　　主管：

表 2-2 限额领料单

领料部门：　　　　　　　　　　　　　　　　　　　　　　　　　凭证编号：
用　途：　　　　　　　　　　　　年　月　日　　　　　　　　　发料仓库：

材料编号	材料名称	规　格	计量单位	单　价	领用限额	全月实用	
						数量	金额
领料日期	请领数量	实发数量	领料人签章	发料人签章	限额结余		
合计							

供应部门负责人：　　　　生产部门负责人：　　　　仓库管理人员：

为了进行材料收发结存的明细核算，应该按照材料的品种、规格设置材料明细账。材料收发结存的日常核算，可以按照材料的实际成本计价进行，也可以先按材料的计划成本计价进行，月末计算材料成本差异率，将材料发出的计划成本调整为实际成本。

（一）材料按实际成本计价

材料按实际成本计价是指每一种材料的收发结存量，都按在采购（或委托加工、自制）过程中所发生的实际成本进行计价。材料一般分批分次购入，其单价并不一致，材料发出时可采用的方法有先进先出法、后进先出法、全月一次加权平均法、移动加权平均法、个别计价法等。为了简化总账的登记工作，一般都是在月末根据全部发料凭证汇总编制发料凭证汇总表，然后根据发料凭证汇总表登记总账。发料凭证汇总表如表 2-3 所示。

表 2-3 发料凭证汇总表

材料类别：原材料

××工厂　　　　　　　　　　　　2017 年 7 月　　　　　　　　　　　　单位：元

应借科目		应贷科目		合计
		原材料	燃料	
基本生产成本	1—10 日	76 800	3 140	79 940
	11—20 日	69 420	2 960	72 380
	21—30 日	73 980	3 620	77 600
	小计	220 200	9 720	229 920
辅助生产成本	1—10 日	7 410	2 210	9 620
	11—20 日	6 838	2 350	9 188
	21—30 日	6 162	1 940	8 102
	小计	20 410	6 500	26 910
制造费用	1—10 日	3 240	456	3 696
	11—20 日	2 780	583	3 363
	21—30 日	3 980	441	4 421
	小计	10 000	1 480	11 480
管理费用	1—10 日	563	132	695
	11—20 日	664	100	764
	21—30 日	533	141	674
	小计	1 760	373	2 133
合计		252 370	18 073	270 443

根据表 2-3，可以编制发出材料的会计分录。如果只设一个"原材料"总账科目，则会计分录如下：

借：基本生产成本　　　　　　　　　　　　　　　　　　　　229 920.00
　　辅助生产成本　　　　　　　　　　　　　　　　　　　　 26 910.00
　　制造费用　　　　　　　　　　　　　　　　　　　　　　 11 480.00
　　管理费用　　　　　　　　　　　　　　　　　　　　　　　2 133.00
　贷：原材料　　　　　　　　　　　　　　　　　　　　　　270 443.00

如果企业所耗燃料费用所占比重较大，则应单独设置"燃料"总账科目对其进行核算和控制。有关会计分录如下：

借：基本生产成本　　　　　　　　　　　　　　　　　　　　220 200.00
　　辅助生产成本　　　　　　　　　　　　　　　　　　　　 20 410.00
　　制造费用　　　　　　　　　　　　　　　　　　　　　　 10 000.00
　　管理费用　　　　　　　　　　　　　　　　　　　　　　　1 760.00

贷：原材料　　　　　　　　　　　　　　　　　　　　　　　　252 370.00
　　　借：基本生产成本　　　　　　　　　　　　　　　　　　　　　　9 720.00
　　　　　辅助生产成本　　　　　　　　　　　　　　　　　　　　　　6 500.00
　　　　　制造费用　　　　　　　　　　　　　　　　　　　　　　　　1 480.00
　　　　　管理费用　　　　　　　　　　　　　　　　　　　　　　　　　373.00
　　　贷：燃料　　　　　　　　　　　　　　　　　　　　　　　　　 18 073.00

（二）材料按计划成本计价

材料按计划成本计价指每一种材料的收发结存量，都按预先确定的计划成本计价。应设置"原材料""材料采购""材料成本差异"账户进行核算，其基本计算公式为

消耗材料的实际成本＝消耗材料的计划成本＋消耗材料应分摊的成本差异

消耗材料的计划成本＝材料实际消耗量×计划单价

消耗材料应分摊的成本差异＝消耗材料的计划成本×材料成本差异率

$$材料成本差异率 = \frac{月初结存材料成本差异 + 本期收入材料成本差异}{月初结存材料计划成本 + 本期收入材料计划成本} \times 100\%$$

【例2-1】某企业月初库存材料的计划成本为31 000元，实际成本为29 650元。本月收入材料的计划成本为92 000元，实际成本为90 890元。本月发出材料的计划成本为74 000元。计算本月发出材料的实际成本。

月初结存材料的成本差异额＝29 650－31 000＝－1 350（元）

本月收入材料的成本差异额＝90 890－92 000＝－1 110（元）

$$材料成本差异率 = \frac{-1\,350 + (-1\,110)}{31\,000 + 92\,000} \times 100\% = -2\%$$

发出材料应负担的差异额＝74 000×（－2%）＝－1 480（元）

发出材料的实际成本＝74 000－1 480＝72 520（元）

如果库存材料比较多，本月发出的材料全部或者大部分是以前月份购入的材料，也可以根据上月末、本月初结存材料的成本差异率计算本月发出材料的成本差异。这种材料成本差异率的计算公式为

$$材料成本差异率 = \frac{月初结存材料成本差异}{月初结存材料计划成本} \times 100\%$$

采用上月末、本月初的材料成本差异率，可以简化和加速发出材料的材料成本差异的核算工作。材料成本差异率的计算方法一经确定，不应任意变更。

由于"材料成本差异"总账科目应按原材料、周转材料等材料类别设立明细账，因而材料成本差异率也应按照材料类别计算。

为了汇总反映发出材料的计划成本和成本差异，并据以计算发出材料的实际成本，发料凭证汇总表中的材料成本应按计划成本和成本差异分列，其格式如表2-4所示。

根据表2-4编制发出材料计划成本和调整材料成本差异的会计分录如下：

　　　借：基本生产成本　　　　　　　　　　　　　　　　　　　　　208 800.00
　　　　　辅助生产成本　　　　　　　　　　　　　　　　　　　　　 20 200.00
　　　　　制造费用　　　　　　　　　　　　　　　　　　　　　　　 11 900.00

管理费用　　　　　　　　　　　　　　　　2 400.00
　　　贷：原材料　　　　　　　　　　　　　　　　243 300.00
　　借：基本生产成本　　　　　　　　　　　　　　4 176.00
　　　　辅助生产成本　　　　　　　　　　　　　　　404.00
　　　　制造费用　　　　　　　　　　　　　　　　　238.00
　　　　管理费用　　　　　　　　　　　　　　　　　 48.00
　　　贷：材料成本差异　　　　　　　　　　　　　4 866.00

表 2-4　发料凭证汇总表

××工厂　　　　　　　　　2017 年 7 月　　　　　　　　　　单位：元

应借科目		应贷科目：原材料、材料成本差异	
		计划成本	成本差异（成本差异率 2%）
基本生产成本	1—10 日	68 000	1 360
	11—20 日	71 400	1 428
	21—30 日	69 400	1 388
	小计	208 800	4 176
辅助生产成本	1—10 日	7 100	142
	11—20 日	4 800	96
	21—30 日	8 300	166
	小计	20 200	404
制造费用	1—10 日	3 300	66
	11—20 日	2 900	58
	21—30 日	5 700	114
	小计	11 900	238
管理费用	1—10 日	600	12
	11—20 日	800	16
	21—30 日	1 000	20
	小计	2 400	48
合计		243 300	4 866

三、材料费用分配的核算

　　不论耗用外购材料还是自制材料，其费用的分配都应根据审核后的领、退料凭证，按材料的具体用途进行。直接用于产品生产、专设成本项目的各种材料费用，应计入"基本生产成本"科目借方及其所属各产品成本明细账"直接材料"成本项目；直接用于辅助生产、产品销售以及组织和管理生产经营活动等方面的各种材料费用，应分别计入"辅助生产成本""制造费用""销售费用"和"管理费用"等科目的借方及其所属明细账中的有关成本项目或费用项目中。同时，将已发生的各种材料费用总额，计入"原材料"科目的贷方。下面以原材料和燃料为例说明材料费用的分配方法。

(一) 原材料费用分配的核算

原材料费用的分配标准有很多，可以按产品的产量、重量、体积等为分配标准进行分配，在材料消耗定额比较准确的情况下，原材料费用可以按定额耗用量比例或定额费用比例进行分配。

▶ 1. 重量比例分配法

重量比例分配法是以产品的重量为分配标准进行分配，适用于耗用材料费用多少与产品的重量大小有一定关系的产品。其计算公式如下：

$$材料费用分配率 = \frac{各产品共同耗用的材料费用}{各产品重量之和}$$

某产品应分配的材料费用＝该产品重量×材料费用分配率

【例 2-2】某企业 2017 年 1 月生产 A 产品重量为 3 000 千克，B 产品重量为 4 000 千克，共同耗用的原材料费用为 7 000 元。材料费用分配计算如下：

$$原材料费用分配率 = \frac{7\,000}{3\,000+4\,000} = 1$$

A 产品应分配的材料费用＝3 000×1＝3 000(元)

B 产品应分配的材料费用＝4 000×1＝4 000(元)

使用此方法时必须注意，作为分配标准的重量的计量单位必须一致，如不一致必须调整，否则无法汇总。

▶ 2. 定额耗用量比例分配法

定额耗用量比例分配法是以各种产品的材料消耗总定额为标准来分配直接材料费用的方法。采用定额耗用量比例分配法，要求企业各种产品的材料消耗，都制定了比较先进和合理的消耗定额。定额耗用量比例分配法的计算公式为

某种产品材料定额耗用量＝该种产品实际产量×单位产品材料消耗定额

$$材料耗用量分配率 = \frac{材料实际耗用总量}{各种产品材料定额耗用量之和}$$

某种产品应分配的材料数量＝该种产品的材料定额耗用量×材料耗用量分配率

某种产品应分配的材料费用＝该种产品应分配的材料数量×材料单价

式中，单位产品材料消耗定额是指单位产品可以消耗的数量限额，可以根据企业的有关指标确定；定额耗用量是指一定产量下按照单位产品材料消耗定额计算的可以消耗的材料数量。

【例 2-3】长城公司生产甲、乙两种产品，共同耗用原材料 2 000 千克，单价 20 元，原材料费用合计 40 000 元。本月投产甲产品 300 件，乙产品 200 件。甲产品原材料消耗定额 10 千克，乙产品为 25 千克，原材料费用分配计算如下：

甲产品原材料定额耗用量＝300×10＝3 000(千克)

乙产品原材料定额耗用量＝200×25＝5 000(千克)

原材料耗用量分配率 $=\dfrac{2\,000}{3\,000+5\,000}=0.25$

甲产品应分配的原材料实际消耗量 $=3\,000\times0.25=750$(千克)

乙产品应分配的原材料实际消耗量 $=5\,000\times0.25=1\,250$(千克)

甲产品应分配的实际原材料费用 $=750\times20=15\,000$(元)

乙产品应分配的实际原材料费用 $=1\,250\times20=25\,000$(元)

上述计算分配,可以考核原材料消耗定额的执行情况,有利于加强原材料消耗的实物管理,但分配计算的工作量较大。为了简化分配计算工作,也可以按原材料定额耗用量的比例分配法,直接分配原材料费用。计算分配如下:

原材料费用分配率 $=\dfrac{\text{原材料实际费用总额}}{\text{各种产品原材料定额消耗量之和}}=\dfrac{40\,000}{3\,000+5\,000}=5$

甲产品应分配原材料费用 $=3\,000\times5=15\,000$(元)

乙产品应分配原材料费用 $=5\,000\times5=25\,000$(元)

上述两种计算方法结果相同。但后一种方法不能提供各种产品材料的实际消耗量,不利于加强材料消耗的实物管理。

▶ **3. 定额费用比例分配法**

定额费用比例分配法是指按原材料定额费用比例分配原材料费用,其计算分配的步骤如下:

(1) 计算各种产品原材料定额费用;

(2) 计算单位原材料定额费用应分配的原材料实际费用(即原材料费用分配率);

(3) 计算各种产品应分配的原材料实际费用,计算公式如下:

某种产品原材料定额费用 = 该种产品实际产量 × 单位产品原材料费用定额

原材料费用分配率 $=\dfrac{\text{各种产品原材料实际费用总额}}{\text{各种产品原材料定额费用总额}}\times100\%$

某种产品应分配的实际原材料费用 = 该种产品原材料定额费用 × 原材料费用分配率

【例 2-4】某企业生产甲、乙两种产品,共同领用 A、B 两种主要材料,共计 66 480 元。本月投产甲产品 200 件、乙产品 100 件。甲产品材料消耗定额:A 材料 5 千克,B 材料 8 千克;乙产品材料消耗定额:A 材料 7 千克,B 材料 9 千克。A 材料单价 12 元,B 材料单价 14 元。计算分配如下:

1. 甲、乙产品材料定额费用

甲产品:A 材料定额费用 $=200\times5\times12=12\,000$(元);B 材料定额费用 $=200\times8\times14=22\,400$(元)。甲产品材料定额费用合计 34 400 元。乙产品:A 材料定额费用 $=100\times7\times12=8\,400$(元);B 材料定额费用 $=100\times9\times14=12\,600$(元)。乙产品材料定额费用合计 21 000 元。

2. 原材料费用分配率

原材料费用分配率 $=\dfrac{66\,480}{34\,400+21\,000}=1.2$

3. 甲、乙产品应分配的原材料实际费用

甲产品应分配的原材料实际费用＝34 400×1.2＝41 280(元)

乙产品应分配的原材料实际费用21 000×1.2＝25 200(元)

直接用于产品生产、有助于产品形成的辅助材料，一般属于间接计入费用，应采用适当的分配方法进行分配以后，计入各种产品成本明细账的"原材料"成本项目。对于消耗定额比较准确的辅助材料，其分配方法与原材料费用分配方法基本相同，按照产品定额耗用量或定额费用的比例分配；对于与产品产量有直接联系的辅助材料，如包装材料可按产品产量比例分配；对于耗用在原材料上的辅助材料，如油漆、染料等可以按照原材料耗用量的比例分配。

各种材料费用的分配是通过编制材料费用分配表进行的，材料费用分配表是按车间、部门和材料的类别，根据归类后的领退料凭证和其他有关资料编制的。材料费用分配表的格式如表2-5所示。

表2-5 材料费用分配表

车间或部门名称：长城公司　　　　　　2017年6月

应 借 科 目	成本或费用项目	直接计入金额/元	分配计入金额(分配率为5)		材料费用合计/元
			定额消耗量/千克	分配金额/元	
基本生产成本——甲产品	原材料	1 500	3 000	15 000	16 500
——乙产品	原材料	900	5 000	25 000	25 900
小　　计		2 400	8 000	40 000	42 400
辅助生产成本——运输	材料	600			600
——供水	材料	900			900
小　　计		1 500			1 500
制造费用——基本生产车间	机物料消耗	400			400
管理费用	物料消耗	300			300
销售费用	物料消耗	200			200
合　　计		4 800		40 000	44 800

根据材料费用分配表编制会计分录，据以登记有关总账和明细账。编制会计分录如下：

　　借：基本生产成本　　　　　　　　　　　　　　　　　　　　42 400.00
　　　　辅助生产成本　　　　　　　　　　　　　　　　　　　　 1 500.00
　　　　制造费用　　　　　　　　　　　　　　　　　　　　　　　 400.00
　　　　管理费用　　　　　　　　　　　　　　　　　　　　　　　 300.00
　　　　销售费用　　　　　　　　　　　　　　　　　　　　　　　 200.00
　　　　贷：原材料　　　　　　　　　　　　　　　　　　　　　44 800.00

表2-5中的原材料费用是按实际成本进行核算分配的，如果原材料费用是按计划成本

进行核算分配，计入产品成本和期间费用的原材料费用是计划成本，还应该分配材料成本差异。

（二）燃料费用分配的核算

燃料费用的分配程序和方法与原材料费用分配的程序和方法基本相同。

▶ 1. 燃料费用在产品成本中所占比重较大

燃料费用在产品成本中所占比重较大的情况下，"产品成本"明细账中应单独设置"燃料及动力"成本项目，并增设"燃料"会计科目，对燃料和燃料费用进行单独核算。

▶ 2. 燃料费用在产品成本中所占比重较小

燃料费用在产品成本中所占比重较小的情况下，"产品成本"明细账中无须单独设置"燃料及动力"成本项目，应将燃料费用直接计入"直接材料"成本项目，燃料费用分配可在材料费用分配表中加以反映。

直接用于产品生产的燃料，在只生产一种产品或者是按照产品品种（或成本计算对象）分别领用，属于直接计入费用，可以直接计入各种产品成本明细账的"燃料和动力"成本项目；如果不是按产品品种分别领用，而是几种产品共同耗用的燃料，属于间接计入费用，则应采用适当的分配方法，在各种产品之间进行分配，然后再计入各种产品成本明细账的"燃料和动力"成本项目。分配标准可以按产品的重量、体积、所耗燃料的数量或费用，也可以按燃料的定额耗用量或定额费用比例等。

直接用于产品生产、专设成本项目的燃料费用，应计入"基本生产成本"总账账户的借方及其所属明细账的"燃料和动力"成本项目；直接用于辅助生产、专设成本项目的燃料费用，用于基本生产和辅助生产但没有专设成本项目的燃料费用，应计入"辅助生产成本""制造费用"总账账户的借方及其所属明细账有关项目；用于产品销售以及组织和管理生产经营活动的燃料费用则应计入"销售费用""管理费用"总账账户的借方及所属明细账有关项目。已领燃料总额，应计入"燃料"账户的贷方。不设"燃料"账户的，则计入"原材料"账户的贷方。现举例说明如下。

【例 2-5】长城公司生产甲、乙两种产品耗用燃料和动力较多，为了加强对能源耗费的核算和控制，增设"燃料"会计科目和"燃料及动力"成本项目。该公司甲、乙两种产品的工艺用燃料费用为间接计入费用，规定按定额费用比例分配。2017 年 6 月，甲、乙两种产品工艺用燃料费用为 39 900 元；两种产品的定额燃料费用为甲产品 22 000 元，乙产品 16 000 元。计算分配如下：

燃料费用分配率 $=\dfrac{39\ 900}{22\ 000+16\ 000}=1.05$

甲产品应分配燃料费用 $=22\ 000\times1.05=23\ 100$（元）

乙产品应分配燃料费用 $=16\ 000\times1.05=16\ 800$（元）

根据有关凭证和费用分配的结果，编制燃料费用分配表，如表 2-6 所示。

根据燃料费用分配表编制的会计分录如下：

借：基本生产成本   42 300.00

  辅助生产成本   1 900.00

貸：燃料　　　　　　　　　　　　　　　　　　　　　　　　　　　　44 200.00

表 2-6　燃料费用分配表

车间或部门名称：长城公司　　　　　　2017 年 6 月

应借科目	成本或费用项目	直接计入金额/元	分配计入金额(分配率为 1.05)		材料费用合计/元
			定额消耗量/千克	分配金额/元	
基本生产成本——甲产品	燃料及动力	1 500	22 000	23 100	24 600
——乙产品	燃料及动力	900	16 000	16 800	17 700
小　　计		2 400	38 000	39 900	42 300
辅助生产成本——运输	燃料及动力	900			900
——供水	燃料及动力	1 000			1 000
小　　计		1 900			1 900
合　　计		4 300		39 900	44 200

四、外购动力费用的归集与分配

外购动力费用是指向外单位购买电力、蒸汽、煤气等动力所支付的费用。外购动力有的直接用于产品生产，如生产工艺用电力；有的间接用于产品生产，如生产单位(车间或分厂)照明用电力；有的则用于经营管理，如企业行政管理部门照明用电力和取暖等。在有计量仪器记录的情况下，直接根据仪器所示的耗用数量和单价计算；在没有计量仪器的情况下，要按照一定的标准在各种产品之间进行分配。如按生产工时比例、机器功率时数比例，或定额耗用量的比例分配。各车间、部门的动力用电和照明用电一般都分别装有电表，外购电力费用在各车间、部门可按用电度数分配；车间中的动力用电，一般不按产品分别安装电表，因而车间动力用电费用在各种产品之间一般按产品的生产工时比例、机器工时比例、定额耗电量比例或其他比例分配。

(一) 有计量仪器记录的情况下

动力(以电力为例)费用分配的计算公式为

$$电力费用分配率=\frac{电力费用总额}{各车间、部门动力和照明用电度数总额}$$

某车间、部门照明用电力费用＝该车间、部门照明用电度数×电力费用分配率

某车间动力用电力费用＝该车间动力用电度数×电力费用分配率

(二) 没有计量仪器的情况下

动力(以电力为例)费用分配的计算公式为

$$某车间动力用电力费用分配率=\frac{该车间动力用电力费用}{该车间各产品生产工时之和}$$

某产品分配动力用电力费用＝该车间某产品生产工时×该车间动力用电力费用分配率

直接用于产品生产的动力费用，应借记"**基本生产成本**"总账账户及所属产品成本明细

账"燃料及动力"成本项目；直接用于辅助生产又单独设置"燃料及动力"成本项目的动力费用，借记"辅助生产成本"总账账户及所属明细账的"燃料及动力"成本项目；用于基本生产车间和辅助生产车间的照明用电，以及行政管理部门的照明用电等，应分别借记"制造费用""辅助生产成本"和"管理费用"等总账账户及其所属明细账有关项目；如果基本生产和辅助生产不单独设置"燃料及动力"成本项目，发生的燃料动力费用则应借记"制造费用"账户及其明细账有关项目，贷记"应付账款"或"银行存款"账户。这是因为在实际工作中，由于外购动力费用一般不是在每月末支付，而是在每月下旬的某日支付。因此，支付时一般借记"应付账款"科目，贷记"银行存款"科目，到月末时再借记各成本、费用类科目，贷记"应付账款"科目。因为支付日计入的动力费用并不完全是当月动力费用，而是上月付款日到本月付款日的动力费用，所以，为了正确地计算当月动力费用，不仅要计算、扣除上月付款日到上月末的已付动力费用，而且还要分配、补记当月付款日到当月末的应付未付动力费用，核算工作量太大。为简化核算，支付动力费用时一般都通过"应付账款"科目，只在每月的月末分配登记一次动力费用。这样核算"应付账款"科目时，借方所记本月已付动力费用与贷方所记本月应付动力费用，往往不相等，从而会出现月末余额。如果月末余额在借方，表示本月实际支付款大于应付款，多付了动力费用，可以抵冲下月应付费用；如果月末余额在贷方，表示本月应付款大于实际支付款，形成应付动力费用，可以在下月支付。如果每月支付动力费用的日期基本固定，而且每月付款日到月末的应付动力费用相差不多，各月付款日到月末的应付动力费用可以互相抵销。如果不影响各月动力费用核算的正确性，也可以不通过"应付账款"科目，而直接借记有关成本、费用类科目，贷记"银行存款"科目。

【例 2-6】长城公司 2017 年 6 月耗用外购电力共 35 000 度，每度 1.2 元，共发生电费 42 000 元。该企业各部门均安装了电表，电表显示各部门用电情况如下：基本生产车间直接用于产品生产用电 31 250 度，照明用电 750 度，运输车间耗电 2 000 度，管理部门用电 1 000 度。基本生产车间生产甲、乙两种产品，本月甲产品的生产工时为 6 000 小时，乙产品为 4 000 小时。该企业采用生产工时比例法分配动力费用。该公司设有"燃料及动力"成本项目。甲、乙产品动力费用分配计算如下：

$$动力费用分配率 = \frac{31\,250 \times 1.2}{6\,000 + 4\,000} = 3.75$$

甲产品应分配的动力费用 = 6 000 × 3.75 = 22 500（元）

乙产品应分配的动力费用 = 4 000 × 3.75 = 15 000（元）

根据上述资料编制外购动力费用分配表，如表 2-7 所示。

根据外购动力费用分配表，编制的会计分录如下：

借：基本生产成本   37 500.00
  辅助生产成本   2 400.00
  制造费用   900.00
  管理费用   1 200.00
  贷：应付账款   42 000.00

表 2-7 外购动力费用分配

车间或部门名称：长城公司　　　　　2017 年 6 月

应借科目	成本或费用项目	生产工时（分配率为3.75）/小时	度数（单价为1.2元）/度	分配金额/元
基本生产成本——甲产品	燃料及动力	6 000		22 500
——乙产品	燃料及动力	4 000		15 000
小　计		10 000	31 250	37 500
辅助生产成本——运输	燃料及动力		2 000	2 400
——供水	燃料及动力			
小　计			2 000	2 400
制造费用——基本生产车间	电费		750	900
管理费用	电费		1 000	1 200
合　计				42 000

如果实际的生产成本明细账没有设"燃料及动力"成本项目，则直接用于产品生产的燃料及动力费用，可以分别计入"直接材料"和"制造费用"成本项目。

第二节　人工费用的归集与分配

一、职工薪酬的内容

职工薪酬指企业为获得职工提供的服务而给予的各种形式的报酬，以及其他相关支出。职工薪酬主要包括以下内容。

（一）职工工资、奖金、津贴和补贴

职工工资、奖金、津贴和补贴是指按照国家统计局的规定构成工资总额的计时工资、计件工资、支付给职工的超额劳动报酬和增收节支的劳动报酬，为了补偿职工特殊或额外的劳动消耗和因其他特殊原因支付给职工的津贴，以及为了保证职工工资水平不受物价影响而支付给职工的物价补贴等。

（二）职工福利费

职工福利费是指企业为职工提供的福利，如为补助职工食堂、生活困难等从成本费用中提取的金额，提取比例为14%。

（三）社会保险费

社会保险费是指企业按照国家规定的基准和比例所计算的向社会保险经办机构缴纳的医疗保险费、养老保险费、失业保险费、工伤保险费和生育保险费。

（四）住房公积金

住房公积金是指企业按照国家《住房公积金管理条例》规定的基准和比例所计算的向住房公积金管理机构缴存的住房公积金。

（五）工会经费和职工教育经费

工会经费和职工教育经费是指企业为了改善职工文化生活、提高职工业务素质，用于开展工会活动和职工教育及职业技能培训，根据国家规定的基准和比例计算的从成本费用中提取的金额。

（六）非货币性福利

非货币性福利是指企业以自产产品或外购商品发放给职工作为福利，或将自己拥有的资产无偿提供给职工使用，如为职工无偿提供医疗保健服务等。

（七）解除职工劳动关系补偿

解除职工劳动关系补偿是指企业由于实施主辅业分离、辅业改制、分流安置富余人员、重组或改组计划、职工不能胜任等原因，在职工劳动合同到期之前解除与职工的劳动关系，或者为鼓励职工自愿接受裁减而提出补偿建议的计划中给予职工的经济补偿。

（八）其他相关支出

其他相关支出是指其他与获得职工提供的服务相关的支出。

二、工资总额的组成

工资总额是各单位在一定时期内直接支付给本单位全部职工的劳动报酬总额。

根据国家统计局规定，工资总额由下列六个部分组成。

（一）计时工资

计时工资是指按计时工资标准（包括地区生活费补贴）和工作时间支付给个人的劳动报酬，包括：对已做工作按计时工资标准支付的工资；实行结构工资制的单位支付给职工的基础工资和职务（岗位）工资；新参加工作职工的见习工资；运动员的体育津贴。

（二）计件工资

计件工资是指根据职工所完成的工作量和计件单价计算而支付的工资，分为个人计件和集体计件。计件工资包括实行超额累进计件、直接无限计件、限额计件、超定额计件等工资制，按劳动部门或主管部门批准的定额和计件单价支付给个人的工资和按营业额提成或利润提成办法支付给个人的工资。

（三）奖金

奖金是指支付给职工的超额劳动报酬和增收节支的劳动报酬，包括生产奖、节约奖、劳动竞赛奖、其他奖金。

（四）津贴和补贴

津贴和补贴是指为了补偿职工特殊或额外的劳动消耗和因其他特殊原因支付给职工的津贴，以及为了保证职工工资水平不受物价上涨的影响而支付给职工的物价补贴。

（五）加班加点工资

加班加点工资指按国家规定支付给职工在法定工作时间以外从事劳动的报酬，如法定节假日的劳动报酬。

（六）特殊情况下支付的工资

特殊情况下支付的工资是依据国家有关劳动法规和企业规定，按计时工资标准（或工资标准的一定比例)在职工工伤、病假、产假、计划生育假、婚丧假、探亲假、定期休假、执行国家和社会义务、停工学习等非工作时间支付的工资。

工资费用核算应用的会计科目为"应付职工薪酬"科目,该科目属于负债类性质的科目,用来核算企业根据有关规定应付给职工的各种薪酬。本科目应当按照"工资""职工福利费""社会保险费""住房公积金""工会经费""职工教育经费""解除职工劳动关系补偿"等应付职工薪酬项目进行明细核算。"应付职工薪酬"科目的贷方登记应发放给职工的薪酬金额、因解除与职工的劳动关系给予的补偿等;"应付职工薪酬"科目的借方登记企业按照有关规定向职工支付的工资、奖金、津贴,以及从应付职工薪酬中扣还的各种款项等。另外,企业向职工支付福利费,支付工会经费和职工教育经费用于工会运作和职工培训,按照国家有关规定缴纳社会保险费和住房公积金,因解除与职工的劳动关系向职工给予的补偿也计入该科目的借方。本科目期末贷方余额,反映企业应付职工薪酬的结余。

三、工资费用的原始记录

企业要进行工资薪酬的核算,必须要有正确、完整的原始记录作为依据。不同的工资制度所依据的原始记录不同。企业应按每个职工设置"工资卡"账户,内含职工姓名、职务、工资等级和工资标准等资料。企业工资薪酬的主要原始记录包括考勤记录和产量记录。

(一)考勤记录

考勤记录是登记职工出勤和缺勤情况的记录,它是分析考核职工工作时间利用情况的原始记录和计算计时工资的重要依据。考勤的方法有考勤簿、考勤卡片(考勤钟打卡)、考勤磁卡(刷卡)等形式。

(二)产量记录

产量记录又称产量工时记录,是登记工人或生产小组在出勤时间内完成产品的数量、质量和耗用工时的原始记录,它是计算计件工资的依据,也是为在各种产品之间分配与工时有关的费用提供合理分配标准的依据,并且反映在产品在生产过程中的转移情况,加强在产品实物管理的依据。产量记录的内容和形式是多种多样的,如工作通知单、工序进程单和工作班产量记录、产量通知单等。考勤记录和产量记录分别如表2-8和表2-9所示。

表 2-8 考 勤 簿

2017年6月

车间或部门:　　　　　工段:　　　　　生产小组:　　　　　考勤员:

编号	姓名	工资等级	出勤和缺勤记录					合计		出勤分类						缺勤分类							备注
			1	2	3	4	5	出勤天数	缺勤天数	计时工作	计件工作	中班次数	夜班次数	加班加点	停工	迟到早退	公假	工伤	探亲假	产假	婚丧假	病假	事假	旷工	

表 2-9 工作班产量记录

工人			工作任务					交验结果							工资			
工号	姓名	等级	工序进程单编号	产品型号	零件编号	工序名称	交发加工数量	工时定额	交验数量	合格数量	返工数量	工废数量	料费数量	短缺数量	专加工数	定额总工时	实际工时	检验员	计件单价	合格品工资	废品工资	合计

考勤记录和产量记录是计算应付职工薪酬的主要原始记录,也是归集工资费用、分配工资费用的基础。

四、工资的计算

工资的计算是企业向职工支付工资和按用途分配工资费用的依据。工业企业可以根据具体情况采用各种不同的工资制度,其中,最基本的工资制度是计时工资制度和计件工资制度。

(一) 计时工资的计算

职工的计时工资,是根据考勤记录登记的每一位职工出勤或缺勤天数,按照规定的工资标准计算的。计时工资的计算方法有两种:月薪制和日薪制。企业固定职工的计时工资一般按月薪计算,临时职工的计时工资大多按日薪计算。

▶ 1. 月薪制

月薪制不论各月日历天数多少,每月的标准工资相同,只要职工当月出满勤,就可以得到固定的月标准工资。企业固定职工的计时工资一般按月薪制计算。为了按照职工出勤或缺勤日数计算应付月工资,还应根据月工资标准计算日工资率。日工资率也称日工资,是指每位职工每日应得的平均工资额。

按照国家法定工作时间的规定,职工每月工作时间=(365-104-11)÷12=20.83(天)。

按照《中华人民共和国劳动法》(以下简称《劳动法》)的规定,法定节假日用人单位应当依法支付工资,即折算日工资、小时工资时不剔除国家规定的11天法定节假日。据此,月计薪天数=(365-104)÷12=21.75(天)。

因此,日工资率的计算公式为

$$日工资率 = 月标准工资 \div 21.75$$

按照这种方法计算的日工资率不论大小月一律按21.75天计算,月内的休息日不付工资,缺勤期间的休息日也不扣工资。

此外,应付月工资可以按月标准工资扣除缺勤工资计算,其计算公式为

应付计时工资=月标准工资-(事假天数×日工资率+病假天数×日工资率×病假扣款率)

也可以直接根据职工的出勤天数计算，其计算公式为

应付计时工资＝本月出勤天数×日工资率＋病假天数×日工资率×(1－病假扣款率)

计算缺勤扣款时，应区别不同情况，按照国家有关规定执行。对事假和旷工缺勤的，按100％的比例扣发工资；因工负伤、探亲假、婚丧假、女工产假等缺勤期间应按100％的比例全部照发工资；对病假或非因工负伤缺勤，应根据《中华人民共和国劳动保险条例》的规定，按病假期限和工龄长短扣发一定比例的工资。

▶ **2. 日薪制**

日薪制是按职工出勤天数和日标准工资计算应付计时工资的方法。一般企业的临时职工的计时工资大多按日薪制计算。按日薪制计算计时工资的企业里，职工每月的全勤月工资不是固定的，而是随着当月月份大小而发生变化。对于非工作时间的工资，也应按前述有关规定计算。现举例说明前述计时工资的计算方法。

【例2-7】某企业某工人的月工资标准为1 740元。10月份31天，事假2天，病假3天，休假11天，出勤15天。根据该工人的工龄，其病假工资按工资标准的90％计算。该工人的病假和事假期间没有节假日。采用月薪制计算该工人10月份的标准工资如下：

按21.75天计算，日工资率＝$\frac{1\,740}{21.75}$＝80(元)

按缺勤天数扣除缺勤工资计算的月应付工资＝1 740－80×3×10％－80×2＝1 556(元)

按出勤天数计算的月应付工资＝80×(15＋3)＋80×3×90％＝1 656(元)

(二) 计件工资的计算

计件工资是根据每人(或班组)当月生产的实际合格品数量和规定的计件单价计算的工资。由于材料不合格造成的废品，应照付工资；由于加工人员的过失造成的废品，则不支付工资，有的还应由工人赔偿损失。同一工人在一个月份内可能从事计件工资单价不同的各种产品的生产，因此计件工资的有关计算公式为

应付计件工资＝$\sum$[(合格品数量＋料废品数量)×计件单价]

计件工资通常有个人计件和集体计件两种形式。

▶ **1. 个人计件工资的计算**

【例2-8】假定某工人本月生产甲合格品300件，废品20件，其中料废品16件，该产品计件单价为0.30元；乙合格品80件，该产品计件单价为0.40元。计算该工人的计件工资。

应付计件工资＝(300＋16)×0.30＋80×0.40＝126.80(元)

▶ **2. 集体计件工资的计算**

集体计件工资是以班组为对象计算的计件工资。常用的分配方法有以下两种。

(1) 以计时工资为分配标准，在集体各成员之间进行分配。计算公式为

$$工资分配率＝\frac{小组计件工资总额}{小组计时工资总额}$$

个人应得计件工资＝个人应得计时工资×工资分配率

【例 2-9】某企业一车间车工组八月生产甲合格品 2 200 件,废品 80 件(其中,料废品 60 件),该产品计件单价为 0.25 元;生产乙合格品 700 件,该产品计件单价为 0.30 元,有关资料及个人应得工资如表 2-10 所示。

一车间车工组计件工资 = 2 260×0.25+700×0.3 = 775(元)

表 2-10 一车间车工组人员计件工资分配表

工人姓名	实际工作时间/小时	小时工资率/(元/小时)	计时工资/元	计件工资分配率	应得计件工资/元
刘晓	170	0.80	136		201.52
赵静	175	0.72	126		186.71
王亮	200	0.55	110		163.00
丁兵	200	0.44	88		130.40
张涛	180	0.35	63		93.37
合计	925		523	1.481 8	775

(2)以实际工作小时为分配标准,在集体各成员之间进行分配。计算公式为

$$工资分配率 = \frac{小组计件工资总额}{小组实际工作小时合计}$$

个人应得计件工资 = 个人实际工作小时×工资分配率

【例 2-10】承例 2-9,采用按实际工作时间为分配标准,计算个人应得计件工资,编制小组计件工资分配表,如表 2-11 所示。

表 2-11 一车间车工组人员计件工资分配表

工人姓名	实际工作时间/小时	计件工资分配率	应得计件工资/元
刘晓	170		142.8
赵静	175		147
王亮	200		168
丁兵	200		168
张涛	180		151.2
合计	925	0.84	775

(三)奖金、津贴和补贴,以及加班加点工资的计算

奖金分为单项奖和综合奖两种。单项奖按规定的奖励条件和奖金标准及有关原始记录计算;综合奖由班组、车间或部门评定分配。

各种津贴、补贴应根据国家规定的享受范围和标准进行计算。

加班加点工资,应根据加班天数和加点时数,以及职工个人的日工资率和小时工资率

计算。

根据上述计算出计时工资、计件工资及其他奖金、津贴、加班加点工资以后，就可以计算职工的应付工资和实发工资，其计算公式为

应付工资＝应付计时工资＋应付计件工资＋奖金＋津贴补贴＋
加班加点工资＋特殊情况下支付的工资

在实际工作中，为减少现金收付工作，便于职工收付有关款项，企业向职工支付工资时，一般可同时支付某些福利费用和交通补贴等代发款项，并且扣除职工应付的房租费、托儿费、个人所得税等代扣款项。实发工资计算公式为

实发工资＝应付工资＋代发款项－代扣款项

五、应付职工薪酬的核算

（一）工资费用分配的核算

企业的会计部门应该根据前述计算出来的职工工资，按照车间、部门分别编制工资结算单，按照职工类别和姓名分行填列应付每一职工的各种工资、代发款项、代扣款项和应发金额，作为与职工进行工资结算的依据。为了掌握整个企业的工资结算和支付情况，还应根据各车间、部门的工资结算单等资料，编制全厂工资结算单（也称工资结算汇总表），同时据以编制工资费用分配表。

根据工资费用分配表进行工资的分配时，其中，直接进行产品生产和辅助生产的生产工人工资，应分别计入"基本生产成本"和"辅助生产成本"科目；生产车间的组织和管理人员的工资应计入"制造费用"科目；企业管理人员的工资、销售人员的工资、基本建设人员的工资等，应分别计入"管理费用""销售费用""在建工程"等科目；已分配的工资总额，应计入"应付职工薪酬"科目的贷方。

采用计件工资形式支付的生产工人工资，作为直接费用，可直接计入所生产产品的成本；采用计时工资形式支付的工资，如果生产工人只生产一种产品，仍可以作为直接费用，计入所生产产品的成本。如果生产多种产品，则需要选用合适的方法，在各种产品之间进行分配。一般以产品生产所耗用的生产工时作为分配标准进行分配。计算公式为

$$工资费用分配率=\frac{应分配的工资费用}{各种产品生产工时之和}$$

某产品应分配的工资费用＝该产品的生产工时×生产工资分配率

【例 2-11】长城公司生产甲、乙两种产品，生产工人计件工资分别为：甲产品3 000元，乙产品5 000元；甲、乙两种产品计时工资共计106 000元。甲、乙两种产品生产工时分别为10 000小时和6 000小时。计时工资按生产工时比例分配计算如下：

$$工资费用分配率=\frac{106\ 000}{(10\ 000+6\ 000)}=6.625$$

甲产品分配工资费用＝10 000×6.625＝66 250(元)

乙产品分配工资费用＝6 000×6.625＝39 750(元)

根据工资结算单等有关资料编制长城公司工资费用分配表，如表2-12所示。

表 2-12　工资费用分配表

车间或部门名称：长城公司　　　　2017 年 6 月

应借科目	成本或费用项目	直接计入金额/元	分配计入金额（分配率为 6.625）		工资费用合计/元
			生产工时/小时	分配金额/元	
基本生产成本——甲产品	直接人工	3 000	10 000	66 250	69 250
——乙产品	直接人工	5 000	6 000	39 750	44 750
小计		8 000	16 000	106 000	114 000
辅助生产成本——运输	直接人工	6 000	6 000		
——供水	直接人工	5 000		5 000	
小计		11 000			11 000
应付福利费	工资	900			900
制造费用——基本生产车间	工资	3 000	3 000		
管理费用	工资	4 000			
销售费用	工资	1 200			1 200
合计		28 100		106 000	134 100

根据以上工资费用分配表，编制会计分录如下：

借：基本生产成本　　　　　　　　　　　　　　　　114 000.00
　　辅助生产成本　　　　　　　　　　　　　　　　 11 000.00
　　制造费用　　　　　　　　　　　　　　　　　　 3 000.00
　　管理费用　　　　　　　　　　　　　　　　　　 4 000.00
　　销售费用　　　　　　　　　　　　　　　　　　 1 200.00
　　应付福利费　　　　　　　　　　　　　　　　　 900.00
　　贷：应付职工薪酬——工资　　　　　　　　　　134 100.00

（二）计提职工福利费的核算

职工福利费的分配可比照工资费用的分配，但医务及福利人员计提的福利费，应计入管理费用。职工福利费的分配可通过编制职工福利费分配表来进行。

【例 2-12】 承例 2-11，编制长城公司计提职工福利费分配表，如表 2-13 所示。

表 2-13　计提职工福利费分配表

车间或部门名称：长城公司　　　　2017 年 6 月　　　　　　　　　　单位：元

应借科目	成本或费用项目	工资总额	应付福利费（提取比例 14%）
基本生产成本——甲产品	直接人工	69 250	9 695
——乙产品	直接人工	44 750	6 265
小计		114 000	15 960
辅助生产成本——运输	直接人工	6 000	840

续表

应借科目	成本或费用项目	工资总额	应付福利费（提取比例14%）
——供水	直接人工	5 000	700
小计		11 000	1 540
制造费用——基本生产车间	工资	3 000	420
管理费用	工资	4 900	686
销售费用	工资	1 200	168
合计		134 100	18 774

根据以上职工福利费分配表，编制会计分录如下：

借：基本生产成本　　　　　　　　　　　　　　　　　15 960.00
　　辅助生产成本　　　　　　　　　　　　　　　　　 1 540.00
　　制造费用　　　　　　　　　　　　　　　　　　　 420.00
　　管理费用　　　　　　　　　　　　　　　　　　　 686.00
　　销售费用　　　　　　　　　　　　　　　　　　　 168.00
　　贷：应付职工薪酬——应付福利费　　　　　　　　18 774.00

（三）社会保险费的核算

对养老保险费、医疗保险费、失业保险费、工伤保险费和生育保险费等社会保险费，企业应当按照国家的有关规定计提并进行财务处理。

【例2-13】根据工资结算单等有关资料编制长城公司社会保险费计提表，如表2-14所示。其中，养老保险费、医疗保险费、失业保险费、工伤保险费和生育保险费分别依据职工工资总额的20%、8%、2%、0.8%、0.8%的比例计提。

表2-14 社会保险费计提表

车间或部门名称：长城公司　　　　　　　2017年6月　　　　　　　　　单位：元

应借科目	工资总额	养老保险费（20%）	医疗保险费（8%）	失业保险费（2%）	工伤保险费（0.8%）	生育保险费（0.8%）	合计
基本生产成本 ——甲产品	69 250	13 850	5 540	1 385	554	554	21 883
——乙产品	44 750	8 950	3 580	895	358	358	14 141
小计	114 000	22 800	9 120	2 280	912	912	36 024
辅助生产成本 ——运输	6 000	1 200	480	120	48	48	1 896
——供水	5 000	1 000	400	100	40	40	1 580
小计	11 000	2 200	880	220	88	88	3 476

续表

应借科目	工资总额	养老保险费 （20%）	医疗保险费 （8%）	失业保险费 （2%）	工伤保险费 （0.8%）	生育保险费 （0.8%）	合 计
制造费用——基本生产车间	3 000	600	240	60	24	24	948
管理费用	4 900	980	392	98	39.2	39.2	1 548.4
销售费用	1 200	240	96	24	9.6	9.6	379.2
合计	134 100	26 820	10 728	2 682	1 072.8	1 072.8	42 375.6

根据表 2-14 编制会计分录如下：

借：基本生产成本　　　　　　　　　　　　　　　36 024.00
　　辅助生产成本　　　　　　　　　　　　　　　 3 476.00
　　制造费用　　　　　　　　　　　　　　　　　　 948.00
　　管理费用　　　　　　　　　　　　　　　　　 1 548.40
　　销售费用　　　　　　　　　　　　　　　　　　 379.20
　　贷：应付职工薪酬——社会保险费　　　　　　42 375.60

（四）住房公积金、工会经费、职工教育经费的核算

对于住房公积金、工会经费、职工教育经费等，企业应当按照国家的规定标准计提并进行财务处理。

【例 2-14】根据工资结算单等有关资料编制长城公司住房公积金、工会经费、职工教育经费计提表，如表 2-15 所示。其中，住房公积金、工会经费、职工教育经费分别依据职工工资总额的 11%、2%、1.5% 的比例计提。

表 2-15　住房公积金、工会经费、职工教育经费计提表

车间或部门名称：长城公司　　　　　2017 年 6 月　　　　　　　　　　单位：元

应借科目	工资总额	住房公积金 （11%）	工会经费 （2%）	职工教育经费 （1.5%）	合 计
基本生产成本——甲产品	69 250	7 617.5	1 385	1 038.75	10 041.25
——乙产品	44 750	4 922.5	895	671.25	6 488.75
小计	114 000	12 540	2 280	1 710	16 530
辅助生产成本——运输	6 000	660	120	90	870
——供水	5 000	550	100	75	725
小计	11 000	1 210	220	165	1 595
制造费用——基本生产车间	3 000	330	60	45	435
管理费用	4 900	539	98	73.5	710.5
销售费用	1 200	132	24	18	174
合计	134 100	14 751	2 682	2 011.5	19 444.5

根据表 2-15 编制会计分录如下：

借：基本生产成本　　　　　　　　　　　　　　　　　　　16 530.00
　　辅助生产成本　　　　　　　　　　　　　　　　　　　 1 595.00
　　制造费用　　　　　　　　　　　　　　　　　　　　　　 435.00
　　管理费用　　　　　　　　　　　　　　　　　　　　　　 710.50
　　销售费用　　　　　　　　　　　　　　　　　　　　　　 174.00
　　贷：应付职工薪酬——住房公积金　　　　　　　　　　14 751.00
　　　　　　　　　　——工会经费　　　　　　　　　　　 2 682.00
　　　　　　　　　　——职工教育经费　　　　　　　　　 2 011.50

第三节　折旧费及其他费用的归集与分配

一、折旧费的归集与分配

（一）折旧的计提范围

未使用和不需用的固定资产，以及以经营租赁方式租入的固定资产不计算折旧；已经提足折旧超龄使用的固定资产不再计算折旧；提前报废的固定资产，不补提折旧。房屋和建筑物由于有自然损耗，不论使用与否都应计算折旧；以融资租赁方式租入的固定资产应视同自有的固定资产计算折旧；季节性停用及大修理期间的固定资产应计算折旧。

（二）折旧的计算

企业固定资产折旧一般应根据月初计提折旧的固定资产的有关资料和确定的折旧计算方法，按月计算提取。当月增加固定资产，当月不提折旧，从下月起计提折旧；当月减少的固定资产，当月照提折旧，从下月起停止计提折旧。已提足折旧而逾期使用的固定资产不再计提折旧；提前报废的固定资产不得补提折旧。企业各车间、部门每月计提的折旧额可按下列公式计算：

某车间(部门)本月折旧额＝该车间(部门)上月折旧额＋该车间(部门)上月增加固定资产应提折旧额－该车间(部门)上月减少固定资产应提折旧额

（三）折旧费用分配的核算

折旧费用的分配一般通过编制折旧费用分配表进行。折旧费用一般应按固定资产使用的车间、部门分别计入"制造费用"和"管理费用"等账户。折旧总额应计入"累计折旧"账户的贷方。各车间、部门编制固定资产折旧计算表时应遵循固定资产计提折旧起止时间的规定，以及计提折旧范围的有关规定。

【例 2-15】编制长城公司固定资产折旧计算表，如表 2-16 所示。

表 2-16　固定资产折旧计算表

2017 年 6 月　　　　　　　　　　　　　　　　　　　　单位：元

应借科目	车间或部门	上月固定资产折旧额	上月增加固定资产应提折旧额	上月减少固定资产应停提折旧额	本月固定资产折旧额
制造费用	基本生产车间	9 950	810	320	10 440
	小计	9 950			10 440
辅助生产成本	运输车间	3 500	100	200	3 400
	供水车间	2 800	120	150	2 770
	小计	6 300			6 170
管理费用	行政管理部门	6 000		700	5 300
销售费用	专设销售机构	3 400	400		3 800
合计		25 650	1 430	1 370	25 710

根据固定资产折旧分配表，编制会计分录如下：

借：制造费用　　　　　　　　　　　　　　　　　10 440.00
　　辅助生产成本　　　　　　　　　　　　　　　　6 170.00
　　管理费用　　　　　　　　　　　　　　　　　　5 300.00
　　营业费用　　　　　　　　　　　　　　　　　　3 800.00
　　贷：累计折旧　　　　　　　　　　　　　　　　　　25 710.00

二、其他费用的归集与分配

工业企业要素费用中的其他费用，是指除了前面所述各项要素以外的费用，包括邮电费、租赁费、报刊费、排污费、差旅费、外部加工费等。这些费用都没有专门的成本项目，在费用发生时，按照发生的车间、部门分别借记"制造费用""管理费用""在建工程"等科目，贷记"银行存款"或"库存现金"。

【例 2-16】长城公司以银行存款支付 6 月发生的固定资产修理费共计 8 000 元。其中，基本生产车间 3 000 元，辅助生产运输车间 500 元，辅助生产供水车间 1 000 元，行政管理部门 2 000 元，专设销售机构 1 500 元。编制固定资产修理费分配表，如表 2-17 所示。

表 2-17　固定资产修理费用分配表

2017 年 6 月　　　　　　　　　　　　　　　　　　　　单位：元

应借科目	车间或部门	费用项目	金额
制造费用	基本生产车间	修理费	3 000
	小计		3 000

续表

应借科目	车间或部门	费用项目	金额
辅助生产成本	运输车间	修理费	500
	供水车间	修理费	1 000
	小计		1 500
管理费用	行政管理部门	修理费	2 000
销售费用	专设销售机构	修理费	1 500
合计			8 000

根据固定资产修理费用分配表,编制会计分录如下:

借:制造费用 3 000.00
　　辅助生产成本 1 500.00
　　管理费用 2 000.00
　　销售费用 1 500.00
　贷:银行存款 8 000.00

【例 2-17】长城公司 6 月支付劳动保护费 5 050 元,保险费 1 360 元,用转账支票支付。费用分配如表 2-18 所示。

表 2-18 其他费用分配表

2017 年 6 月　　　　　　　　　　　　　　　　　　　　单位:元

应借科目	车间或部门	费用项目		合计
		劳动保护费	保险费	
制造费用	基本生产车间	1 550	290	1 840
	小计			1 840
辅助生产成本	运输车间	600	150	750
	供水车间	480	120	600
	小计	1 080	270	1 350
管理费用	行政管理部门	2 000	500	2 500
销售费用	专设销售机构	420	300	720
合计		5 050	1 360	6 410

根据其他费用分配表,编制会计分录如下:

借:制造费用 1 840.00
　　辅助生产成本 1 350.00
　　管理费用 2 500.00
　　销售费用 720.00
　贷:银行存款 6 410.00

本章小结

各种要素费用的核算主要包括费用的计量和确认、费用的分配方法和计入产品成本时的账务处理三个方面。

材料费用的分配包括原材料费用的分配和燃料费用的分配，对于原材料费用的分配，可采用定额消耗量比例分配法和定额费用比例分配法。外购动力费用核算包括动力费用支出与分配的核算。人工费用包括计时计件工资的计算、工资费用的分配、福利费及五险一金的计提等。固定资产折旧费用的归集与分配是通过编制固定资产折旧计算表进行的。

对于各项要素费用，应按其用途，区别不同情况进行分配。对于直接用于产品生产而且专设成本项目的直接生产费用，如构成产品实体的原材料费用，工艺用燃料或动力费用，应单独计入"生产成本——基本生产成本"总账账户。如果是某一种产品的直接计入费用，还应直接计入该种产品成本明细账的"原材料""燃料及动力""直接人工"等成本项目；如果是生产几种产品的间接计入费用，则应采用适当的分配方法，分配以后分别计入各种产品成本明细账的"原材料""燃料及动力""直接人工"等成本项目。

对于基本生产车间直接用于产品生产但没有专设成本项目的各项费用，如基本生产车间的机器设备的折旧费、修理费等，应先计入"制造费用"总账账户及所属明细账有关的费用项目，然后通过一定的分配程序，转入或分配转入"生产成本——基本生产成本"总账及所属明细账制造费用成本项目。

对于直接或间接用于辅助生产的费用，应计入"生产成本——辅助生产成本"总账及所属明细账，或者分别计入"生产成本——辅助生产成本"和"制造费用"总账及所属明细账有关项目进行归集。如果辅助生产车间规模不大，发生的制造费用较少，对于辅助生产车间的制造费用，可以不通过"制造费用"科目核算，而直接计入"生产成本——辅助生产成本"总账及所属明细账。用于基本生产产品的辅助生产费用，通过一定的分配方法，转入"生产成本——基本生产成本"总账及所属明细账。通过以上的归集和分配，在"生产成本——基本生产成本"总账和所属各种产品成本明细账的各成本项目就归集了本月份基本生产各种产品发生（负担）的全部生产费用；再加上月初在产品费用，并将其在完工产品与月末在产品之间进行分配，即可计算出完工产品和月末在产品成本。

各项要素费用的分配是通过编制各种费用分配表进行的，根据分配表编制会计分录，据以登记各种成本、费用总账账户及其所属明细账。

综合练习

一、单项选择题

1."基本生产成本"账户的月末借方余额表示（　　）。

A. 月初在产品和本月生产费用之和

B. 尚未加工完成的各项在产品的成本

C. 本月完工入库产品成本

D. 本月生产费用

2. 下列单据中,不应作为记录材料消耗数量原始依据的有(　　)。

A. 领料单　　　　　　　　　　　　B. 限额领料单

C. 退料单　　　　　　　　　　　　D. 盘点对账单

3. 为了正确计算材料消耗,对于车间已领未用材料,应当填制(　　),办理"假退料"手续。

A. 领料单　　　　　　　　　　　　B. 限额领料单

C. 退料单　　　　　　　　　　　　D. 领料登记表

4. 多种产品共同耗用一种材料时,材料费用的分配,适合采用(　　)。

A. 定额耗用量比例分配法　　　　　B. 定额费用比例分配法

C. 产品产量比例分配法　　　　　　D. 产品结构比例分配法

5. 材料按计划成本计价时,材料的收发凭证都应该按(　　)计价。

A. 计划成本　　　　　　　　　　　B. 实际成本

C. 定额成本　　　　　　　　　　　D. A或B都可以

6. 直接用于产品生产的材料费用计入(　　)科目。

A. "基本生产成本"　　　　　　　　B. "期间费用"

C. "制造费用"　　　　　　　　　　D. "管理费用"

二、多项选择题

1. 对几种产品共同耗用的原材料,常用的分配方法有(　　)。

A. 定额耗用量比例法　　　　　　　B. 定额费用比例法

C. 产品数量比例分配法　　　　　　D. 定额工时法

2. 为了正确计算产品成本,应该(　　)。

A. 正确划分资本性支出和收益性支出的界限

B. 正确划分各个会计期间的费用界限

C. 正确划分各种产品的费用界限

D. 正确划分完工产品成本和在产品成本的界限

3. (　　)是工资费用核算的主要原始记录。

A. 领料单　　　　　　　　　　　　B. 考勤记录

C. 限额领料单　　　　　　　　　　D. 产量记录

4. 计件工资按照工资支付对象的不同,可分为(　　)两种形式。

A. 个人计件工资　　　　　　　　　B. 定额工资

C. 小组集体计件工资　　　　　　　D. 计划工资

5. 计时工资的计算方法有两种,分别是(　　)。

A. 月薪制　　　　　　　　　　　　B. 劳动合同制

C. 小时工资制　　　　　　　　　　D. 日薪制

三、判断题

1. 凡是生产车间领用的原材料费用，最终都必须转到生产成本的"直接材料"成本项目。（   ）

2. 从计入产品成本的方式看，要素费用都是间接费用，都需要选择一定的标准，按一定的方法分配计入各种产品的成本。（   ）

3. 成本核算期与产品的生产特点有密切关系。（   ）

4. 成本核算对象即成本的承担者，它是决定成本计算方法的首要因素。（   ）

四、业务核算题

1. 某企业基本生产车间生产甲、乙、丙三种产品，共同领用某种原材料5 940千克，计划单价10元，材料费用共计59 400元，本期生产甲产品400件，乙产品800件，丙产品500件，单位产品消耗定额为：甲产品5千克，乙产品3千克，丙产品2千克。

要求：按定额耗用量比例分配材料费用。

2. 假定某企业某工人的月工资标准为540元，10月共31天，病假3天，事假2天，星期休假8天，另外法定节假日休假3天，出勤15天。根据该工人的工龄，其病假工资按工资标准的90%计算。该工人的病假、事假期间没有节假日。

要求：采用月薪制计算该工人10月份的标准工资。

第三章 辅助生产费用的归集与分配

学习目标

1. 重点掌握辅助生产费用核算的账户设置；
2. 掌握辅助生产成本结转的特点；
3. 重点掌握直接分配法、顺序分配法、交互分配法、代数分配法和计划成本分配法的分配特点及分配方法。

辅助生产提供劳务或产品发生的成本的高低，对于企业产品成本的水平有着重要的影响。同时，也只有在辅助生产车间的劳务或成本确定以后，才能计算各基本生产车间生产产品的成本。因此，准确、及时地组织辅助生产费用的归集和分配，对降低产品的成本，节约生产费用，以及正确、及时地计算产品的成本有重要意义。

第一节 辅助生产费用的归集

一、辅助生产及辅助生产费用的概念

工业企业生产车间按生产任务的不同，划分为基本生产车间和辅助生产车间。基本生产车间主要为企业生产各种直接对外销售的产品；辅助生产车间主要是为基本生产和行政管理部门服务而进行产品生产和劳务供应。辅助生产所进行的产品生产主要包括工具、模具、修理用备件、零件制造等；辅助生产所进行的劳务供应主要包括运输、修理、供水、供电、供气、供风等服务。根据辅助生产车间提供劳务或产品品种的多样性，辅助生产可分为单一型和复合型两种。单一型辅助生产只提供一种产品或劳务的辅助生产，如供水、

供电、供热等车间;复合型辅助生产提供多种产品或劳务的辅助生产,如机修、模(工)具的制造等车间。辅助生产提供的产品和劳务,有时也对外销售,但主要是为本企业服务。

辅助生产费用是辅助生产车间在一定时期为基本生产车间和行政管理部门等提供的劳务或产品而发生的各种资源的耗费,如材料、工资、折旧、水电、劳保、办公等。单纯从辅助生产车间而言,这些耗费是其发生的成本,故可称为辅助生产成本,但从整个企业角度而言,其实质是一项费用。

二、辅助生产费用的核算程序

辅助生产费用的核算流程由两个步骤构成,第一步归集费用,将辅助生产车间在生产产品或提供劳务过程中发生的材料、工资等各项费用,通过"辅助生产成本"归集;第二步是费用的分配,即对汇集的费用在各受益对象间按受益量的大小进行合理的分配。辅助生产成本的核算流程如图3-1所示。

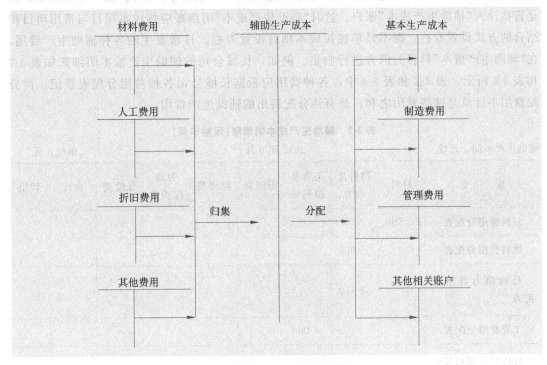

图3-1 辅助生产成本的核算流程

三、辅助生产费用的归集示例

辅助生产费用的归集和分配,通过"辅助生产成本"账户进行。"辅助生产成本"账户一般应按车间及产品或劳务的种类设置明细账,账中按成本项目或费用项目设立专栏进行明细核算。

辅助生产对外提供劳务、产品,且辅助生产车间的制造费用数额较大的情况下,辅助生产车间的制造费用应先通过"制造费用——辅助生产车间"账户单独进行归集,月末再将其结转至相应的"辅助生产成本"账户,从而计入辅助生产产品或劳务的成本。这时辅助生产成本明细账按成本项目设置专栏,具体如表3-1所示。

表 3-1 辅助生产成本明细账

辅助生产车间:　　　　　　　　　　　　　年　月　　　　　　　　　　　　　　　单位:元

年		凭证号数	摘要	直接材料	直接人工	制造费用	合计
月	日						

辅助生产不对外提供劳务、产品,且辅助生产车间规模很小、制造费用很少,为简化核算,辅助生产车间的制造费用可不通过"制造费用——辅助生产车间"账户单独归集,而是直接计入"辅助生产成本"账户。这时"辅助生产成本"明细账应按成本项目与费用项目相结合的方式设置专栏,而不是单独按成本项目设置专栏。日常发生的各种辅助生产费用,在"辅助生产成本"科目的借方进行归集。例如,长城公司的辅助生产成本明细账如表3-2和表3-3所示。表3-2和表3-3中,各种费用应根据长城公司各种费用分配表登记,待分配费用小计就是这些费用之和,是有待分配转出的辅助生产费用。

表 3-2 辅助生产成本明细账(运输车间)

辅助生产车间:运输　　　　　　　　　2017年6月　　　　　　　　　　　　　　单位:元

摘　要	材料	燃料及动力	工资及福利费	折旧费	修理费	劳动保护费	保险费	合计	转出
材料费用分配表	600								
燃料费用分配表		900							
外购动力费用分配表		2 400							
工资费用分配表			6 000						
计提职工福利费分配表			840						
折旧费用分配表				3 400					
固定资产修理费用分配表					500				
其他费用分配表						600	150		
合计	600	3 300	6 840	3 400	500	600	150	15 390	

注:为简化核算,辅助生产费用归集过程中省略了辅助车间职工的社会保险费和住房公积金等。

表 3-3 辅助生产成本明细账(供水车间)

辅助生产车间：供水　　　　　2016 年 6 月　　　　　　　　　　单位：元

摘　要	材料	燃料及动力	工资及福利费	折旧费	修理费	劳动保护费	保险费	合计	转出
材料费用分配表	900								
燃料费用分配表		1 000							
外购动力费用分配表									
工资费用分配表			5 000						
计提职工福利费分配表			700						
折旧费用分配表				2 770					
固定资产修理费用分配表					1 000				
其他费用分配表						480	120		
合计	900	1 000	5 700	2 770	1 000	480	120	11 970	

第二节　辅助生产费用的分配

辅助生产车间所生产产品和提供劳务的种类不同，其转出分配的程序也不同。辅助生产车间所生产产品应在完工入库时，从"辅助生产成本"科目的贷方转入"周转材料"或"原材料"等科目的借方；提供劳务的辅助生产部门所发生的费用，要在各受益单位之间按照所耗数量或其他比例进行分配。分配时，应从"辅助生产成本"科目的贷方转入"基本生产成本""制造费用""销售费用""管理费用"和"在建工程"等科目的借方。

辅助生产费用的分配，应通过辅助生产费用分配表进行。分配辅助生产费用的方法有很多，主要有直接分配法、交互分配法、顺序分配法、代数分配法和计划成本分配法。

一、直接分配法

直接分配法是指不计算辅助生产车间相互提供产品和劳务的费用，直接将辅助生产车

间发生的实际费用分配给辅助生产车间以外的各受益对象。其计算公式为

$$某辅助生产车间费用分配率=\frac{某辅助生产车间待分配费用总额}{辅助生产车间对外提供劳务数量之和}$$

某受益对象应负担的劳务费用＝某受益对象耗用的劳务数量×辅助生产费用分配率

【例3-1】长城公司运输、供水两个辅助生产车间提供的产品及劳务数量如表3-4所示。采用直接分配法的辅助生产费用分配表如表3-5所示。

表3-4 辅助生产车间供应产品及劳务数量

收益单位		耗用运输劳务/吨·千米	耗水/立方米
辅助生产车间	运输车间		3 000
	供水车间	2 000	
基本生产车间	甲产品耗用	8 000	6 000
	乙产品耗用	7 000	5 000
	车间一般耗用	5 000	4 000
行政管理部门		1 500	2 500
专设销售机构		21 000	2 000
合计		44 500	22 500

表3-5 辅助生产费用分配表(直接分配法)

2017年6月　　　　　　　　　　　　　　　　　　　单位：元

辅助生产车间名称			运输车间	供水车间	合　计
待分配辅助生产费用			15 390	11 970	27 360
对外提供劳务数量			42 500	19 500	
费用分配率			0.36	0.61	
基本生产成本	甲产品	耗用量	8 000	6 000	
		分配额	2 880	3 660	6 540
	乙产品	耗用量	7 000	5 000	
		分配额	2 520	3 050	5 570
制造费用		耗用量	5 000	4 000	
		分配额	1 800	2 440	4 240
管理费用		耗用量	1 500	2 500	
		分配额	540	1 525	2 065
销售费用		耗用量	21 000	2 000	
		分配额	7 650	1 295	8 945
分配费用合计			15 390	11 970	27 360

注：分配率计算到小数点后两位，尾差计入销售费用。

根据辅助生产费用分配表编制会计分录如下:
借:基本生产成本——甲产品　　　　　　　　　　　　　6 540.00
　　　　　　　　——乙产品　　　　　　　　　　　　　5 570.00
　　制造费用——基本生产车间　　　　　　　　　　　　4 240.00
　　管理费用　　　　　　　　　　　　　　　　　　　　2 065.00
　　营业费用　　　　　　　　　　　　　　　　　　　　8 945.00
　　贷:辅助生产成本——运输车间　　　　　　　　　　 15 390.00
　　　　　　　　　　——供水车间　　　　　　　　　　 11 970.00

采用直接分配法,各辅助生产车间待分配费用只对外分配一次,手续简便、计算简单。但该方法是以辅助生产车间所提供产品或劳务全部被辅助生产车间之外的单位所耗用为假设前提的,所以,这种分配方法只适用于辅助生产车间相互提供劳务量较小的企业。如果辅助生产车间之间相互提供劳务较多,采用直接分配法不仅会使各辅助生产车间之外的车间或部门负担的辅助生产成本数额不准确,而且不利于控制各辅助生产车间之间相互消耗产品或劳务量,不利于加强内部经济核算。

二、交互分配法

交互分配法,是对各辅助生产车间的辅助生产费用进行两次分配。采用交互分配法,首先应根据各辅助生产车间、部门相互提供劳务的数量和交互分配前的费用分配率(单位成本),进行一次交互分配;然后将各辅助生产车间、部门交互分配后的实际费用(即交互分配前的费用加上交互分配转入的费用,减去交互分配转出的费用)按对外提供劳务的数量,在辅助生产车间、部门以外的各受益单位之间进行分配。

(一)对内分配

对内分配也称为交互分配,即以各辅助生产车间分配前的费用及其相互提供劳务的数量为依据进行内部分配。费用分配率的计算公式为

$$辅助生产车间交互分配率 = \frac{待分配费用总额}{辅助生产提供劳务总量}$$

某辅助生产车间应负担其他辅助生产费用 = 该辅助生产车间耗用其他辅助生产车间劳务量 × 交互分配率

(二)对外分配

对外分配,即以各辅助生产车间交互分配后的实际费用和外部门耗费的劳务量为依据进行对外分配。费用分配率的计算公式为

$$辅助生产车间对外分配率 = \frac{交互分配后的实际费用}{对外提供的劳务总量}$$

交互分配后的实际费用 = 交互分配前的费用(待分配费用) + 交互分配转入的费用 − 交互分配转出的费用

某受益对象应负担的辅助生产费用 = 该受益对象耗用的劳务数量 × 对外分配率

【例 3-2】承例 3-1,编制交互分配法的辅助生产费用分配表,如表 3-6 所示。

表 3-6 辅助生产费用分配表(交互分配法)

2017 年 6 月 单位：元

项目			交互分配			对外分配		
			运输车间	供水车间	合计	运输车间	供水车间	合计
待分配辅助生产费用			15 390	11 970	27 360	16 294.4	11 065.6	27 360
供应劳务数量			44 500	22 500	—	42 500	19 500	—
费用分配率			0.345 8	0.532 0	—	0.383 4	0.567 5	—
辅助生产车间内部	运输车间	耗用量		3 000	3 000			
		分配额		1 596	1 596			
	供水车间	耗用量	2 000		2 000			
		分配额	691.6		691.6			
	分配金额小计		691.6	1 596	2 287.6			
辅助生产车间以外的分配	基本生产成本	甲产品 耗用量				8 000	6 000	
		甲产品 分配额				3 067.2	3 405	6 472.2
		乙产品 耗用量				7 000	5 000	
		乙产品 分配额				2 683.8	2 837.5	5 521.3
	分配金额小计					5 751	6 242.5	11 993.5
	制造费用	耗用量				5 000	4 000	
		分配额				1 917	2 270	4 187
	管理费用	耗用量				1 500	2 500	
		分配额				575.1	1 418.75	1 993.85
	销售费用	耗用量				21 000	2 000	
		分配额				8 051.3	1 134.35	9 185.65
分配金额合计						16 294.4	11 065.6	27 360

注：分配率计算到小数点后四位，尾差计入销售费用。

表 3-6 中的有关计算如下。

1. 交互分配前的费用分配率

运输车间交互分配前的费用分配率＝15 390÷44 500＝0.345 8

供水车间交互分配前的费用分配率 11 970÷22 500＝0.532 0

2. 交互分配

供水车间向运输车间分配水费＝3 000×0.532＝1 596(元)

运输车间向供水车间分配运输费＝2 000×0.345 8＝691.6(元)

3. 交互分配后的实际费用(即对外分配费用)

运输车间交互分配后的实际费用 15 390＋1 596－691.6＝16 294.4(元)

供水车间交互分配后的实际费用 11 970＋691.6－1 596＝11 065.6(元)
4. 交互分配后的费用分配率
运输车间交互分配后的实际费用 16 294.4÷42 500＝0.383 4
供水车间交互分配后的实际费用 11 065.6÷19 500＝0.567 5
根据辅助生产费用分配表编制会计分录如下：
1. 对内分配
借：辅助生产成本——运输车间　　　　　　　　　　　　　　1 596.00
　　　　　　　　——供水车间　　　　　　　　　　　　　　　　691.60
　　贷：辅助生产成本——运输车间　　　　　　　　　　　　　　　691.60
　　　　　　　　　——供水车间　　　　　　　　　　　　　　1 596.00
2. 对外分配
借：基本生产成本——甲产品　　　　　　　　　　　　　　　　6 472.20
　　　　　　　　——乙产品　　　　　　　　　　　　　　　　5 521.30
　　制造费用——基本生产车间　　　　　　　　　　　　　　　4 187.00
　　管理费用　　　　　　　　　　　　　　　　　　　　　　　1 993.85
　　销售费用　　　　　　　　　　　　　　　　　　　　　　　9 185.65
　　贷：辅助生产成本——运输车间　　　　　　　　　　　　　16 294.4
　　　　　　　　　——供水车间　　　　　　　　　　　　　　11 065.6

采用交互分配法，由于辅助生产内部相互提供劳务进行了交互分配，因而提高了分配结果的正确性。但由于各种辅助生产费用都要计算两个费用分配率，进行两次分配，特别是在辅助生产车间较多的情况下，加大了分配的工作量。因此，这种方法适用于辅助生产部门之间相互提供产品和劳务的数量较多的情况。

三、顺序分配法

顺序分配法是根据辅助生产车间受益多少的顺序，将辅助生产车间、部门进行排列。受益少的排在前面，先分配费用；受益多的排在后面，后分配费用。在分配费用时，将排在前面的辅助生产车间发生的费用分配给排在后面的辅助生产车间和其他受益单位，由于它受益最少，即耗用其他辅助生产车间的劳务费用最少，所以忽略不计。后续辅助生产部门在分配费用时，只依次分配给排列在其后的辅助生产车间和其他受益部门，而不再分配给排列在其前的辅助生产车间。其计算公式为

$$某辅助生产车间费用分配率＝\frac{直接发生费用额＋耗用前序辅助生产费用额}{提供劳务总量－前序辅助生产耗用量}$$

某受益部门应负担费用额＝该部门受益劳务量×辅助生产费用分配率

【例 3-3】承例 3-1，假设长城公司有运输、供水两个辅助生产车间，若供水车间耗用运输车间的费用较少，则辅助生产费用的分配顺序是应先分配供水车间的费用(包括分配给运输车间)，然后再分配运输车间的费用(不分配给供水车间)。编制顺序分配法的辅助生产费用分配表，如表 3-7 所示。

表 3-7 辅助生产费用分配表（顺序分配法）

2017 年 6 月
单位：元

项目	劳务数量	待分配费用			分配率	分配额								
		直接发生费用	分配转入费用	小计		运输车间		甲产品耗用		乙产品耗用		基本车间耗用		行政管理部门		专设销售机构	
						耗用量	分配额	耗用量	分配额	耗用量	分配额	耗用量	分配额	耗用量	分配额	耗用量	分配额
供水车间	22 500	11 970	—	11 970	0.532 0	3 000	1 596	6 000	3 192	5 000	2 660	4 000	2 128	2 500	1 330	2 000	1 064
运输车间	42 500	15 390	1 596	16 986	0.399 7	—	—	8 000	3 197.6	7 000	2 797.9	5 000	1 998.5	1 500	599.55	21 000	8 392.50
合计	—	27 360	1 596	28 956	—	—	1 596	—	6 389.6	—	5 457.9	—	4 126.5	—	1 929.55	—	9 456.5

注：分配率计算到小数点后四位，尾差计入销售费用。

供水车间分配率＝11 970÷22 500＝0.532 0
运输车间分配率＝(15 390＋1 596)÷42 500＝0.399 7

根据辅助生产费用分配表编制会计分录如下：

1. 分配供水车间费用

借：辅助生产成本——运输车间　　　　　　　　　　　　　　　　1 596.00
　　基本生产成本——甲产品　　　　　　　　　　　　　　　　　　3 192.00
　　　　　　　　　——乙产品　　　　　　　　　　　　　　　　　　2 660.00
　　制造费用——基本生产车间　　　　　　　　　　　　　　　　　2 128.00
　　管理费用　　　　　　　　　　　　　　　　　　　　　　　　　1 330.00
　　销售费用　　　　　　　　　　　　　　　　　　　　　　　　　1 064.00
　　贷：辅助生产成本——供水车间　　　　　　　　　　　　　　　11 970.00

2. 分配运输车间费用

借：基本生产成本——甲产品　　　　　　　　　　　　　　　　　　3 197.60
　　　　　　　　　——乙产品　　　　　　　　　　　　　　　　　　2 797.90
　　制造费用——基本生产车间　　　　　　　　　　　　　　　　　1 998.50
　　管理费用　　　　　　　　　　　　　　　　　　　　　　　　　599.55
　　销售费用　　　　　　　　　　　　　　　　　　　　　　　　　8 392.50
　　贷：辅助生产成本——运输车间　　　　　　　　　　　　　　　16 986.00

采用顺序分配法分配辅助生产费用的优点是计算简便，各种辅助生产费用只计算分配一次。但是，由于排列在前的辅助生产车间不负担排列在后的辅助生产车间的费用，分配结果的准确性受到一定的影响。因此，这种方法一般适用于辅助生产车间相互提供产品和劳务有明显顺序，并且排列在前的辅助生产车间耗用排列在后的辅助生产车间的费用较少的情况。

四、代数分配法

代数分配法是根据代数中建立多元一次方程组的方法，计算出各辅助生产车间提供产品或劳务的单位成本，然后再按各车间、部门(包括辅助生产内部和外部单位)耗用量计算应分配的辅助生产费用的一种方法。

【例3-4】承例3-1，假设长城公司运输车间的单位成本为 x，供水车间的单位成本为 y，设立如下联立方程：

$$\begin{cases} 15\,390 + 3\,000y = 44\,500x \\ 11\,970 + 2\,000x = 22\,500y \end{cases}$$

解得：

$$\begin{cases} x = 0.384\,0 \\ y = 0.566\,1 \end{cases}$$

根据以上计算结果编制代数分配法的辅助生产费用分配表，如表3-8所示。

表 3-8　辅助生产费用分配表

（代数分配法）

2017 年 6 月　　　　　　　　　　　　　　　　　　　单位：元

辅助生产车间名称			运输车间	供水车间	合　计
待分配费用			15 390	11 970	27 360
劳务供应数量总额			44 500	22 500	—
用代数分配法算出的实际单位成本			0.384 0	0.566 1	—
辅助生产车间耗用	运输车间	耗用量		3 000	
		分配额		1 698.3	1 698.3
	供水车间	耗用量	2 000	—	
		分配额	768		768
金额小计			768	1 698.3	2 466.3
甲产品耗用		耗用量	8 000	6 000	
		分配额	3 072	3 396.6	6 468.6
乙产品耗用		耗用量	7 000	5 000	
		分配额	2 688	2 830.5	5 518.5
基本生产车间耗用		耗用量	5 000	4 000	—
		分配额	1 920	2 264.4	4 184.4
行政管理部门耗用		耗用量	1 500	2 500	
		分配额	576	1 415.25	1 991.25
专设销售机构耗用		耗用量	21 000	2 000	—
		分配额	8 064	1 132.2	9 196.2
分配金额合计			17 088	12 737.25	29 825.25

根据辅助生产费用分配表编制会计分录如下：

```
借：辅助生产成本——运输车间                    1 698.30
           ——供水车间                          768.00
   基本生产成本——甲产品                      6 468.60
           ——乙产品                          5 518.50
   制造费用——基本生产车间                    4 184.40
   管理费用                                   1 991.25
   销售费用                                   9 196.20
   贷：辅助生产成本——运输车间                17 088.00
             ——供水车间                     12 737.25
```

采用代数分配法，用联立方程组计算单位成本时，考虑了辅助生产车间之间相互提供劳务应负担费用的问题，其计算结果比较准确。但这种方法计算烦琐，特别是在辅助生产部门比较多的情况下，多项联立方程式的计算会相当复杂，所以该方法特别适合在实行会计电算化的企业中使用。

五、计划成本分配法

计划成本分配法是指在分配辅助生产费用时，根据事先确定的产品、劳务的计划单位成本和各车间、部门实际耗用的数量，计算各车间、部门应分配的辅助生产费用的一种方法。费用分配步骤如下。

第一，按预先制定的辅助生产劳务的计划单位成本计算各受益对象(包括辅助生产车间、部门)应分担的辅助生产费用。

第二，计算各辅助生产车间实际发生的费用(辅助生产车间直接发生的费用＋分配转入的费用)。

第三，计算各辅助生产车间的成本差异(实际发生的费用－按计划成本分配的费用)，并进行处理。这种成本差异从理论上讲应在各受益部门之间进行分配，为了简化分配工作，可直接列入"管理费用"科目。如果是超支差异，应增加管理费用；如果是节约差异，则应冲减管理费用。

【例 3-4】承例 3-1，编制计划成本分配法的辅助生产费用分配表，如表 3-9 所示。

表 3-9 辅助生产费用分配表

（计划成本分配法）

2017 年 6 月　　　　　　　　　　　　　　　　　　　　单位：元

辅助生产车间名称		运输车间	供水车间	合　计
待分配费用		15 390	11 970	27 360
劳务供应数量总额		44 500	22 500	—
计划单位成本		0.39	0.53	
辅助生产车间耗用	运输车间 耗用量		3 000	
	运输车间 分配额		1 590	1 590
	供水车间 耗用量	2 000	—	
	供水车间 分配额	780		780
金额小计		768	1 590	2 370
甲产品耗用	耗用量	8 000	6 000	—
	分配额	3 120	3 180	6 300
乙产品耗用	耗用量	7 000	5 000	—
	分配额	2 730	2 650	5 380
基本生产车间耗用	耗用量	5 000	4 000	—
	分配额	1 950	2 120	4 070

续表

辅助生产车间名称		运输车间	供水车间	合　计
行政管理部门耗用	耗用量	1 500	2 500	—
	分配额	585	1 325	1 910
专设销售机构耗用	耗用量	21 000	2 000	—
	分配额	8 190	1 060	9 250
按计划成本分配合计		17 355	11 925	29 280
辅助生产实际成本		16 980	12 750	29 730
辅助生产成本差异		−375	＋825	＋450

辅助生产实际成本的计算：
运输车间实际成本＝15 390＋1 590＝16 980（元）
供水车间实际成本＝11 970＋780＝12 750（元）
根据辅助生产费用分配表编制会计分录如下：

1. 按计划成本分配

借：辅助生产成本——运输车间　　　　　　　　　　　　　　1 590.00
　　　　　　　　——供水车间　　　　　　　　　　　　　　　780.00
　　基本生产成本——甲产品　　　　　　　　　　　　　　　6 300.00
　　　　　　　　——乙产品　　　　　　　　　　　　　　　5 380.00
　　制造费用——基本生产车间　　　　　　　　　　　　　　4 070.00
　　管理费用　　　　　　　　　　　　　　　　　　　　　　1 910.00
　　销售费用　　　　　　　　　　　　　　　　　　　　　　9 250.00
　贷：辅助生产成本——运输车间　　　　　　　　　　　　　17 355.00
　　　　　　　　——供水车间　　　　　　　　　　　　　　11 925.00

2. 结转辅助生产成本差异（为了简化核算，辅助生产成本差异计入"管理费用"科目）

借：管理费用　　　　　　　　　　　　　　　　　　　　　　450.00
　贷：辅助生产成本——运输车间　　　　　　　　　　　　　375.00
　　　　　　　　——供水车间　　　　　　　　　　　　　　825.00

采用计划成本分配法，各种辅助生产费用只分配一次，而且劳务的计划单位成本是早已确定的，不必单独计算费用分配率，因此简化了计算工作；通过辅助生产成本差异的计算，还能反映和考核辅助生产成本计划的执行情况；由于辅助生产的成本差异全部计入管理费用，各受益单位所负担的劳务费用都不包括辅助生产差异的因素，因此还便于分析和考核各受益单位的成本，有利于分清企业内部各单位的经济责任。只是采用这种分配方法时，辅助生产劳务的计划单位成本应比较准确。因此，它适合厂内计划价格制定比较准确、基础工作较好的企业采用。

第三章 辅助生产费用的归集与分配

本章小结

辅助生产费用是辅助生产车间在一定时期为基本生产车间和行政管理部门等提供的劳务或产品而发生的各种资源的耗费，如材料、工资、折旧、水电、劳保、办公等。单纯从辅助生产车间而言，这些耗费是其发生的成本，故可称为辅助生产成本，但从整个企业角度而言，其实质是一项费用。

辅助生产费用的核算流程由两个步骤构成，第一步归集费用，将辅助生产车间在生产产品或提供劳务过程中发生的材料、工资等各项费用，通过"辅助生产成本"归集；第二步是费用的分配，即对汇集的费用在各受益对象间按受益量的大小进行合理的分配，具体包括直接分配法、交互分配法、顺序分配法、代数分配法和计划成本分配法。

综合练习

一、单项选择题

1. 辅助生产费用交互分配后的实际费用，应在（　　）之间进行分配。
   A. 基本生产车间　　　　　　　　　B. 辅助生产车间之外的各受益单位
   C. 各辅助车间　　　　　　　　　　D. 所有的受益单位

2. 对于辅助生产车间发生的制造费用（　　）。
   A. 不单设"制造费用"科目进行核算　　B. 单设"制造费用"科目进行核算
   C. A 和 B 均可　　　　　　　　　　D. 通过"管理费用"科目进行核算

3. 最准确的辅助生产费用分配方法是（　　）。
   A. 计划分配法　　　　　　　　　　B. 代数分配法
   C. 交互分配法　　　　　　　　　　D. 直接分配法

4. 辅助生产费用按计划成本分配法进行分配，按计划成本分配的费用为38 250元，辅助生产成本为38 450元，其差额 200 元，应（　　）。
   A. 借记"辅助生产成本"科目　　　　B. 借记"基本生产成本"科目
   C. 借记"管理费用"科目　　　　　　D. 红字借记"管理费用"科目

5. 按计划成本分配法分配辅助生产费用时，如果形成的成本差异数额较小，为简化核算，可以全部计入（　　）。
   A. 基本生产成本　　B. 管理费用　　C. 辅助生产成本　　D. 期间费用

6. 有利于实行厂内的经济核算，分清企业内部各单位的经济责任的辅助生产费用的分配方法是（　　）。
   A. 交互分配法　　　　　　　　　　B. 顺序分配法
   C. 计划成本分配法　　　　　　　　D. 直接分配法

二、多项选择题

1. 辅助生产费用分配时，贷记"辅助生产成本"，可能借记（　　）。

A. "基本生产成本"　　　　　　　　B. "管理费用"
C. "在建工程"　　　　　　　　　　D. "辅助生产成本"

2. 用计划成本分配法分配辅助生产费用的优点有(　　)。

A. 简化计算工作
B. 能反映和考核辅助生产成本计划的执行情况
C. 有利于实行厂内的经济核算，分清企业内部各单位的经济责任
D. 分配结果最准确

3. 辅助生产费用分配的交互分配法的特点有(　　)。

A. 费用分配对象是辅助生产的全体收益单位
B. 需计算两个分配率，计算工作量较大
C. 核算结果不十分精确
D. 分配结果最准确

4. 下列方法中，属于辅助生产费用分配方法的有(　　)。

A. 交互分配法　　　　　　　　　B. 代数分配法
C. 定额比例法　　　　　　　　　D. 直接分配法

5. 辅助生产车间发生的固定资产折旧费，可能借记的账户有(　　)。

A. "制造费用"　　　　　　　　　B. "辅助生产成本"
C. "管理费用"　　　　　　　　　D. "在建工程"

三、判断题

1. 辅助生产费用分配的交互分配法，只进行辅助车间之间的交互分配，不进行对外分配。(　　)
2. 只有辅助生产的产品(劳务)成本确定之后，才能计算企业的产品成本。(　　)
3. 辅助生产费用分配的交互分配法，只进行车间之间的交互分配，不进行对外分配。(　　)
4. 辅助生产产品(劳务)成本的高低，对企业产品成本的影响不明显。(　　)
5. 辅助生产的主要任务是，在为基本生产车间提供服务的同时，主要对外销售产品和提供劳务。(　　)
6. 通过辅助生产费用的分配和结转，"辅助生产成本"科目期末一般没有余额。(　　)

四、业务核算题

某企业有蒸汽和供水两个辅助生产车间。2017年8月，蒸汽车间发生费用为9 900元，供水车间发生费用为3 200元。该月蒸汽车间和供水车间提供的劳务量如表3-10所示。

表3-10　某企业蒸汽车间和供水车间提供的劳务量

2017年8月　　　　　　　　　　　　　　　　　　　　　　单位：吨

受益单位	供汽数量	供水数量
蒸汽车间		5 000
供水车间	200	

续表

受益单位	供汽数量	供水数量
第一基本生产车间	1 200	4 000
第二基本生产车间	700	2 000
行政管理部门	100	1 000
甲产品		3 000
乙产品		5 000
合计	2 200	20 000

要求：

（1）根据以上资料，按直接分配法编制辅助生产费用分配表，并做出有关会计分录。

（2）采用交互分配法编制辅助生产费用分配表，并做出有关会计分录。

（3）假定蒸汽车间每吨汽的计划成本为4.90元，供水车间每吨水的计划成本为0.20元，采用计划成本分配法编制辅助生产费用分配表，并做出有关会计分录。

第四章 制造费用及损失性费用的归集与分配

学习目标

1. 熟练掌握制造费用的归集与分配方法；
2. 了解废品、废品损失、停工损失的含义；
3. 熟练掌握可修复废品与不可修复废品损失的计算；
4. 掌握不同原因停工所发生的费用的处理方法。

企业在产品生产过程中，除了产品直接耗用各种材料费用、人工费用和其他费用外，还会发生各种制造费用以及由于产生废品或由于某些原因停工而发生的损失性费用。为此，要正确地核算制造费用和损失性费用，这对于正确计算产品的生产成本非常重要。

第一节 制造费用的归集与分配

一、制造费用的归集

制造费用指各生产单位(分厂、车间)为组织和管理生产而发生的各项费用，以及直接用于产品生产但未专设成本项目的费用和间接用于产品生产的各项费用。

制造费用包括的内容很多，也比较复杂，具体分为以下三类。

(1) 间接材料。各生产单位(分厂、车间)耗用的一般性消耗材料。

(2) 间接人工。各生产单位(分厂、车间)除生产工人以外的管理人员及其他人员的工资薪酬。

(3) 其他制造费用。除上述以外的车间发生的无法直接计入生产成本的各项间接费用。例如，车间用于组织和管理生产的费用，车间管理用房屋和设备的折旧费、修理费、车间照明费、水费、取暖费、差旅费和办公费等，这些费用虽然具有管理费用的性质，但由于车间是企业从事生产活动的单位，其管理费用和制造费用很难严格划分，为了简化核算工作，这些费用也作为制造费用核算。

制造费用的费用项目一般包括工资及福利费、折旧费、修理费、租赁费（不包括融资租赁费）、保险费、机物料消耗、周转材料摊销、运输费、取暖费、水电费、劳动保护费、办公费、差旅费、设计制图费、试验检验费、在产品盘亏、毁损和报废（减盘盈）、季节性及修理期间的停工损失等。

制造费用发生时，根据有关的付款凭证、转账凭证和各种费用分配表，计入"制造费用"账户的借方，并视具体情况，分别计入"原材料""应付职工薪酬""累计折旧"和"银行存款"等账户的贷方；期末按照一定的标准进行分配时，从该账户的贷方转出，计入"基本生产成本"等账户的借方。除季节性生产的车间外，"制造费用"账户期末应无余额。应该指出，辅助生产车间发生的费用，如果辅助生产车间的制造费用是通过"制造费用"账户单独核算的，则应比照基本生产车间发生的制造费用核算；如果辅助生产车间的制造费用不通过"制造费用"账户单独核算，则应全部计入"辅助生产成本"账户及其明细账的有关成本或费用项目。现根据长城公司的各种费用分配表及付款凭证登记基本生产车间制造费用明细账，如表 4-1 所示。

表 4-1　制造费用明细账

车间名称：基本生产车间　　　　　　　2017 年 6 月　　　　　　　　　　单位：元

摘要	机物料消耗	运输费	工资及福利费	折旧费	修理费	劳动保护费	保险费	水电费	合计	转出
材料费用分配表	400								400	
外购动力费用分配表								900	900	
工资费用分配表			3 000						3 000	
计提职工福利费分配表			420						420	
折旧费用分配表				10 440					10 440	
固定资产修理费用分配表					3 000				3 000	

续表

摘要	机物料消耗	运输费	工资及福利费	折旧费	修理费	劳动保护费	保险费	水电费	合计	转出
其他费用分配表						1 550	290		1 840	
辅助生产费用分配表		1 800						2 440	4 240	
制造费用分配表										24 240
合计	400	1 800	3 420	10 440	3 000	1 550	290	3 340	24 240	24 240

注：为简化核算，省略车间管理人员的社会保险金和住房公积金等。

二、制造费用的分配

为了正确计算产品的生产成本，必须合理地分配制造费用。基本生产车间的制造费用是产品生产成本的组成部分，在只生产一种产品的车间，制造费用应直接计入该种产品生产成本；在生产多种产品的车间中，制造费用则应该采用既合理又较简便的分配方法，分配计入各种产品的生产成本，即计入"基本生产成本"总账及其明细账的"制造费用"成本项目。辅助生产车间单独核算其制造费用时，汇总在"制造费用——辅助生产车间"账户的数额，在只生产一种产品或提供一种劳务的辅助生产车间，直接计入该种辅助生产产品或劳务的成本；在生产多种产品或提供多种劳务的辅助生产车间，则应采用适当的分配方法，分配计入辅助生产产品或劳务成本，即计入"辅助生产成本"账户借方及其明细账的"制造费用"成本项目。

由于各车间制造费用水平不同，所以制造费用应该按照各车间分别进行分配，而不得将各车间的制造费用统一起来在整个企业范围内分配。制造费用的分配方法一般有生产工人工时比例分配法、生产工人工资比例分配法、机器工时比例分配法和年度计划分配率分配法等。分配方法一经确定，不应随意变更。

（一）生产工人工时比例分配法

生产工人工时比例分配法是按照各种产品所用生产工人实际工时的比例分配制造费用的一种方法。按照生产工人工时比例分配制造费用，同按生产工人工时分配工资费用一样，也能将劳动生产率与产品负担的费用水平联系起来，使分配结果比较合理。生产工人工时比例分配法的计算公式如下：

$$制造费用分配率 = \frac{该车间制造费用总额}{该车间生产工时总数}$$

某产品应负担的制造费用 = 该产品生产工时数 × 制造费用分配率

【例 4-1】长城公司基本生产车间 6 月份制造费用总额为 24 240 元，实际生产工时为

10 000小时，其中，甲产品实际生产工时为6 000小时，乙产品实际生产工时为4 000小时，分配制造费用的有关计算如下：

制造费用分配率 $= \dfrac{24\,240}{(6\,000+4\,000)} = 2.424$

甲产品应分配的制造费用 $= 6\,000 \times 2.424 = 14\,544$（元）

乙产品应分配的制造费用 $= 4\,000 \times 2.424 = 9\,696$（元）

按生产工人工时比例分配法编制制造费用分配表，如表4-2所示。

表4-2 制造费用分配表

（生产工人工时比例分配法）

车间名称：基本生产车间　　　　　　　　　2017年6月

应借科目		生产工时/小时	分配金额（分配率为2.424）/元
基本生产成本	甲产品	6 000	14 544
	乙产品	4 000	9 696
合计		10 000	24 240

根据制造费用分配表，编制会计分录如下：

借：基本生产成本——甲产品　　　　　　　　　　　　　　　　　14 544.00
　　　　　　　　　——乙产品　　　　　　　　　　　　　　　　　 9 696.00
　　贷：制造费用——基本生产车间　　　　　　　　　　　　　　　24 240.00

如果产品的工时定额比较准确，制造费用也可按生产定额工时的比例分配。

（二）生产工人工资比例分配法

生产工人工资比例分配法是按照计入各种产品成本的生产工人实际工资的比例分配制造费用的一种方法。由于生产工人工资的资料比较容易取得，因而采用这一分配方法，核算工作很简便。但是这种方法只适用于各种产品的机械化程度相差不多的情况。如果各种产品的机械化程度不一致，就会造成机械化程度低的、不使用或很少使用机器的产品，其生产工人工资费用较高，就会多负担制造费用；而机械化程度高的产品，其人工成本较低，就会少负担制造费用，最终造成使用机器多的产品少负担折旧费等制造费用；使用机器少的产品多负担折旧费等制造费用，这显然是不合理的。生产工人工资比例分配法的计算公式如下：

制造费用分配率 $= \dfrac{该车间制造费用总额}{该车间生产工人工资总额}$

某种产品应分配的制造费用 = 该种产品的生产工人工资数 × 制造费用分配率

【例4-2】 某工厂基本生产车间共发生制造费用4 740元，各种产品生产工人工资总额为4 000元。其中甲产品生产工人工资3 000元，乙产品生产工人工资1 000元，分配制造费用的有关计算如下：

制造费用分配率 $= \dfrac{4\,740}{3\,000+1\,000} = 1.185$

甲产品应分配的制造费用 $= 3\,000 \times 1.185 = 3\,555$（元）

乙产品应分配的制造费用＝1 000×1.185＝1 185(元)

按生产工人工资比例分配法编制制造费用分配表，如表 4-3 所示。

表 4-3 制造费用分配表
（生产工人工资比例分配法）

车间名称：基本生产车间　　　　　　2017 年 6 月　　　　　　　　　　单位：元

应借科目		生产工人工资	分配金额(分配率为 1.185)
基本生产成本	甲产品	3 000	3 555
	乙产品	1 000	1 185
合　计		4 000	4 740

根据制造费用分配表，编制会计分录如下：

借：基本生产成本——甲产品　　　　　　　　　　　　　　3 555.00
　　　　　　　　　——乙产品　　　　　　　　　　　　　　1 185.00
　　贷：制造费用——基本生产车间　　　　　　　　　　　　4 740.00

如果生产工人工资是按照生产工时比例分配计入各种产品成本的，那么，按照生产工人工资比例分配制造费用，实际上也就是按照生产工时比例分配制造费用。

（三）机器工时比例分配法

机器工时比例分配法是按照各种产品生产时所用机器设备运转时间的比例分配制造费用的一种方法。机器工时比例分配法的计算公式如下：

$$制造费用分配率＝\frac{该车间制造费用总额}{该车间机器工时总数}$$

某种产品应分配的制造费用＝该种产品机器工时数×制造费用分配率

【例 4-3】 某企业基本生产车间共发生制造费用 18 750 元，该车间甲、乙两种产品使用机器工时分别为 300 小时、400 小时，分配制造费用的有关计算如下：

$$制造费用分配率＝\frac{18\ 750}{300＋400}＝26.786$$

甲产品应分配的制造费用＝300×26.786＝8 036(元)
乙产品应分配的制造费用＝400×26.786＝10 714(元)

按机器工时比例分配法编制制造费用分配表，如表 4-4 所示。

表 4-4 制造费用分配表
（机器工时比例分配法）

车间名称：基本生产车间　　　　　　2017 年 6 月

应借科目		机器工时/小时	分配金额(分配率为 26.786)/元
基本生产成本	甲产品	300	8 036
	乙产品	400	10 714
合　计		700	18 750

根据制造费用分配表，编制会计分录如下：

　　借：基本生产成本——甲产品　　　　　　　　　　　　　　　8 036.00
　　　　　　　　　　——乙产品　　　　　　　　　　　　　　　10 714.00
　　　　贷：制造费用——基本生产车间　　　　　　　　　　　　18 750.00

这种方法适用于产品生产的机械化程度较高的车间。因为在这种车间的制造费用中，与机器设备使用有关的费用比重较大，而这一部分费用与机器设备运转的时间有着密切的联系，因此，采用这种方法，必须具备各种产品所用机器工时的原始记录。

（四）年度计划分配率分配法

年度计划分配率分配法是指按年度开始前预先制定的年度计划分配率分配以后各月制造费用的一种方法。假定以定额工时作为分配标准，其计算公式如下：

$$年度计划分配率=\frac{年度制造费用计划总额}{年度各种产品计划产量的定额工时总数}$$

某产品某月应分配的制造费用＝该产品该月实际工时×年度计划分配率

这一分配方法的产量之所以要以定额工时为标准，即分配率计算公式的分母要按定额工时计算，因为各种产品的产量不能直接相加。

采用这种分配方法，不管各月实际发生的制造费用是多少，每月各种产品中的制造费用都按年度计划分配率分配。但在年度内如果发现全年的制造费用实际数和产量实际数与计划数发生较大差额时，应及时调整计划分配率。

【例4-4】某企业只有一个生产车间，全年制造费用计划为52 800元，全年各种产品的计划产量为：甲产品1 000件，乙产品900件；单件产品的工时定额为：甲产品3小时，乙产品4小时；5月份的实际产量为：甲产品100件，乙产品80件，该月实际制造费用为4 000元。

1. 计算年度计划分配率

甲产品年度计划产量的定额工时＝1 000×3＝3 000（小时）

乙产品年度计划产量的定额工时＝900×4＝3 600（小时）

$$年度计划分配率=\frac{52\ 800}{3\ 000+3\ 600}=8$$

2. 分配转出该月的制造费用

甲产品该月实际产量的定额工时＝100×3＝300（小时）

乙产品该月实际产量的定额工时＝80×4＝320（小时）

该月甲产品应分配制造费用＝300×8＝2 400（元）

该月乙产品应分配制造费用＝320×8＝2 560（元）

该月应分配转出的制造费用＝2 400＋2 560＝4 960（元）

根据上述计算分配结果编制会计分录如下：

　　借：基本生产成本——甲产品　　　　　　　　　　　　　　　2 400.00
　　　　　　　　　　——乙产品　　　　　　　　　　　　　　　2 560.00
　　　　贷：制造费用——基本生产车间　　　　　　　　　　　　4 960.00

该车间5月份的实际制造费用为4 000元（即制造费用明细账的借方发生额），小于按该月实际产量和年度计划分配率分配转出的制造费用4 960元（即制造费用明细账的贷方发生额）。因此，采用这种分配方法时，制造费用明细账及总账科目，不仅可能有月末余额，而且既可能有借方余额，也可能有贷方余额。借方余额表示超过计划的预付费用；贷方余额表示按照计划未付的费用。

"制造费用"科目如果有年末余额，就是全年制造费用的实际发生额与计划分配额的差额，一般应在年末调整计入12月份的产品成本，借记"基本生产成本"科目，贷记"制造费用"科目。如果实际发生额大于计划分配额，用蓝字补加，否则用红字冲减。其计算公式为

$$差异额分配率=\frac{差异额}{按年度计划分配率分配的制造费用}$$

某产品应分配的差异额＝该产品按计划分配率分配的制造费用×差异额分配率

【例4-5】承例4-4，年末，假定该车间制造费用账户贷方余额为5 496.44元，按计划分配率甲产品已分配24 800元，乙产品已分配30 000元，调整差异如下：

$$差异额分配率=\frac{-5\ 496.44}{24\ 800+30\ 000}=-0.100\ 3$$

甲产品应分配的差异额＝24 800×(－0.100 3)＝－2 487.44(元)

乙产品应分配的差异额＝30 000×(－0.100 3)＝－3 009(元)

计算结果为负数，则应冲减产品成本中的制造费用数额。

借：基本生产成本——甲产品	2 487.44
——乙产品	3 009.00
贷：制造费用——基本生产车间	5 496.44

这种分配方法的核算工作比较简便，特别适用于季节性生产企业，可以使企业旺季与淡季的制造费用比较均衡地计入产品生产成本。但是，采用这种分配方法，制订的计划成本应尽可能接近实际，否则，若年度制造费用的计划数脱离实际太多，就会影响成本计算的准确性。

第二节 损失性费用的归集与分配

企业的生产损失是指在生产过程中发生的不能正常产出的各种耗费。通常可将其归为四类：一是生产损耗，即投入原材料的跑、冒、滴、漏及自然耗费等；二是生产废料，即生产过程中产生的边角余料；三是废品损失，即生产过程中造成的产品质量不符合规定的技术标准而发生的损失；四是停工损失，即由于机器故障及季节性、修理期间的停工而发生的耗费。这四类中的前两类，即生产损耗和生产废料，在成本计算时已经进行了考虑，有的被列入产品成本，有的变卖或作价入库成为收入。因此，真正属于成本核算中的生产损失主要指的是废品损失和停工损失。

一、废品损失的归集与分配

(一) 废品及废品损失的概念

废品是指因质量不符合规定的标准或技术条件、不能按原定用途使用,或需加工修复后才能使用的产成品、半成品、零部件等。废品按能否修复的技术上的可能性和经济上的合理性,分为可修复废品和不可修复废品。可修复废品是指在技术上可以修复,并且支付的修理费用在经济上合算的废品;不可修复废品是指在技术上不能修复,或者虽能修复,但支付的修复费用在经济上不合算的废品。

废品损失包括可修复废品的修复费用和不可修复废品的净损失,其中:

不可修复废品的净损失＝不可修复废品的生产成本－不可修复废品的残值－应收过失人赔款

需要指出的是,企业的下列损失不作为废品损失处理:

(1) 经过质量检验部门鉴定不需要返修、可以降价出售的不合格品,其降价损失不作为废品损失,在计算损益时体现,不应作为废品损失处理;

(2) 产成品入库后,由于保管不善等原因而损坏变质的损失,属于管理上的问题,作为管理费用处理而不作为废品损失处理;

(3) 实行包退、包修、包换(三包)的企业,在产品出售后发现废品所发生的一切损失,作为销售费用处理也不包括在废品损失内。

为了全面反映企业一定时期内发生废品损失的情况,加强废品损失的控制,可设置"废品损失"账户进行废品损失的归集与分配。

"废品损失"账户借方归集可修复废品的修复费用和不可修复废品的实际生产成本;贷方登记废品残料回收的价值、应收过失人赔偿款,以及计入当期产品成本的净损失。该账户月末一般无余额。

(二) 废品损失的归集与分配示例

▶ 1. 废品损失核算的形式

(1) 不单独核算废品损失。有些简单生产的企业,在产品的生产过程中,不易发生废品,或即便发生废品,损失额也比较小,而且管理上不需要单独考核废品损失。这时为了简化核算程序,可以采用不单独核算废品损失的方法。在不单独核算废品损失的企业中,可修复废品的修复费用,应直接计入生产成本的有关成本项目;不可修复废品只扣除产量,不结转成本;废品的残料价值和过失人赔款可直接冲减相应基本生产成本明细账中的"直接材料"和"直接人工"成本项目。

(2) 单独核算废品损失。在大、中型的复杂生产企业中,产品生产易发生废品,而且管理上也要求单独考核废品损失及其相关成本项目的费用,这时可以采用单独核算废品损失的方法。在单独核算废品损失的企业中,可以单独设置"废品损失"总账,也可以在"基本生产成本"总账下设"废品损失"二级账,账内按成本项目设专栏进行核算。并且还应在"基本生产成本"明细账的成本项目中增设"废品损失"成本项目,以便单独体现废品损失的费用额。单独核算废品损失的企业,由于废品的种类不同,核算方法也不相同。

2. 不可修复废品损失的归集与分配

为了归集和分配不可修复废品损失，必须首先计算废品的成本。废品成本是指产品在生产过程中截止到报废时所耗费的一切费用，扣除废品的残值和应收赔款，算出废品的净损失，计入该种产品的成本。由于不可修复废品的成本与合格品的成本在分离前是归集在一起的，因此需要采取一定的方法予以划分。一般有两种方法：一是按废品所耗实际费用计算；二是按废品所耗定额费用计算。

（1）按废品所耗实际费用计算。采用这一方法，就是在废品报废时根据废品和合格品发生的全部实际费用，采用一定的分配方法，在合格品与废品之间进行分配，计算出废品的实际成本，从"基本生产成本"账户的贷方转入"废品损失"账户的借方。

① 完工入库时发生废品。当不可修复废品发生在完工入库时，单位合格品与单位废品应负担相同的费用，因而可以按合格品与废品的产量作为分配标准进行分配。其计算公式为

$$某项生产费用分配率 = \frac{该项生产费用}{合格品产量 + 废品产量}$$

$$废品应负担生产费用额 = 废品产量 \times 分配率$$

② 生产过程中发生废品。如果废品发生在生产过程中，原材料系一次性投入，则原材料仍可按产量作为分配标准，直接人工和制造费用则应按生产工时作为标准。其计算公式为

$$直接材料费用分配率 = \frac{直接材料费用总额}{合格品产量 + 废品产量}$$

$$废品应负担材料费用额 = 废品产量 \times 直接材料费用分配率$$

$$直接人工（制造费用）分配率 = \frac{直接人工（制造费用）总额}{合格品生产工时 + 废品生产工时}$$

$$废品应负担直接人工（制造费用） = 废品生产工时 \times 该成本项目分配率$$

【例4-6】某企业基本生产车间本月生产A产品180件，生产过程中发现不可修复废品30件；合格品的生产工时为2 360小时，废品的生产工时为420小时。本月A产品全部生产费用为：直接材料4 500元，直接人工2 224元，制造费用5 560元，废品回收残料110元。原材料是生产开工时一次投入，故原材料费用按合格品数量与废品数量比例分配；其他费用按生产工时比例分配。编制废品损失计算表，如表4-5所示。

表4-5 废品损失计算表
（按实际成本计算）

车间名称：基本生产车间　　　　2017年6月　　　　产品名称：A产品

项　目	数量/件	直接材料/元	生产工时/小时	直接人工/元	制造费用/元	合计/元
生产费用总额	180	4 500	2 780	2 224	5 560	12 284
费用分配率		25		0.8	2	
废品成本	30	750	420	336	840	1 926
减：残值		110				110
废品损失		640		336	840	1 816

根据废品损失计算表，编制会计分录如下：

1. 结转废品生产成本（实际成本）

借：废品损失——A 产品　　　　　　　　　　　　　　　　　1 926.00
　　贷：基本生产成本——A 产品——直接材料　　　　　　　　　　750.00
　　　　　　　　　　　　　　　　——直接人工　　　　　　　　　336.00
　　　　　　　　　　　　　　　　——制造费用　　　　　　　　　840.00

2. 回收残料价值

借：原材料　　　　　　　　　　　　　　　　　　　　　　　　110.00
　　贷：废品损失——A 产品　　　　　　　　　　　　　　　　　110.00

3. 将废品净损失转入合格品成本

借：基本生产成本——A 产品——废品损失　　　　　　　　　1 816.00
　　贷：废品损失——A 产品　　　　　　　　　　　　　　　　1 816.00

不可修复废品损失按实际成本计算，其结果较为准确，但工作量较大，并且只能在月末生产费用算出后才能进行，不利于及时控制废品损失。

（2）按废品所耗定额费用计算。这种方法也称按定额成本计算方法，是按不可修复废品的实际数量和各项费用定额计算废品的定额成本，再将废品的定额成本扣除废品残料回收价值，算出废品损失，而不考虑废品实际发生的费用。实际成本与定额成本的差异额全部由合格品负担。

$$废品定额成本 = \sum 废品数量 \times 各成本项目费用定额$$

$$废品净损失 = 定额成本 - 收回残料价值 - 应收赔偿之和$$

【例 4-7】长城公司基本生产车间产品完工验收入库时发现甲产品中有 10 件为不可修复废品，回收残料价值 100 元，按废品定额成本计算废品成本和废品损失。编制废品损失计算表，如表 4-6 所示。

表 4-6　废品损失计算表
（按定额成本计算）

车间名称：基本生产车间　　　　2017 年 6 月　　　　　　产品名称：甲产品
　　　　　　　　　　　　　　　　　　　　　　　　　　　单位：元

项　目	原材料	燃料及动力	直接人工	制造费用	合　计
费用定额	60	30	75	20	185
废品定额成本	600	300	750	200	1 850
减：残值	100				100
废品损失	500	300	750	200	1 750

根据废品损失计算表，编制会计分录如下：

1. 结转废品生产成本（定额成本）

借：废品损失——甲产品　　　　　　　　　　　　　　　　　1 850.00
　　贷：基本生产成本——甲产品——原材料　　　　　　　　　　600.00

	——燃料及动力	300.00
	——直接人工	750.00
	——制造费用	200.00

2. 回收残料价值

借：原材料　　　　　　　　　　　　　　　　　　　　　　　　100.00
　　贷：废品损失——甲产品　　　　　　　　　　　　　　　　　　　100.00

3. 将废品净损失转入合格品成本

借：基本生产成本——甲产品——废品损失　　　　　　　　　　1 750.00
　　贷：废品损失——甲产品　　　　　　　　　　　　　　　　　1 750.00

采用按废品所耗定额费用计算废品成本和废品损失的方法，核算工作比较简便，有利于考核和分析废品损失和产品成本，但必须具备比较准确的定额成本资料，否则会影响成本计算的正确性。

▶ 3. 可修复废品损失的归集与分配

可修复废品的损失是指废品在修复过程中发生的所有修复费用，包括修复过程中耗用的材料、发生的人工费用和制造费用。

可修复废品损失＝修复废品的材料费用＋修复废品的工资薪酬＋修复废品的制造费用

修复费用的归集根据直接材料、直接人工和制造费用分配表的分配结果，计入"废品损失"账户的借方。修复费用中要由责任人赔偿的部分，应冲抵废品损失，从贷方转入"其他应收款"账户的借方。账户的借方余额，为可修复废品的净损失，与本月不可修复废品的净损失合计后，转入"基本生产成本"账户的废品损失项目。

【例 4-8】 某企业基本生产车间本月生产 B 产品 380 件，生产过程中发现可修复废品 10 件。在修复过程中，耗用原材料 500 元，直接人工 200 元，制造费用 300 元。应由责任人赔偿 50 元。根据上述资料编制会计分录如下：

1. 发生修复费用

借：废品损失——B 产品　　　　　　　　　　　　　　　　　1 000.00
　　贷：原材料　　　　　　　　　　　　　　　　　　　　　　　500.00
　　　　应付职工薪酬　　　　　　　　　　　　　　　　　　　　200.00
　　　　制造费用　　　　　　　　　　　　　　　　　　　　　　300.00

2. 应收过失人赔款

借：其他应收款——×××　　　　　　　　　　　　　　　　　　50.00
　　贷：废品损失——B 产品　　　　　　　　　　　　　　　　　　50.00

3. 将废品净损失转入合格品成本

借：基本生产成本——B 产品——废品损失　　　　　　　　　　　950.00
　　贷：废品损失——B 产品　　　　　　　　　　　　　　　　　　950.00

二、停工损失的归集与分配

（一）停工损失的概念

停工损失是指企业的生产车间或生产班组在停工期间发生的各项费用，包括停工期间支付的职工工资及其福利费、所耗用的燃料和动力费,以及应负担的制造费用。

在管理上要求单独反映和控制停工损失的企业中,在进行成本、费用的核算时,应进行停工损失的核算。

企业发生停工的原因有很多,如停电、待料、机械故障、非常灾害、计划减产等。其中停工待料、电力中断、机械故障等造成的停工,应计入产品成本;由非常灾害造成的停工,应计入营业外支出;对于季节性停产、修理期间停产的停工损失,应计入制造费用;不满一个工作日的停工,可以不计算停工损失。

(二)停工损失的归集与分配示例

在停工时,应该由发生停工的车间填制停工报告单,并应在考勤记录中进行登记。在停工报告单内,应详细列明停工的车间、范围、原因、起止时间、过失人员、停工损失的金额等各项内容。会计部门和车间核算人员,应对停工报告单所列的停工范围、时数及其原因和过失单位等事项进行审核。只有经过审核的停工报告单,才能作为停工损失核算的依据。

单独核算停工损失的企业,应增设"停工损失"账户和"停工损失"成本项目。停工损失的归集和分配,是通过设置"停工损失"账户进行的,该账户应按车间和成本项目进行明细核算。根据停工报告单和各种费用分配表、分配汇总表等有关凭证,将停工期内发生、应列作停工损失的费用计入"停工损失"账户的借方进行归集,借记"停工损失"账户,贷记"原材料""应付职工薪酬"和"制造费用"等账户。该账户的贷方登记应由过失单位及过失人员或保险公司支付的赔款,属于自然灾害,应计入营业外支出的损失以及应计入本月产品成本的损失,贷记"停工损失"账户,借记"其他应收款""营业外支出"和"基本生产成本"账户。"停工损失"账户月末无余额。

【例4-9】某厂第二车间由于设备大修停工4天,停工期间应支付工人工资4 000元,应提福利费560元,停工期间应负担制造费用880元。第三车间由于外部供电线路原因停工5天,停工期间应支付工人工资6 000元,应提福利费840元,应负担制造费用1 000元。根据上述资料编制会计分录如下:

借:停工损失——第二车间　　　　　　　　　　　　　　　5 440.00
　　　　　　——第三车间　　　　　　　　　　　　　　　7 840.00
　贷:应付职工薪酬——工资　　　　　　　　　　　　　　10 000.00
　　　　　　　　——福利费　　　　　　　　　　　　　　 1 400.00
　　制造费用——第二车间　　　　　　　　　　　　　　　　880.00
　　　　　　——第三车间　　　　　　　　　　　　　　　 1 000.00

【例4-10】承例4-9,第二车间设备大修为正常停工,停工损失5 440元应计入成本中;第三车间停工为非正常停工,应计入营业外支出,假设经交涉,电力局同意赔偿停工损失6 000元。根据上述资料编制会计分录如下:

借:制造费用——第二车间　　　　　　　　　　　　　　　5 440.00
　　其他应收款——电力局　　　　　　　　　　　　　　　6 000.00
　　营业外支出——停工损失　　　　　　　　　　　　　　1 840.00

貸：停工损失——第二车间　　　　　　　　　　　　　　　　　　　5 440.00
　　　　　　——第三车间　　　　　　　　　　　　　　　　　　　7 840.00

本章小结

制造费用指各生产单位(分厂、车间)为组织和管理生产而发生的各项费用，以及直接用于产品生产但未专设成本项目的费用和间接用于产品生产的各项费用。制造费用发生时，根据有关的付款凭证、转账凭证和前述各种费用分配表，计入"制造费用"账户的借方，并视具体情况，分别计入"原材料""应付职工薪酬""累计折旧"和"银行存款"等账户的贷方；期末按照一定的标准进行分配时，从该账户的贷方转出，计入"基本生产成本"等账户的借方。制造费用的分配方法一般有生产工人工时比例分配法、生产工人工资比例分配法、机器工时比例分配法和年度计划分配率分配法等。分配方法一经确定，不应随意变更。

废品是指因质量不符合规定的标准或技术条件、不能按原定用途使用，或需加工修复后才能使用的产成品、半成品、零部件等。废品按能否修复的技术上的可能性和经济上的合理性，分为可修复废品和不可修复废品。可修复废品是指在技术上可以修复，并且支付的修理费用在经济上合算的废品；不可修复废品是指在技术上不能修复，或者虽能修复，但支付的修复费用在经济上不合算的废品。

综合练习

一、单项选择题

1. 不可修复废品的成本，应借记"废品损失"账户，贷记(　　)账户。
   A. "产成品"　　　　　　　　　　　　　B. "原材料"
   C. "制造费用"　　　　　　　　　　　　D. "基本生产成本"

2. 下列应计入"停工损失"项目的是(　　)。
   A. 季节性停工所发生的各项开支　　　　B. 台风造成的各项损失
   C. 由于地震造成的各项损失　　　　　　D. 可由保险公司赔偿的停工开支

3. 制造费用明细账按(　　)设置，并按(　　)设置专栏。
   A. 生产车间、费用项目　　　　　　　　B. 产品、费用项目
   C. 订单、成本项目　　　　　　　　　　D. A 和 B 均可

4. 下列各项中，不同于废品的是(　　)。
   A. 生产过程中发现的不可修复的在产品
   B. 生产过程中发现的可修复的半成品
   C. 入库后发现的可修复的产成品
   D. 入库后发现的由于保管不善导致的变质品

5. 导致停工损失发生但不计入产品成本的原因有(　　)。
   A. 原材料缺乏　　　　　　　　　　　　B. 机器故障

C. 计划减产　　　　　　　　　　　D. 洪水和地震

6. 下列属于停工损失计算依据的是（　　）。

A. 材料调拨单　　　　　　　　　　B. 停工单

C. 派工单　　　　　　　　　　　　D. 职工内部调动通知单

7. 机器设备大修期间的停工损失，列作（　　）。

A. 制造费用　　　　　　　　　　　B. 销售费用

C. 管理费用　　　　　　　　　　　D. 待摊费用

8. 在废品损失中，应由过失人赔偿的款项，应计入（　　）。

A. "废品损失"明细账户的借方　　　B. "废品损失"明细账户的贷方

C. "营业外支出"账户的贷方　　　　D. "其他应收款"账户的贷方

9. 废品净损失应由（　　）。

A. 合格产品成本负担　　　　　　　B. 营业成本负担

C. 营业外支出负担　　　　　　　　D. 管理费用负担

二、多项选择题

1. 下列项目中，属于制造费用的有（　　）。

A. 车间管理人员的工资　　　　　　B. 车间固定资产折旧费

C. 车间机物料消耗　　　　　　　　D. 劳动保护费

2. 制造费用归集时，借记"制造费用"，可能贷记（　　）。

A. "原材料"　　　　　　　　　　　B. "其他应付款"

C. "应付职工薪酬"　　　　　　　　D. "累计折旧"

3. 制造费用按计划分配率分配时，其余额（　　）。

A. 可能在借方　　　　　　　　　　B. 可能在贷方

C. 为零　　　　　　　　　　　　　D. 以上情况都有可能

4. 废品损失主要包括（　　）。

A. 不可修复废品的报废损失　　　　B. 可修复废品的修复费用

C. 保管员责任造成的损失　　　　　D. 残料价值

5. 下列费用中，属于制造费用项目的有（　　）。

A. 车间主任工资及福利费　　　　　B. 生产工人工资及福利费

C. 车间机器折旧费和修理费　　　　D. 企业房产税

6. 制造费用的分配方法有（　　）等。

A. 生产工人工时分配法　　　　　　B. 机器工时分配法

C. 计划费用分配率分配法　　　　　D. 直接成本分配法

7. 停工损失主要包括（　　）。

A. 季节性生产企业停工期内的费用

B. 停工期内支付的生产工人工资

C. 停工期内耗用的燃料和动力费

D. 停工期内应负担的制造费用

三、判断题

1. 不单独核算废品损失的企业，可修复废品的损失应计入有关的成本项目。（　　）
2. 基本生产车间发生的其他费用，与产品生产没有直接关系，不应计入产品成本。（　　）
3. 产品入库以后由于保管不善等原因而损坏贬值的损失，应作为管理费用处理。（　　）
4. 由于废料的原因而导致的废品，应付给职工计件工资。（　　）
5. 凡经过检验、技术上能修复的废品，就称为可修复废品。（　　）
6. 适合季节性生产的企业的"制造费用"账户，期末没有余额。（　　）

四、业务核算题

1. 某企业基本生产车间全年制造费用计划为234 000元，全年各种产品的计划产量为甲产品19 000件、乙产品6 000件，丙产品8 000件。单件产品工时定额：甲产品5小时，乙产品7小时，丙产品7.25小时。本月实际产量：甲产品1 800件，乙产品700件，丙产品500件，本月实际发生的制造费用为20 600元。

要求：
（1）按年度计划分配率分配法分配制造费用。
（2）根据计算结果编制会计分录。

2. 某企业修复乙产品100件，发生各项修复费用：原材料550元，直接人工990元，燃料动力费1 750元，制造费用1 801元。本月完工乙产品3 000件（包括返修完工的产品）耗用生产工时45 000小时，耗用原材料96 000元，直接人工24 975元，燃料及动力费用31 500元，制造费用36 000元，原材料于开工时一次投入，完工验收入库发现不可修复废品100件，耗用生产工时1 500小时，废品残料入库作价270元。

要求：填写表4-7，并计算完工产品的单位成本。

表4-7　生产成本明细账

产品名称：　　　　　　　　完工产品数量：　　　　　　　　单位：元

摘　　要	直接材料	燃料及动力	直接人工	制造费用	废品损失	合计
期初在产品成本						
本月生产费用						
生产费用合计						
减：不可修复废品生产成本						
结转本月废品净损失						
本月完工产品成本转出						
月末在产品成本						

第五章 生产费用在完工产品与在产品之间的分配

> **学习目标**
> 1. 理解在产品的含义及在产品盈亏的会计处理；
> 2. 理解在产品数量与产品成本计算的关系，明确在产品数量的确定方法；
> 3. 掌握生产费用在完工产品与在产品之间的分配方法。

生产费用在完工产品和在产品之间的分配是成本会计的核心。本章重点阐述了在产品及其数量的核算、生产费用在本期完工产品和在产品之间进行分配的方法等内容。

第一节 在产品数量的核算

一、在产品的概念及其数量的确定

（一）在产品的概念

工业企业在产品有广义在产品和狭义在产品之分。广义在产品是就整个企业而言的，它是指没有完成全部生产过程，不能作为商品销售的产品，包括正在各个生产单位加工中的在制品和已完成一个或几个生产步骤、尚需继续加工的自制半成品，以及等待验收入库的产品，正在返修或等待返修的废品等。在产品完成生产过程、验收合格入库以后，就称为完工产品。狭义的在产品是就某一生产单位（车间、分厂）或某一生产步骤而言的，它只指本生产单位或生产步骤正在加工中的在制品，该生产单位或生产步骤已经完工交出的自制半成品不包括在内。在产品与完工产品的关系，是指在产品与完工产品在承担费用（划分产品成本）方面的关系。

通过要素费用、损失性费用和制造费用的归集和分配，企业本期（月）发生的生产费用，已经全部计入各成本核算对象的产品成本计算单中。这时，登记在各成本计算单中的生产费用合计数（即月初在产品成本加上本月发生的生产费用）或称累计生产费用有下列3种情况：

（1）月末，本月生产的产品已全部完工，没有在产品，则生产费用合计数等于本月完工产品总成本。

（2）月末，本月生产的产品全部没有完工，则生产费用合计数等于月末在产品总成本。

（3）月末，本月生产的产品既有已经完工交库的产成品或自制半成品，又有正在加工的在产品。这时，需要将生产费用合计数在本月完工产品和月末在产品之间进行分配，以正确确定完工产品的实际总成本和单位成本。

生产费用合计数与本月完工产品及月末在产品成本之间的关系，可以用公式表示为

月初在产品成本＋本月发生生产费用＝本月完工产品成本＋月末在产品成本

根据上述公式，可得：

本月完工产品成本＝月初在产品成本＋本月发生生产费用－月末在产品成本

从上述两个公式可以得知，要正确确定完工产品成本，关键是正确计算月末在产品成本。要正确计算在产品成本，就必须加强在产品的实物管理，组织好在产品数量的核算管理。

（二）在产品数量的确定

企业在产品品种规格多，又处于不断流动之中，在产品数量的日常核算是一个比较复杂的问题。从加强实物管理的角度出发，企业必须设置有关凭证账簿来反映在产品的收入、发出和结存情况。在设有半成品仓库的企业，自制半成品的收入、发出和结存，可以比照原材料的核算设置有关凭证和账簿，组织自制半成品数量的日常核算。各生产单位或生产步骤在产品收发结存的日常核算，可以通过设置"在产品台账"账户来进行。

"在产品台账"应当分生产单位（车间、分厂）或生产步骤（生产工序），并按照产品品种和在产品名称设置。"在产品台账"应根据有关领料凭证、在产品内部转移凭证、产品检验凭证和产品交库单等原始凭证逐笔登记。生产单位的核算人员应对"在产品台账"的登记情况进行审核和汇总。台账的设置，既可以使企业从账面上随时掌握在产品动态，又可以为计算在产品成本提供资料。在产品台账的基本格式如表5-1所示。

表5-1 在产品台账
（在产品收发结存账）

在产品名称、编号：　　　　　　车间名称：　　　　　　单位：件

月	日	摘要	转入		转出			结存		备注
			凭证号	数量	凭证号	合格品	废品	完工	未完工	
7	1		701	70					70	
7	2			40		60	2	18	30	
7	7			20		26		7	35	
	...			...		...	...	...	...	
7	31	合计		980		934	11	15	20	

（三）在产品清查的核算

在产品和其他存货一样，是企业的重要资产，企业应定期进行在产品的清查盘点，做到账实相符，保证在产品的安全完整性。

在产品的清查一般于月末结账前进行，同时也可以根据需要，结合实际情况进行不定期的清查。在产品的清查采用实地盘点法，根据清查结果编制在产品盘点表，与在产品台账进行核对，如有不符，应编制在产品盘盈盘亏报告表，列明在产品的账存数、实存数、盘盈盘亏和毁损数、盈亏原因和处理意见等。成本会计人员应对在产品盘点盈亏报告表进行认真审核，按照企业内部财务会计制度规定的审批程序报有关部门审批，并及时做出账务处理。

在产品清查的账务处理如下。

(1) 清查中发现在产品盘盈：
借：基本生产成本
  贷：待处理财产损溢——待处理流动资产损溢

(2) 经过批准进行处理：
借：待处理财产损溢——待处理流动资产损溢
  贷：制造费用

(3) 清查中发现在产品盘亏和毁损：
借：待处理财产损溢——待处理流动资产损溢
  贷：基本生产成本

(4) 经批准后分原因进行处理：
借：其他应收款（由保险公司或过失人赔偿）
  营业外支出（自然灾害造成的非正常损失，扣除残料价值和保险公司赔偿部分的净损失）
  制造费用（准予核销计入产品成本的损失）
  贷：待处理财产损溢——待处理流动资产损溢

第二节 生产费用在完工产品与在产品之间分配的方法

在产品成本的计算，也就是生产费用在完工产品与在产品之间的分配，是成本核算的最后一个步骤。企业应根据月末在产品数量的多少，各月月末在产品数量变化的大小，产品成本中各成本项目费用比重的大小，以及企业成本管理有关基础工作的好坏等具体条件，选择合理的分配方法，正确计算期末在产品成本和本期完工产品成本。

生产费用在完工产品和在产品之间分配的方法有以下几种。

一、不计算在产品成本法

不计算在产品成本法的基本特点是:当月发生的生产费用,全部由当月完工产品负担,月末虽然有在产品,但不计算在产品成本。这种方法适用于各月末在产品数量很少、价值很低的产品。在这种情况下,算不算在产品成本对于完工产品成本的影响很小,如果管理上不要求计算在产品成本,为了简化核算工作,可以不计算在产品成本。这就意味着某种产品本月归集的全部生产费用就是该种完工产品成本。用计算公式表示为

本月完工产品成本＝本月发生生产费用

二、在产品成本按年初固定数计算法

在产品成本按年初固定数计算法的基本特点是:年内各月的在产品成本都按年初在产品成本计算,固定不变。这样,每月发生的生产费用仍然是该月完工产品的成本,但账面上有期末在产品成本。

本月完工产品成本＝月初在产品成本(年初固定数额)＋本月发生生产费用－
月末在产品成本(年初固定数额)＝本月发生生产费用

采用这种方法,到年终时,必须对在产品进行实地盘点,根据盘点的数量,重新计算确定在产品成本,并作为下一个年度各个月份固定的在产品成本。以免在产品成本与实际出入过大而影响成本计算的准确性。

该方法适用于各月在产品数量较少,或虽然数量较多,但各月数量比较均衡、月初月末在产品成本差额较小、对各月完工产品成本影响不大的企业采用。

三、在产品成本按所耗材料费用计算法

如果各月末在产品数量较大,且各月末在产品数量变动也较大,但产品成本所耗原材料费用在全部成本中占有较大的比重,如纺织、造纸、酿酒等行业,其原材料费用都占产品成本的70%以上,为了简化核算工作,在产品成本可以只计算原材料费用,即在产品成本按所耗材料费用计算法。采用这种分配方法时,月末在产品成本只计算其所耗用的材料费用,不计算直接人工和制造费用,也就是说,产品的加工费用全部由完工产品成本负担。采用这种方法时,本月完工产品成本等于月初在产品材料成本加上本月发生的全部生产费用,再减去月末在产品材料成本。用计算公式表示为

本月完工产品成本＝月初在产品材料成本＋本月发生生产费用－月末在产品材料成本

这种方法适用于各月末在产品数量较多、各月在产品数量变化较大,且材料费用在成本中所占比重较大的企业。

【例5-1】某企业生产甲产品,该产品原材料费用在产品成本中所占比重较大,在产品只计算原材料费用。甲产品月初在产品原材料费用(即月初在产品成本)为3 600元;本月发生直接材料费用20 000元,直接人工费用等加工费用共计900元;完工产品850件,月末在产品150件。该种产品的原材料费用是在生产开始时一次投入的,直接材料费用按完

工产品和在产品的数量比例分配。分配计算如下：

原材料费用分配率 $=\dfrac{3\ 600+20\ 000}{850+150}=23.6$

完工产品直接材料费用 $=850\times 23.6=20\ 060(元)$

月末在产品直接材料费用(月末在产品成本)$=150\times 23.6=3\ 540(元)$

完工产品成本 $=20\ 060+900=20\ 960(元)$ 或者完工产品成本 $=3\ 600+20\ 000+900-3\ 540=20\ 960(元)$

四、约当产量比例法

约当产量也称在产品约当量，是在产品按完工程度折算为相当于完工产品的数量。约当产量比例法是根据本月完工产品产量与月末在产品约当产量的比例分配计算完工产品成本和月末在产品成本的方法。适用于月末在产品数量较大，各月末在产品数量变化也较大，产品成本中材料费和加工费所占比重相差不多的产品。有关计算公式为

在产品约当产量＝在产品数量×在产品完工程度

某项费用分配率 $=\dfrac{该项费用总额}{(本月完工产品数量+月末在产品约当产量)}$

完工产品该项费用＝完工产品产量×该项费用分配率

在产品该项费用＝在产品约当产量×该项费用分配率

由于在产品在生产加工过程中加工程度和投料情况的不同，因此必须区别成本项目计算在产品的约当产量。要正确计算在产品的约当产量，首先必须确定投料程度和完工程度。

(一) 投料程度的确定

直接材料费用项目约当产量的确定，取决于产品生产过程中的投料程度。在产品投料程度是指在产品已投材料占完工产品应投材料的百分比。在生产过程中，材料投入形式通常有四种：在生产开始时一次性投入；在生产过程中陆续投入，且投入量与加工进度一致；在生产过程中陆续投入，且投入量与加工进度不一致；在生产过程中分工序一次性投入。由于投料形式不同，因此在产品投料程度也不同，现分述如下。

▶1. 原材料在生产开始时一次性投入

当直接材料于生产开始时一次性投入，即投料百分比为100%时，不论在产品完工程度如何，其单位在产品耗用的原材料与单位完工产品耗用的原材料是相等的。因此，用以分配直接材料费用的在产品的约当产量即为在产品的实际数量。

【例5-2】某产品本月份完工270件，月末在产品30件，原材料在生产开始时一次性投入。该产品月初与本月发生的费用之和为：原材料费用9 000元，工资及其他费用5 880元，在产品完工程度测定为80%，完工产品和月末在产品的原材料费用和工资及其他费用的分配计算如下：

分配原材料费用的全部产量＝270＋30＝300(件)

在产品约当产量＝30×80%＝24(件)

原材料分配率 = $\dfrac{9\ 000}{270+30} = 30$

工资及其他费用分配率 = $\dfrac{5\ 880}{270+24} = 20$

月末在产品应分配原材料费用 = $30 \times 30 = 900$(元)

月末在产品应分配工资及其他费用 = $20 \times 24 = 480$(元)

完工产品应分配原材料费用 = $30 \times 270 = 8\ 100$(元)

完工产品应分配工资及其他费用 = $20 \times 270 = 5\ 400$(元)

▶ **2. 原材料陆续投入，且投入量与加工进度一致**

当直接材料随生产过程陆续投料且投入量与加工进度一致时，在产品投料程度的计算与完工程度的计算相同。此时，分配直接材料费用的在产品约当产量按完工程度折算。

【例5-3】某产品本月份完工500件，月末在产品150件，原材料随加工进度陆续投入。该产品月初与本月发生的费用之和为：原材料费用31 860元，工资及其他费用17 700元，在产品完工程度测定为60%，完工产品和月末在产品的原材料费用和工资及其他费用的分配计算如下：

月末在产品约当产量 = $150 \times 60\% = 90$(件)

原材料分配率 = $\dfrac{31\ 860}{500+90} = 54$

工资及其他费用分配率 = $\dfrac{17\ 700}{500+90} = 30$

月末在产品应分配原材料费用 = $54 \times 90 = 4\ 860$(元)

月末在产品应分配工资及其他费用 = $30 \times 90 = 2\ 700$(元)

完工产品应分配原材料费用 = $54 \times 500 = 27\ 000$(元)

完工产品应分配工资及其他费用 = $30 \times 500 = 15\ 000$(元)

▶ **3. 原材料陆续投入，且投入量与加工进度不一致**

当直接材料随生产过程陆续投入，且原材料投料程度与加工进度不一致时，原材料的投料程度应按每道工序的原材料投料定额计算。其计算公式为

某工序在产品投料程度 = $\dfrac{\text{前面各道工序投料定额之和} + \text{本工序投料定额} \times 50\%}{\text{完工产品投料定额}} \times 100\%$

【例5-4】某产品需经两道工序制成，原材料分工序陆续投入，其投入程度与加工进度并不一致。该产品的原材料消耗定额为400千克。其中，第一道工序原材料消耗定额为120千克，第二道工序原材料消耗定额为280千克。月末在产品数量：第一道工序为500件，第二道工序为300件。本月完工产品为1 200件，月初在产品和本月发生的原材料费用共计132 300元，完工产品和月末在产品的原材料费用的分配计算如下：

1. 计算各工序在产品投料率

第一道工序投料率 = $\dfrac{120 \times 50\%}{400} \times 100\% = 15\%$

第二道工序投料率 $=\dfrac{120+280\times 50\%}{400}\times 100\%=65\%$

2. 计算各工序在产品约当产量

第一道工序在产品约当产量 $=500\times 15\%=75$（件）

第二道工序在产品约当产量 $=300\times 65\%=195$（件）

期末在产品约当产量 $=75+195=270$（件）

3. 计算分配材料费用

原材料费用分配率 $=\dfrac{132\ 300}{1\ 200+270}=90$

月末在产品应分配原材料费用 $=270\times 90=24\ 300$（元）

完工产品应分配原材料费用 $=1\ 200\times 90=108\ 000$（元）

▶ 4. 原材料在各工序一次性投入

如果生产过程中，原材料不是在生产开始时一次性投入，而是分工序一次性投入，即在每道工序开始时一次性投入本工序所耗原材料。此时，各工序在产品耗用的原材料同完工产品耗用的原材料是一样的，则月末在产品投料程度可按下列公式计算：

$$某工序投料程度=\dfrac{到本工序为止的累计投料定额}{完工产品投料定额}\times 100\%$$

【例5-5】某产品需经两道工序制成，原材料分工序投入（在每道工序开始时一次投入）。该产品的原材料消耗定额为500千克。其中，第一道工序原材料消耗定额为300千克，第二道工序原材料消耗定额为200千克。月末在产品数量：第一道工序为200件，第二道工序为100件。本月完工产品为900件，月初在产品和本月发生的原材料费用共计89 600元，完工产品和月末在产品的原材料费用的分配计算如下：

1. 计算各工序在产品投料率

第一道工序投料率 $=\dfrac{300}{500}\times 100\%=60\%$

第二道工序投料率 $=\dfrac{300+200}{500}\times 100\%=100\%$

2. 计算各工序在产品约当产量

第一道工序在产品约当产量 $=200\times 60\%=120$（件）

第二道工序在产品约当产量 $=100\times 100\%=100$（件）

期末在产品约当产量 $=120+100=220$（件）

3. 计算分配材料费用

原材料费用分配率 $=\dfrac{89\ 600}{900+220}=80$

月末在产品应分配原材料费用 $=220\times 80=17\ 600$（元）

完工产品应分配原材料费用 $=900\times 80=72\ 000$（元）

(二) 完工程度的确定

对于直接材料以外的项目（如直接人工、制造费用等）通常按完工程度计算约当产量。产品完工程度是指某产品已消耗工时占生产该产品所需全部工时的比率。因为人工费用和制造费用的发生与完工程度关系密切，它们随着工艺过程的进行而逐步投入耗费，产品的完工程度越高，该产品负担这部分的费用也越多。在产品的完工程度一般通过技术测定或其他方法测定，也可分以下两种情况分别计算。

▶ 1. 按平均完工程度计算

当企业生产进度比较均衡，各道工序在产品数量和加工量上都相差不大时，后面各工序在产品多加工的程度可以弥补前面各工序少加工的程度。这样，全部在产品完工程度均可按50%平均计算。

▶ 2. 各工序分别测定完工率

如果各工序在产品数量和加工量上差别较大，后面各工序在产品多加工的程度不足以弥补前面各工序少加工的程度，则要分工序分别计算在产品的完工程度。计算公式为

$$某工序在产品完工程度 = \frac{前面各道工序工时定额之和 + 本工序工时定额 \times 50\%}{完工产品工时定额} \times 100\%$$

式中，各工序结存的在产品在本工序的平均完工程度按50%计算。

【例5-6】某企业甲产品单位工时定额50小时，经三道工序制成。第一道工序工时定额20小时，第二道工序工时定额15小时，第三道工序工时定额15小时。假定甲产品本月完工200件。第一道工序在产品为20件，第二道工序在产品为40件，第三道工序在产品为60件。该产品月初与本月发生的加工费用之和为：直接人工14 404元，制造费用15 235元。完工产品和月末在产品的加工费用的分配计算如下：

1. 计算各工序在产品完工率

$$第一道工序完工率 = \frac{20 \times 50\%}{50} \times 100\% = 20\%$$

$$第二道工序完工率 = \frac{20 + 15 \times 50\%}{50} \times 100\% = 55\%$$

$$第三道工序完工率 = \frac{20 + 15 + 15 \times 50\%}{50} \times 100\% = 85\%$$

2. 计算各工序在产品约当产量

第一道工序在产品约当产量 = 20 × 20% = 4(件)

第二道工序在产品约当产量 = 40 × 55% = 22(件)

第三道工序在产品约当产量 = 60 × 85% = 51(件)

期末在产品约当产量 = 4 + 22 + 51 = 77(件)

3. 计算分配直接人工费用

$$直接人工费用分配率 = \frac{14\ 404}{200 + 77} = 52$$

月末在产品应分配直接人工费用 = 77 × 52 = 4 004(元)

完工产品应分配直接人工费用 = 200 × 52 = 10 400(元)

4. 计算分配制造费用

$$制造费用分配率 = \frac{15\ 235}{200 + 77} = 55$$

月末在产品应分配制造费用 = 77 × 55 = 4 235(元)

完工产品应分配制造费用＝200×55＝11 000(元)

五、在产品按定额成本计价法

如果企业制定了比较准确的消耗定额和定额成本，月末在产品成本可按定额成本计算。在产品按定额成本计算是指月末计算产品成本时，先按定额成本计算出在产品成本，然后用全部生产费用减去在产品成本，再求出完工产品成本的一种方法。

这种方法适用于各项消耗定额或费用定额比较准确、稳定，而且各月末在产品数量变化不大的产品。在产品定额成本计算公式为

在产品定额材料成本＝在产品数量×在产品材料消耗定额×材料单价

在产品定额工资成本＝在产品数量×在产品工时消耗定额×小时工资率

在产品定额费用成本＝在产品数量×在产品工时消耗定额×小时费用率

将以上各项相加，即为在产品定额成本。

本月完工产品计算公式为

某产品完工产品总成本＝该产品本月生产费用合计－该产品月末在产品定额成本

【例 5-7】假设甲、乙产品的月末在产品采用按定额成本计价的方法。甲产品单件直接材料费用定额为 40 元，在产品工时定额为 30 小时；乙产品单件直接材料费用定额为 32 元，在产品工时定额为 20 小时；原材料均为在生产开始时一次性投入。其他有关资料及月末在产品定额成本的计算结果如表 5-2 所示。

表 5-2 月末在产品定额成本计算表

产品名称	在产品数量/件	直接材料定额费用/元	定额工时/小时	直接人工（单位工时定额 0.85）/元	其他直接费用（单位工时定额 1.20）/元	制造费用（单位工时定额 1.00）/元	定额成本合计/元
甲产品	12	480	360	306	432	360	1 578
乙产品	14	448	280	238	336	280	1 302
合计		928	640	544	768	640	2 880

六、定额比例法

定额比例法是按完工产品和月末在产品的定额消耗量或定额费用的比例，分配计算完工产品和月末在产品成本的方法。其中，原材料费用按照原材料定额消耗量或原材料定额费用比例分配；人工费用、制造费用等按定额工时的比例分配，也可以按定额费用比例分配。

这种分配方法主要适用于定额管理基础较好，各项消耗定额或费用定额比较准确、稳定，各月末在产品数量变化较大的产品。因为每月实际生产费用脱离定额的差异，由完工产品和月末在产品共同负担，所以提高了产品成本计算的准确性。

定额比例法计算公式如下：

$$消耗量分配率＝\frac{月初在产品实际消耗量＋本月实际消耗量}{完工产品定额消耗量＋月末在产品定额消耗量}$$

完工产品实际消耗量＝完工产品定额消耗量×消耗量分配率

完工产品成本＝完工产品实际消耗量×原材料单价(或工时工资、费用)

月末在产品实际消耗量＝月末在产品定额消耗量×消耗量分配率

月末在产品成本＝月末在产品实际消耗量×原材料单价(或工时工资、费用)

按照上述公式计算分配，可以提供完工产品和月末在产品的实际费用资料，也可以提供实际消耗量资料，便于考核和分析各项消耗定额的执行情况。但是，在各产品所耗原材料较多的情况下，采用这种方法工作量较大。

【例5-8】某产品月初在产品费用为：直接材料1 400元，直接人工600元，制造费用400元；本月费用为：直接材料8 200元，直接人工3 000元，制造费用2 000元。完工产品4 000件，直接材料定额费用8 000元，定额工时5 000小时。月末在产品1 000件，直接材料定额费用2 000元，定额工时1 000小时。原材料费用按定额费用比例分配，其他费用按定额工时比例分配。各项费用分配结果如表5-3所示。

表5-3 完工产品与月末在产品费用分配表

成本项目		原材料	直接人工	制造费用	合计
月初在产品费用/元		1 400	600	400	2 400
本月生产费用/元		8 200	3 000	2 000	13 200
生产费用合计/元		9 600	3 600	2 400	15 600
费用分配率		0.96	0.6	0.4	
完工产品费用/元	定额	8 000	5 000(小时)	5 000(小时)	
	实际	7 680	3 000	2 000	12 680
月末在产品费用/元	定额	2 000	1 000(小时)	1 000(小时)	
	实际	1 920	600	400	2 920

$$原材料费用分配率 = \frac{9\ 600}{8\ 000 + 2\ 000} = 0.96$$

$$直接人工分配率 = \frac{3\ 600}{5\ 000 + 1\ 000} = 0.6$$

$$制造费用分配率 = \frac{2\ 400}{5\ 000 + 1\ 000} = 0.4$$

完工产品应分配原材料费用＝0.96×8 000＝7 680(元)

完工产品应分配直接人工＝0.6×5 000＝3 000(元)

完工产品应分配制造费用＝0.4×5 000＝2 000(元)

月末在产品应分配原材料费用＝0.96×2 000＝1 920(元)

月末在产品应分配直接人工＝0.6×1 000＝600(元)

月末在产品应分配制造费用＝0.4×1 000＝400(元)

七、在产品按完工产品成本计算法

在产品按完工产品成本计算法是将在产品视同完工产品，按两者的数量比例分配各项生产费用。这种方法适用于月末在产品已接近完工，或者已经完工，但尚未入库的产品。

生产费用在完工产品与月末在产品之间分配的方法较多，企业可根据所生产不同产品的特点及管理条件合理选用其中一种或几种，但选定后，没有特殊情况不能随意变更，以便不同时期的产品成本具有可比性。

八、完工产品成本结转的账务处理

工业企业生产产品发生的各项生产费用，已在各种产品之间进行了分配，在此基础上又在同种产品的完工产品和月末在产品之间进行了分配，计算出各种完工产品的成本，从"基本生产成本"账户及所属明细账贷方转出，计入有关账户的借方。完工入库产成品的成本，计入"库存商品"账户的借方；完工自制材料、工具、模具等的成本，计入"周转材料"账户的借方。转出合计的成本贷记"基本生产成本"账户。"基本生产成本"账户月末借方有余额，就是基本生产中在产品的成本，即占用基本生产过程中的生产资金。

本章小结

生产费用在完工产品和在产品之间的分配是成本会计的核心。本章重点阐述了在产品及其数量的核算、生产费用在本期完工产品和在产品之间进行分配的方法等内容。在产品成本的计算，也就是生产费用在完工产品与在产品之间的分配，是成本核算的最后一个步骤。企业应根据月末在产品数量的多少，各月月末在产品数量变化的大小，产品成本中各成本项目费用比重的大小，以及企业成本管理有关基础工作的好坏等具体条件，选择合理的分配方法，正确计算期末在产品成本和本期完工产品成本。

生产费用在完工产品和在产品之间分配的方法有以下几种：不计算在产品成本法、在产品成本按年初固定数计算法、在产品成本按所耗材料费用计算法、约当产量比例法、在产品按定额成本计价法、定额比例法和在产品按完工产品成本计算法。

综合练习

一、单项选择题

1. 完工产品与在产品之间分配费用时，在产品成本忽略不计法适用于（　　）的情况。
   A. 没有在产品或在产品数量很少　　B. 月末在产品数量较大
   C. 各月在产品数量变化较小　　　　D. 各月末在产品数量变化很大

2. 某产品经过两道工序加工完成，第一道工序的月末在产品数量为100件，完工程度20%；第二道工序的月末在产品数量为200件，完工程度70%，据此计算的月末在产品的约当产量为（　　）件。
   A. 20　　　　　B. 135　　　　　C. 140　　　　　D. 160

3. 在产品的各项消耗定额比较准确、稳定，各月末在产品数量变化不大，完工产品和在产品费用分配应采用( )。
A. 约当产量法 B. 定额成本法
C. 定额比例法 D. 年初固定法
4. 在( )的条件下,可按完工产品与月末在产品的数量比例,分配原材料费用。
A. 原材料在生产开始时一次投入 B. 原材料按生产进度陆续投入
C. 产品成本中原料费用比重较大 D. 原材料费用消耗定额比较准确
5. 在产品成本按完工产品成本计算的前提条件是( )。
A. 月末在产品数量较大 B. 在产品已接近完工
C. 在产品原材料费用比重大 D. 月末在产品数量稳定
6. 在产品成本按定额成本计算,月末在产品定额成本与实际成本的差异应该( )。
A. 全部由完工产品负担 B. 全部由在产品负担
C. 结转给管理费用负担 D. 由完工产品和在产品共同负担
7. 下列不属于在产品成本计算方法的是( )。
A. 约当产量法 B. 工时比例分配法
C. 按所耗原材料费用计算法 D. 定额比例法

二、多项选择题
1. 完工产品与月末在产品之间,费用分配方法有( )。
A. 约当产量法 B. 在产品按完工产品成本计算法
C. 定额比例法 D. 在产品成本按直接材料成本计算法
2. 约当产量法适用于( )。
A. 月末在产品接近完工 B. 期末在产品数量较大
C. 各月在产品数量变化较大 D. 各月在产品数量变化较小
3. 按有关制度规定,下列支出不得计入产品成本的有( )。
A. 修理期间的停工损失 B. 赞助、捐款支出
C. 支付的滞纳金 D. 对外投资支出
4. 下列条件中,可采用定额比例分配法分配完工产品与月末在产品费用的有( )。
A. 消耗定额比较准确 B. 消耗定额比较稳定
C. 各月末在产品数量变化较大 D. 各月末在产品数量变化不大
5. 完工产品与月末在产品之间,费用分配方法有( )。
A. 约当产量法 B. 在产品按完工产品成本计算法
C. 定额比例法 D. 在产品成本按直接材料成本计算法
6. 确定完工产品与月末在产品之间费用的分配方法时,应考虑的条件有( )。
A. 在产品数量多少 B. 各月末在产品数量变化情况
C. 在产品完工程度 D. 在产品成本中价值比重大小
7. 下列不属于狭义在产品的有( )。
A. 本生产步骤正在加工中的产品 B. 本步骤已完工的半成品
C. 不可修复废品 D. 外销的自制半成品

三、判断题

1. 报废、毁损在产品的残值，一般直接冲减"基本生产成本"账户。（ ）
2. 对外销售的自制半成品属于商品产品，但经验收入库，也包括在在产品中。（ ）
3. 各月末的在产品数量变化不大的产品，可以不计算月末在产品成本。（ ）
4. 在产品按所耗原材料费用计价时，都应按完工产品与月末在产品的数量比例分配原材料费用。（ ）
5. 按定额比例法计算月末在产品成本时，一般以原材料定额消耗量作为分配标准。（ ）
6. 约当产量法适用于月末在产品数量大，各月末在产品数量变化也较大，其原材料费用在成本中所占比重较大的产品。（ ）

四、业务核算题

1. 某企业生产 B 产品，各月末在产品数量很少，不计算在产品成本。10 月份 B 产品费用为：直接材料 4 000 元，直接人工 3 000 元，制造费用 1 000 元，该月完工产品 200 件，月末在产品 2 件。

要求：计算该月 B 产品的总成本和单位成本。

2. 某工业企业生产甲、乙两种产品的有关资料如表 5-4 所示。

表 5-4 某工业企业生产甲、乙两种产品的有关资料

项目	直接材料/元	定额/元	工时/小时	直接人工/元	制造费用/元	合计/元
甲产品		28 000	2 400			
乙产品		12 000	1 600			
合计	44 000	40 000	4 000	26 000	31 200	101 200

甲产品本月完工 100 件，在产品 100 件，在产品完工程度 30%；乙产品本月全部完工 80 件。假定原材料于生产开始时一次投入，直接人工和制造费用在生产过程中均衡发生，原材料按定额比例分配，直接人工和制造费用按工时比例分配。假定甲、乙产品均无在产品期初余额。

要求：根据上述资料计算甲、乙产品的完工产品成本，并将计算结果填入表 5-5 和表 5-6 中。

表 5-5 生产成本明细账（甲产品）

产品名称：甲产品   单位：元

项　　目	直接材料	直接人工	制造费用	合　　计
生产费用				
完工产品成本				
单位产品成本				
月末在产品成本				

表 5-6 生产成本明细账（乙产品）

产品名称：乙产品　　　　　　　　　　　　　　　　　　　　　　　　　　　　单位：元

项　目	直接材料	直接人工	制造费用	合　计
生产费用				
完工产品成本				
单位产品成本				

3. 某企业基本生产车间生产乙产品，本月完工 400 件，月末在产品 80 件，有关成本资料如下。

(1) 月初在产品成本和本月生产费用等有关资料如表 5-7 所示。

表 5-7 月初在产品成本和本月生产费用等有关资料　　　　　　　　单位：元

项　目	直接材料	直接人工	制造费用	合　计
月初在产品成本	28 000	2 100	2 620	32 720
本月生产费用	68 000	11 115	15 000	94 115
生产费用合计	96 000	13 215	17 620	126 835

(2) 原材料于生产开始时一次投入。

(3) 乙产品生产分三道工序，各道工序月末在产品数量及定额工时如表 5-8 所示。

表 5-8 各道工序月末在产品数量及定额工时

工　序	在产品数量/件	定额工时/小时
第一道	40	10
第二道	30	8
第三道	10	2
合计	80	20

要求：根据以上资料，按约当产量计算法计算乙产品月末在产品成本与完工产品成本和单位成本。

第六章 产品成本计算方法概述

> **学习目标**
> 1. 了解生产按照工艺过程的特点、组织方式所进行的分类；
> 2. 了解产品成本计算方法的组成要素；
> 3. 熟悉生产类型和管理要求对产品成本计算方法的影响；
> 4. 掌握不同产品成本计算方法的含义及适用范围。

不同的企业，其生产过程有不同的特点，其成本管理的要求也是不一样的，这给成本计算的具体方法带来了很大的影响，也就是说，只有根据企业生产的特点和成本管理的不同要求，选择不同的成本计算方法，才能正确计算产品成本。本章主要介绍生产特点和管理要求对成本计算方法造成的影响，以及产品成本计算的品种法、分批法、分步法三种基本方法和分类法、定额法等辅助方法的一般原理及其在实际中的应用。同学们，学完这一章，你会对企业成本核算有更加全面的认识。

第一节 生产的分类

产品成本的计算，就是按照一定的方法系统地记录生产过程中所发生的费用，并按照一定的对象和标准进行归集与分配，确定各种产品的总成本和单位成本的过程。不同的企业和车间，特点不同，生产类型和管理要求不同，采用的产品成本计算方法也不同。只有根据不同生产类型的特点和管理要求，选择不同的成本计算方法，才能正确地计算产品成本。也就是说，产品成本的核算方法必须与企业的生产类型相适应。

工业企业的生产是比较复杂的，每个工业企业都有其自身的生产类型特点。工业企业的生产可以按生产工艺过程的特点和生产组织的特点两个方面进行分类。

一、生产按工艺过程的特点分类

按生产工艺过程的特点分类，可将工业企业分为单步骤生产（简单生产）企业和多步骤生产（复杂生产）企业两类。

（一）单步骤生产

单步骤生产也称为简单生产或单阶段生产，是指在工艺过程上不能间断、不能由几个企业协作进行的生产。其特点是生产周期一般都比较短，产品品种单一，通常没有在产品、半成品或其他中间产品，如发电、供水、采掘生产等。

（二）多步骤生产

多步骤生产也称为复杂生产或多阶段生产，是指生产过程在工艺技术上是可以间断的，可以由一个企业单独进行，也可以由几个企业协作进行的生产。整个生产活动，可以分别在不同的时间、不同的地点上，由若干个加工阶段来完成的生产。其特点是生产工艺技术复杂，生产周期一般比较长，产品品种也较多，有在产品、半成品或中间产品。

多步骤生产又可以按劳动对象的加工程序不同划分为连续加工生产和平行加工生产两种类型。

▶1. 连续加工生产

连续加工生产是指产品的生产从投入原料到制成产品，要经过若干个连续不间断的加工阶段，每个加工阶段（除最后一个加工阶段）上的制成品都是下一加工阶段的加工对象。在每一个加工阶段中，加工对象都改变了原有的实物形态，到最后加工阶段形成产品，如纺织、化工、冶金等工业企业的生产。

▶2. 平行加工生产

平行加工生产是指产品的制造必须经过若干个平行加工阶段，即先把材料平行加工成零件、部件，然后再把零件、部件加上外购件在总装车间或工厂装配成产成品的生产，因此这种生产方式也称为装配加工生产，如机械、仪表汽车、飞机等制造企业的生产。

二、按生产组织的特点分类

工业企业按生产组织的特点可分为大量生产、成批生产和单件生产。

（一）大量生产

大量生产是指不间断地重复进行品种相同产品的生产。其特点是产品品种稳定，各种产品不断重复生产、产量大、品种少，通常采用专业设备重复地进行生产，专业化水平也较高，如冶金、电力和采掘企业等。

（二）成批生产

成批生产是指按事先规定的产品批别和数量进行的生产。其特点是产品品种多，成批重复地进行生产，如机电、服装企业等。成批生产按生产批量的大小又可分为大批生产和小批生产。大批生产的产品数量较多，通常在一段时间内连续不断地生产相同的产品，因而，其特点类似于大量生产，如服装、食品等的生产；小批生产的产品数量少，每批产品同时投产，往往也同时完工，其特点类似于单件生产，如电梯等。

(三) 单件生产

单件生产是根据购买单位的订单，制造个别或数量较少的、性质特殊的产品的生产。其主要特点是企业生产的产品品种多，每一订单的产品数量很少，每种产品生产后一般不再重复生产或不定期重复生产，通常是采用通用设备进行加工，如造船、大型组装仪表等。

上述生产的两种分类方法是有着密切联系的，一般而言，简单生产都是大量生产，连续加工式复杂生产可以是大量或大批生产。平行加工式复杂生产，可以组织为大量生产、成批生产或单件生产。

综上所述，工业企业将生产工艺过程的特点和生产组织的特点相结合，可以形成以下几种生产类型，如图 6-1 所示。

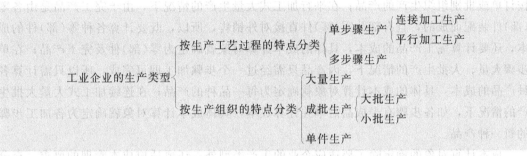

图 6-1 工业企业的生产类型

就一个企业来说，各生产车间的生产并非都是同一种生产类型，可能具有不同的工艺过程特点和不同的生产组织方式。例如，汽车制造厂，从整个工厂的产品生产来看，应属于平行式的大量生产，但其内部各车间的产品生产则可能是连续式的成批生产。另外，车间的组织形式既可以有按工艺专业化建立的生产车间，也可以有按对象专业化建立的生产车间。在一个车间内部，也可以将两种专业化形式结合运用。所以，在具体划分一个企业的生产类型时，应从企业的整体情况来确定，而且不能排斥其内部的特殊情况。

第二节 产品成本的计算方法

产品成本计算方法是指将一定时期所发生的生产费用对象化到各产品上，以求得各产品总成本和单位成本的方法。在计算产品成本时，首先要确定产品成本计算对象；然后在各个成本计算对象之间分配和归集费用，再在一个成本计算对象的完工产品和月末在产品之间分配和归集费用，以便分别计算各个成本计算对象的完工产品和月末在产品成本。

一、产品成本计算方法的组成要素

成本计算方法的主要组成要素有成本计算对象、成本计算期、生产费用计入产品成本的程序、在产品的计价方法等。

（一）成本计算对象

成本计算对象是指为归集和分配生产费用，进行成本计算而确定的生产费用的承担者。在确定成本计算对象时，既要适应企业生产类型的特点，又要满足加强成本管理的要求。

成本计算对象是为计算产品成本而确定的生产费用的归集分配方向，是设置生产成本明细账、分配生产费用和计算产品成本的前提。因此，为正确计算产品成本，首先必须确定成本计算对象。总体来说，因为要计算的是各种产品的成本，所以，最终的成本计算对象必须是产品。但是在不同的企业里，由于生产类型不同，具体的成本计算对象亦会有所不同。如平行加工式的单件或成批生产情况下，由于产品生产是按客户的订单或批别组织的，所以要求计算各订单或批别产品的总成本和单位成本，具体的成本计算对象就确定为按订单或批别组织生产的产品；在平行加工式大量生产的情况下，由于完工产品是由各零(部)件装配而成的，且有部分零(部)件直接对外销售，所以，既要计算各种零(部)件的成本，还要计算完工产品的成本，具体的成本计算对象就确定为零(部)件及完工产品；在单步骤大量、大批生产的情况下，因产品只需经过一个步骤加工即可完成，所以只需计算各种产品的成本，具体的成本计算对象就确定为每一品种的产品；在连续加工式大量大批生产的情况下，如各步骤有半成品需单独计算成本，具体成本计算对象就确定为各加工步骤的每一种产品。

成本计算对象的确定除了要适应企业的生产类型外，还要适应成本管理的要求，充分体现重要性的原则，精简结合，提高成本核算工作的效率。例如，对于连续加工式大量大批生产的情况，尽管各步骤均有自制半成品，但管理上因自制半成品不对外销售等原因而不要求计算半成品成本，此时可直接按各种产品作为成本计算对象；对某些规格不同但性能结构、耗用原料和工艺过程基本相同的产品可以合并为一类，作为一个具体的成本计算对象，来归集生产费用，计算出该类产品的总成本，然后将该类产品的总成本按一定的分配方法，分别计算出各种规格产品的总成本和单位成本。因此，成本计算对象是根据企业产品类型和成本管理的要求来确定的，具体确定成本计算对象的依据一般包括产品的品种、产品的订单或批别、各加工步骤的每一产品及产品的类别等。

（二）成本计算期

成本计算期是指每次计算产品成本的期间，即生产费用归集与分配及计入产品成本的起讫日期。成本计算期取决于企业的生产类型，并不完全与生产周期或会计结算期一致。产品的生产类型不同，对成本计算的要求亦有所不同，因而产品成本计算期也不尽相同。如在大量、大批生产的情况下，一般每月份均有完工产品入库供销售，这就要求按月计算产品的成本，此时，成本计算期与会计报告期一致，而与产品的生产周期不一致；在单件或小批生产的情况下，按订单或批别计算产品成本，一般要在一张订单所列产品或一个批别所列产品全部完工后，才计算出该订单或批别产品的总成本与单位成本，因此，一般以产品的生产周期为成本计算期，此时成本计算期与产品生产周期一致，而与会计报告期不一致。

（三）生产费用计入产品成本的程序

生产费用计入产品成本的程序，是指产品生产过程中所耗费的原材料、燃料及动力、人工工资、固定资产的折旧等费用，如何通过归集、分配计入产品成本的步骤和方法。

（1）设置成本明细账。在工业企业里，归集和计算产品成本的账户主要有"生产成本"和"制造费用"两个。"生产成本"账户按生产职能不同分为"基本生产成本"明细账和"辅助生产成本"明细账。"基本生产成本"明细账按成本计算对象设置，并按成本项目进行分栏核算，以反映产品成本的构成，通常又称为成本计算单。"辅助生产成本"明细账按辅助生产车间设置。"制造费用"明细账按生产车间设置，并按费用项目分栏核算以反映产品间接费用的构成。

（2）根据各种费用的原始凭证和有关资料，首先将生产费用要素分别进行汇总，然后编制成各项费用计算分配表，分别计入有关生产成本明细账。对于生产产品所发生的直接材料、直接人工等直接费用，可以直接计入"生产成本"明细账，对于各车间发生的制造费用和各辅助车间发生的费用，应分别计入"制造费用"明细账和"辅助生产成本"明细账。

（3）将"辅助生产成本"明细账所归集的费用，按其所服务的对象，编制生产成本分配表，按一定分配标准分配计入"基本生产成本"和"制造费用"明细账等。

（4）将"制造费用"明细账所归集的费用，编制制造费用分配表，按一定标准分配计入"基本生产成本"明细账。

（四）在产品的计价方法

将各成本计算对象应负担的各项费用全部计入"基本生产成本明细账"后，各成本明细账所反映的即为各成本计算对象应负担的总费用，应在月末在产品及本月完工产品之间进行分配。因为某一成本计算对象的月初在产品成本加上本月发生的生产费用应等于本月完工产品成本加上月末在产品成本，所以，月初在产品成本与本月生产费用的合计数确定后，在完工产品成本与月末在产品成本中只要确定其一，另一部分成本即可求得。完工产品与月末在产品成本划分的基本方法已在教材的前述内容中讲过，只要确定了月末在产品成本，以总成本减去月末在产品成本即可求得完工产品成本。而在产品成本的计算与企业的生产类型有着较为密切的关系，例如，在单步骤、大量生产单一产品的情况下，一般没有或很少有在产品，为简化核算手续可不计算月末在产品成本，即将月末在产品成本确定为零；在单件或小批生产的企业，是按产品的生产周期作为成本计算期的，所以在计算产品成本时，所有的产品均为完工产品，没有月末在产品成本的计算问题；在平行或连续加工式大批、大量生产的企业，由于产品生产按企业计划确定的品种、类别周期会不断地进行，在按会计报告期计算产品成本时，既有完工产品又有若干在产品，所以就必须将按某一成本计算对象所归集的生产成本按一定的分配方法在完工产品与月末在产品之间进行分配。

二、生产类型和管理要求对产品成本计算方法的影响

（一）生产类型特点对产品成本计算方法的影响

企业采用什么方法计算产品成本，在很大程度上是由产品的生产类型特点所决定的。生产类型特点对成本计算方法的影响集中体现在成本计算对象的确定、成本计算期

的确定及生产成本在完工产品与在产品之间的划分三个方面。其中，对成本计算对象的影响是主要的。成本计算对象不同，决定了成本计算方法也不同，因此，正确确定产品成本计算对象是正确计算产品成本的前提，而成本计算对象也是区别各种成本计算方法的主要标志。

▶ 1. 生产类型特点对产品成本计算对象的影响

计算产品成本首先要确定产品成本计算对象，然后在各成本计算对象之间分配和归集费用，最后将归集到某一成本计算对象上的生产费用在该成本计算对象的完工产品与在产品之间进行分配，从而计算出该产品完工产品成本和月末在产品成本。

成本计算对象的确定原则是：符合企业不同生产类型的生产特点，满足企业成本管理的要求。

成本计算对象主要视生产类型而定，在单步骤大量生产的企业中，由于生产过程比较短和生产技术上的不可间断性，连续不断地重复生产一种或几种产品，一般没有在产品和半成品，或者数量很少，因而只要求按照产品品种计算成本，即成本计算对象确定为每种产品。

在多步骤生产企业里，各个生产步骤可以分散在不同地点进行，为了考核和控制各个步骤的成本，往往要求按照生产步骤分别计算半成品成本，最后通过汇总计算出产成品成本。在这种情况下，它的成本计算对象就是各种产成品及其所经过的各个步骤半成品。

在单件小批生产的企业中，产品批量小，一批产品往往同时完工。企业一般按照批别归集费用，分批计算成本，因此，在这种情况下，就以批别为成本计算对象，计算产品成本。

▶ 2. 生产类型特点对成本计算期的影响

成本计算期是指每次计算产品成本的期间，即间隔多长时间计算一次成本。生产类型特点（主要是生产组织特点）也影响着企业成本计算期。在大量大批生产的情况下，由于生产是连续不断地进行的，即不断地投入材料、不断地生产出产品，所以不能产品一生产出来就计算其成本，也不能等生产过程终止后再计算产品成本。为了满足及时了解企业生产耗费和成本水平、加强企业成本管理工作的需要，产品成本的计算定期在每月月末进行，成本计算期为月份，即按月计算产品成本，成本计算期与会计报告期一致。在单件小批生产的情况下，由于产品品种多、批量小，一批产品往往同时投产，同时完工，且生产周期相对较长，当该批或该件产品未完工时全部为在产品，完工时全部为产成品，因此，产品成本计算只能在某批或某件产品完工后进行，成本计算期一般与产品生产周期一致，而与会计报告期不一致。

▶ 3. 生产类型特点对生产费用在完工产品与在产品之间的分配的影响

生产类型特点对生产费用在完工产品与在产品之间分配的影响，主要表现在月末是否需要将生产费用在完工产品与在产品之间进行分配上。在单步骤生产的情况下，由于月末一般没有在产品或在产品数量很少，是否计算在产品成本对完工产品成本影响不大，所以不需要将生产费用在完工产品与在产品之间进行分配。在多步骤生产的情况下，由于月末一般有在产品，且在产品数量较多，同时管理上也要求分步骤计算产品成本，所以需要采用适当的方法，将生产费用在完工产品与在产品之间进行分配。在单件小批生产的情况下，由于是以批别或件别作为成本计算对象的，且批量小，一批产品同时投产、同时完工，所以在某批或某件产品完工前，归集到该批或该件产品成本明细账中的生产费用是在产品成本，产品完工后，则是完工产品成本，不需要将生产费用在完工产品与在产品之间进行分配。

（二）管理要求对产品成本计算方法的影响

成本计算对象的确定，不仅受到企业生产类型特点的影响，还受到企业内部成本管理要求的影响。例如，在单件小批生产的企业里，成本计算一般是按批别计算的，但在规模较大的一些大中型装配式生产企业，为了加强各步骤的成本管理，往往不仅要求按照产品的批别计算成本，而且还要求按生产步骤计算产品成本。在确定单件小批生产的成本计算对象时，可以根据组织生产和便于管理的需要，对客户的订单进行适当合并或再划小批别，然后按重新组织的生产批别作为成本计算对象。在确定大量大批多步骤生产的成本计算对象时，对管理上不需要计算半成品成本的加工步骤可进行适当归并，以减少成本计算对象和简化核算。在连续加工式生产的企业，所采用的方法一般为分步法，但在规模较小的企业，如果管理上不需要提供分步骤的成本计算资料或暂时难以按步骤计算成本，也可不分步计算成本，而采用品种法计算。

三、产品成本计算的基本方法

如前所述，生产类型特点和管理要求决定着成本计算对象，成本计算期和生产费用在完工产品与在产品之间的分配，而成本计算对象、成本计算期和生产费用在完工产品与在产品之间的分配，三者有机结合在一起，构成了不同的成本计算方法。由于成本计算方法是以成本计算对象命名的，因此，在实际工作中就形成了三种基本的成本计算方法：品种法、分批法和分步法。

（一）品种法

以产品品种作为成本计算对象，归集生产费用，计算产品成本的方法称为品种法。品种法一般适用于大量大批单步骤生产或管理上不要求分步骤计算成本的多步骤生产企业。

（二）分批法

以产品批别作为成本计算对象，归集生产费用，计算产品成本的方法称为分批法。分批法适用于单件小批生产或管理上不要求分步骤计算成本的多步骤生产企业。

（三）分步法

以产品的生产步骤作为成本计算对象，归集生产费用，计算产品成本的方法称为分步法。分步法适用于大量大批多步骤生产，且管理上要求分步骤计算成本的多步骤生产企业。

上述三种方法是计算产品实际成本必不可少的方法，因此是产品成本计算的基本方法。生产类型特点和管理要求与成本计算对象、成本计算方法的关系如表6-1所示。

表 6-1 产品成本计算的基本方法

成本计算方法	生产组织方式	生产工艺过程和管理要求	成本计算对象	成本计算期	生产费用在完工产品与在产品之间的分配
品种法	大量大批生产	单步骤生产或管理上不要求分步骤计算产品成本的多步骤生产	产品品种	按月定期计算	一般不需分配
分批法	小批单件生产	单步骤生产或管理上要求按批别计算成本的多步骤生产	产品批别（订单）	与生产周期一致	一般不需分配
分步法	大量大批生产	连续式或平行式的、管理上要求分步骤计算成本的多步骤生产	产品品种及生产步骤	按月定期计算	需要采用一定方法进行分配

在工业企业中，根据生产特点和管理要求确定不同的成本计算对象，采用不同的成本计算方法，主要是为了结合企业产品生产的特点，加强成本管理，提供准确可靠的成本核算资料，满足有关各方了解企业生产耗费和成本水平的需要。因此，不论哪种生产类型，也不论成本管理的要求如何，采用哪种成本计算方法，最终都必须按照产品品种计算出产品成本。所以，品种法是三种基本方法中最基本的成本计算方法。学好品种法，对其他方法的学习有非常大的帮助。

四、产品成本计算的辅助方法

在实际工作中，除了上述三种成本计算的基本方法外，企业还采用一些其他的成本计算的辅助方法，如分类法、定额法等。但这些成本计算方法都不是一种独立的成本计算方法，它们必须与三种成本计算方法结合使用。

（一）分类法

分类法是以产品类别作为成本计算对象来归集生产费用，计算各类产品成本，然后再按照一定标准在类内各种产品之间进行分配，以计算各种产品成本的一种方法。在企业产品品种、规格繁多的情况下，如果以产品品种、规格作为成本计算对象来进行成本核算会致使工作量较大，此时为了简化成本计算工作，可以采用分类法计算产品成本。所谓分类法，是按照一定的标准将企业的产品划分为若干个类别，按类别汇总归集生产费用，先计算各类产品的总成本，然后再按一定的分配方法分别计算各种产品的成本。分类法实际上是品种法的延伸，分类法适用于产品品种、规格繁多，但每类产品的结构、所用原材料、生产工艺过程基本相同的生产企业，如无线电元件、化工、针织、制鞋等行业。

（二）定额法

定额法是以产品定额为基础，加上（或减去）脱离定额的差异和定额变动差异来计算产品成本的一种方法。在定额管理基础较好的企业，为了加强生产费用和产品成本的定额管理、加强成本控制，可以采用定额法来计算产品成本。所以，定额法适用于定额管理基础工作较好，定额管理制度比较健全，产品生产定型，消耗定额制定得合理且稳定的产品的生产企业，如机械制造产品的生产企业。

作为成本计算的辅助方法，成本计算的分类法和定额法是为简化成本计算工作或加强成本管理而采用的。这两种方法与生产类型的特点都没有直接的联系，可以应用在各种类型生产，但必须与各类型生产中所采用的基本成本计算方法结合起来，即与品种法、分批法或分步法相结合，不能单独采用。例如，生产无线电元件的工业企业由于产品的品种、规格较多，可以按照一定标准分为若干类别，因而可以在所采用的大批大量生产的多步骤生产的机械制造企业的基础上，结合分类法计算产品成本；如果定额管理的基础较好，产品的消耗定额比较准确、稳定，可以在所采用的分步法的基础上结合定额法计算产品成本。

第三节 各种产品成本计算方法的实际运用

在实际工作中，在同一个企业里或同一个车间里，由于其生产类型的特点和成本管理要求并不完全相同，这样，就有可能在同一个企业或同一个车间里同时采用几种成本计算方法进行成本计算；有时在生产一种产品时，在该产品的各个生产步骤以及各种半成品、各成本项目之间的结转，其生产类型特点和成本管理要求也不一样，这样在生产同一种产品时，就有可能同时采用几种成本计算方法来计算产品的成本。

一、同时使用几种成本计算方法计算成本

一般在工业企业里，既设有基本生产车间又设有辅助生产车间。基本生产车间生产产品，辅助生产车间生产工具或劳务，但基本生产车间和辅助生产车间在生产类型特点和成本管理要求上会有不同，采用的成本计算方法也就会有不同。例如，纺织企业属于大量大批的多步骤生产，而且各步骤所产的半成品可以对外出售，因此，所产产品要采用分步法计算产品的成本；而辅助生产车间则为基本生产车间制造模具，一般属于小批单件生产，所产产品则可采用分批法计算成本。又如，在一个基本生产车间或企业生产几种产品，其中，有的产品市场需求量大，需要大批生产，那么对这些产品就可以采用品种法或分步法计算成本；有的产品市场萎缩，产量逐渐减少，则应采用分批法计算成本。

二、综合使用几种成本计算方法计算成本

在有的工业企业，以一种成本计算方法为主，结合其他成本计算方法的某些特点加以综合使用。例如在单件小批生产的电梯生产企业中，产品的主要生产过程是由铸造、机加工、装配等相互关联的各个生产阶段所组成的，其最终产品应采用分批法进行成本计算，但从各个生产步骤看，由于其特点和管理要求不同，计算方法就有所不同。如在铸造阶

段,由于品种少并可直接对外出售,可采用品种法进行成本计算;从铸造到机加工阶段,由于是连续或多步骤生产,可以采用分步法计算成本。再如,服装制造企业属于大量大批生产,可以采用品种法或分步法,但是,由于其品种规格较多,可以按照一定标准分为若干类别,因此可以在采用这些基本计算方法的基础上,结合采用分类法计算产品成本。

本章小结

产品成本计算方法是指将一定时期所发生的生产费用对象化到各产品上,以求得各产品总成本和单位成本的方法。决定产品成本计算方法的主要标志是产品计算对象,而决定产品成本计算对象的因素是生产类型的特点和管理要求。企业生产按不同的标准,可以分为不同的生产类型。一是按生产工艺过程的特点分类,可将工业企业单步骤生产(简单生产)和多步骤生产(复杂生产)两类;二是按生产组织的特点可分为大量生产、成批生产和单件生产。

成本计算方法的主要组成要素有成本计算对象、成本计算期、生产费用计入产品成本的程序、在产品的计价方法等。

企业采用什么方法计算产品成本,在很大程度上是由产品的生产类型特点所决定的。生产类型特点对成本计算方法的影响集中体现在成本计算对象的确定、成本计算期的确定及生产成本在完工产品与在产品之间的划分三个方面。其中,对成本计算对象的影响是主要的。成本计算对象不同,决定了成本计算方法也不同。

生产类型特点和管理要求决定着成本计算对象,成本计算期和生产费用在完工产品与在产品之间的分配,而成本计算对象、成本计算期和生产费用在完工产品与在产品之间的分配,三者有机结合在一起,构成了不同的成本计算方法。在实际工作中存在三种基本的成本计算方法:品种法、分批法、分步法,除了三种成本计算的基本方法外,企业还采用其他的成本计算的辅助方法,如分类法、定额法等。产品成本计算可以运用单一方法,也可以运用多种方法。

综合练习

一、单项选择题

1. 适用于大量大批单步骤生产的成本计算方法是(   )。
   A. 品种法   B. 分类法   C. 分步法   D. 分批法

2. 产品品种、规格繁多的企业,为了简化其成本计算工作量,应采用一种简便方法计算成本,该成本计算方法是(   )。
   A. 品种法   B. 分类法   C. 分步法   D. 分批法

3. 在单件小批多步骤生产条件下,如果管理上不要求分步骤计算产品成本,应采用的成本计算方法是(   )。
   A. 品种法   B. 分类法
   C. 定额法   D. 分批法

4. 计算一种产品成本时（　　）。
   A. 可能结合着采用几种不同的成本计算方法
   B. 不可能结合着采用几种不同的成本计算方法
   C. 可能采用几种不同的成本计算方法
   D. 必须结合着采用几种不同的成本计算方法
5. 在定额管理工作基础较好的企业中，为了配合定额管理，加强成本控制，更有效地发挥成本核算的分析和监督作用，应采用（　　）计算成本。
   A. 品种法　　　　B. 分类法　　　　C. 定额法　　　　D. 分批法
6. 按生产工艺过程的特点划分，工业企业的生产可以分为（　　）。
   A. 单件小批生产和大量大批生产　　　　B. 单步骤生产和简单生产
   C. 多步骤生产和复杂生产　　　　D. 单步骤生产和多步骤生产
7. 区别各种成本计算方法的主要标志是（　　）。
   A. 成本计算对象
   B. 成本计算期
   C. 间接费用的分配方法
   D. 完工产品与在产品之间分配费用的方法
8. 生产工艺过程不可间断或是不便于分散在不同地点进行的生产是（　　）。
   A. 单件生产　　　　B. 单步骤生产　　　　C. 成批生产　　　　D. 大量生产
9. 各种原材料投入后分别加工制成零部件，再将零部件装配成产成品的生产称为（　　）。
   A. 连续加工式生产　　　　B. 平行加工式生产
   C. 大量生产　　　　D. 成批生产
10. 多步骤生产又可以按照（　　）的加工程序分为连续加工式生产和平行加工式生产。
    A. 工作步骤　　　　B. 工艺过程　　　　C. 劳动对象　　　　D. 不同产品

二、多项选择题
1. 对大量大批生产的产品，可能采用的基本成本计算方法有（　　）。
   A. 品种法　　　　B. 分批法　　　　C. 分步法　　　　D. 分类法
2. 生产特点和管理要求决定了产品的成本计算对象的形式有（　　）。
   A. 产品品种　　　　B. 产品生产周期
   C. 产品批别　　　　D. 产品生产步骤
3. 企业的生产特点指的是（　　）的特点。
   A. 单步骤生产　　　　B. 多步骤生产　　　　C. 生产工艺　　　　D. 生产组织
4. 工业企业的生产，按照其工艺过程是否间断，可以分为（　　）等类型。
   A. 大量生产　　　　B. 单件生产　　　　C. 单步骤生产　　　　D. 多步骤生产
5. 单步骤生产是（　　）的生产。
   A. 连续加工式　　　　B. 生产工艺不能间断
   C. 生产工艺不能分散在不同地点　　　　D. 装配式

6. 多步骤生产是指在生产工艺上可以间断,以几个生产步骤组成的生产,如(   )等生产。

   A. 纺织   B. 发电   C. 钢铁   D. 汽车制造

7. 企业运用辅助成本核算方法只是为了(   )。

   A. 准确计算产品成本   B. 简化成本计算工作

   C. 加强成本管理   D. 便于对会计人员进行分工

8. 成本计算的辅助方法(   )。

   A. 不能单独应用

   B. 能够单独应用

   C. 必须与基本方法结合应用

   D. 根据需要确定是否与基本方法结合应用

三、判断题

1. 产品成本计算的辅助方法可以在成本计算中单独使用,也可以结合使用。(   )
2. 产品成本计算的辅助方法与成本计算对象没有一定关系。(   )
3. 发电、采掘企业一般采用分步法计算成本。(   )
4. 在一个企业内可以同时采用几种产品成本计算方法,对同一种产品也可以采用几种产品成本计算方法。(   )
5. 无论采用何种方法计算产品成本,都必须进行在产品的计价。(   )
6. 纺织、机械制造等企业属于大量大批的多步骤生产。(   )

四、简答题

1. 一个企业只能采用一种成本计算方法吗?
2. 确定成本计算对象的原则是什么?
3. 产品成本计算的基本方法有哪些?它们各适用于什么样的企业?
4. 产品成本计算的基本方法有哪些?
5. 产品成本计算的辅助方法有哪些?

第七章 产品成本计算的品种法

> **学习目标**
> 1. 了解品种法的概念和分类；
> 2. 掌握简单品种法和标准品种法的差别和适用范围；
> 3. 掌握产品成本计算品种法的特点、适用范围和计算程序；
> 4. 能结合具体案例进行品种法核算的实务操作。

产品成本计算的基本方法有三种：品种法、分批法和分步法，其中，品种法是最基本的方法，其他方法都是在品种法的基础上发展而来的，只有熟练掌握了品种法这一基本的成本计算方法，才能进一步学习其他成本计算方法。下面，首先学习品种法这一最基本的成本计算方法，同时为其他方法的学习打下良好的基础。

第一节 品种法概述

一、品种法的概念及适用范围

产品成本计算的品种法是以产品品种为成本计算对象，归集生产费用，计算产品成本的一种方法。品种法是最基本的产品成本计算方法。品种法在实际工作中，主要适用于大量大批单步骤生产的企业，如发电、采掘、热能生产等企业。在大量大批多步骤生产的企业中，如果企业生产规模较小，而且成本管理上又不要求提供各步骤的成本资料，也可以采用品种法计算产品成本，如小型水泥厂、制砖厂等企业。此外，企业中供水、供电、供气等辅助生产部门也可以采用品种法计算其产品及劳务成本。

按照产品的生产类型和成本计算的繁简程度，可以将品种法分为单一品种的品种法和多品种的品种法。单一品种的品种法又称简单品种法,是指企业最终只生产一种产品,生产过程中发生的应计入产品成本的各种费用都是直接生产费用,不存在各种产品间分配的问题,而只需根据有关原始凭证及费用汇总表登记产品成本明细账。多品种的品种法又称标准品种法,在这种方法下,凡是生产过程中发生的应计入产品成本的各种间接生产费用,均应在各种产品间分配。两种品种法的工作原理及适用范围如表7-1所示。

表7-1 简单品种法和标准品种法的工作原理及适用范围

方法	工作原理	适用范围	举例
简单品种法	对于大量大批单步骤生产单一产品的企业,由于通常没有或极少有在产品存在,在生产过程中发生的应计入产品成本的各种生产费用都是直接费用,所以只需要直接根据有关凭证登记产品成本明细账(或成本计算单),所归集的费用就构成了该产品的总成本。用总成本除以当月完工产量,就是单位成本	产品品种单一、生产周期较短的大量大批单步骤生产的企业及企业的辅助生产车间的成本计算	发电、采掘,辅助生产的供电、供水、供气等
标准品种法	按各种产品设明细账;生产费用需要区分直接费用和间接费用;期末如果有一定数量的在产品,需要将归集的生产费用在完工产品和在产品之间按一定方法进行分配	生产多种产品的大量大批单步骤生产或管理上不要求分步骤计算成本的大量大批多步骤生产的企业	小型造纸厂、水泥厂、制砖厂等

二、品种法的特点

根据成本计算对象、成本计算期和期末对在产品成本的处理等方面,将品种法的特点归纳如下。

(一)成本计算对象

品种法以产品品种作为成本计算对象,设置产品成本明细账或成本计算单,归集生产费用,计算产品成本。采用品种法进行成本计算时,如果企业只生产一种产品,发生的生产费用全都是直接费用,可以直接计入产品成本明细账和成本计算单有关成本项目中,而不存在将生产费用在各种产品之间分配的问题。如果企业生产两种或两种以上产品,就需要按照每种产品分别开设成本明细账和成本计算单,直接费用应直接计入产品的成本明细账和成本计算单中,不能分清应由哪种产品负担的间接费用,则应采用适当的分配方法,分配计入各产品成本明细账和成本计算单中。

(二)成本计算期

品种法的成本计算期一般按月进行。因为大量大批生产意味着不间断重复生产一种或多种产品,不可能等到产品全部完工再计算成本,所以只能定期在月末计算当月产出的完工产品成本。因此,品种法的成本计算期与会计报告期一致,但与生产周期不一致。

（三）生产费用在完工产品和在产品之间的分配

月末计算产品成本时，如果没有在产品或在产品数量很少，则不需要计算在产品成本，成本明细账和计算单上所登记的全部生产费用就是该产品的完工产品总成本；如果月末在产品数量较多，则将成本明细账和计算单上所归集的生产费用，采用适当的方法在完工产品与在产品之间进行分配，计算出完工产品和月末在产品成本。

第二节 品种法的核算程序及应用

一、品种法的核算程序

（一）按产品品种设置明细账

按产品品种设置"基本生产成本"明细账或成本计算单，并按成本项目设置专栏。

（二）设置明细账

设置"辅助生产成本""制造费用"等明细账，账内按成本项目或费用项目设置专栏。

（三）分配各种要素费用

▶ 1. 分配材料费用

根据领用材料的凭证、退料凭证及有关分配标准，编制材料费用分配表分配材料费用，并登记有关明细账。

▶ 2. 分配人工费用

根据各车间、部门工资结算凭证及福利费的计提办法，编制工资及福利费用分配表分配工资及福利费，并登记有关明细账。

▶ 3. 分配折旧费用

根据各车间、部门计提固定资产折旧的方法，编制折旧费用分配表分配折旧费用，并登记有关明细账。

▶ 4. 分配其他费用

根据其他费用原始凭证编制记账凭证，并登记有关明细账。

▶ 5. 分配辅助生产费用

根据各种费用分配表和其他有关资料在"辅助生产成本"明细账上归集生产费用，采用适当的方法编制辅助生产费用分配表分配辅助生产费用，并登记有关明细账。

▶ 6. 分配制造费用

根据基本生产车间"制造费用"明细账上归集的生产费用，采用一定的方法在各种产品之间进行分配，编制制造费用分配表，并将分配结果登记在"基本生产成本"或"成本计算单"明细账。

（四）分配计算各种完工产品成本和在产品成本

对根据各种费用分配表和其他有关资料在"基本生产成本"或"成本计算单"明细账

上归集的生产费用，月末应采用适当的方法，分配计算各种完工产品成本和在产品成本。

（五）结转产品成本

根据各成本计算单中计算出来的本月完工产品成本，汇总编制完工产品成本汇总表，计算出完工产品总成本和单位成本，并进行结转。

品种法的核算程序如图 7-1 所示。

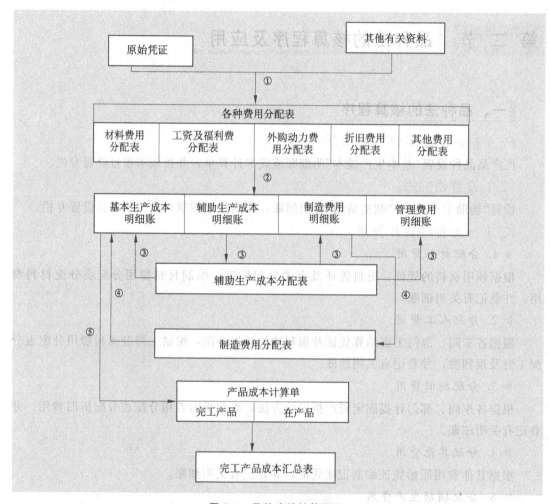

图 7-1　品种法的核算程序

二、品种法的应用

这里主要通过实例演示简单品种法和标准品种法的具体应用。

（一）简单品种法

【例 7-1】旭东火力发电厂 2017 年 8 月份电力成本明细账中归集的生产费用如表 7-2 所示。

表 7-2　生产成本——基本生产成本明细账

车间名称：基本生产车间　　　　　产品名称：电力　　　　　　　　　　单位：元

2017年		凭证字号	摘　要	直接材料	直接人工	制造费用	余　额
月	日						
8	31		分配燃料费	3 000 000			3 000 000
	31		分配辅助材料费	70 000			3 070 000
	31		分配水费	6 000			3 076 000
	31		分配人工费用		136 800		3 212 800
	31		计提折旧			480 000	3 692 800
	31		分配修理费			108 000	3 800 800
	31		办公费			125 000	3 925 800
	31		本月合计	3 076 000	136 800	713 000	3 925 800

该厂8月份电力产量为1 000万度，当月的电力成本计算单如表7-3所示。

表 7-3　电力成本计算单

产量：1 000万度　　　　　　　　2017年8月　　　　　　　　　　　　单位：元

成本项目	总　成　本	单位成本
直接材料	3 076 000	0.307 60
直接人工	136 800	0.013 68
制造费用	713 000	0.071 30
合计	3 925 800	0.392 58

（二）标准品种法

【例7-2】长城公司大量生产甲、乙两种产品，设一个基本生产车间和一个供电车间，供电车间分别为基本生产车间和企业管理部门供电，根据生产特点采用品种法计算产品生产成本。

2017年12月份，长城公司有关生产资料情况如下。

1. 产量资料（见表7-4）

表 7-4　甲、乙产品的产量资料　　　　　　　　　　　　　　　　　单位：千克

产品名称	月初在产品	本月投产	本月完工产品	月末在产品	完工率
甲	600	700	1 300	0	
乙	340	3 200	3 140	400	50%

2. 月初在产品成本(见表 7-5)

表 7-5 甲、乙产品的月初在产品成本   单位：元

产品名称	直接材料	直接人工	制造费用	合 计
甲	6 860	5 460	4 300	16 620
乙	4 200	2 080	1 800	8 080

3. 12 月发生的生产费用

(1) 材料费用。生产甲产品耗用材料 38 000 元，生产乙产品耗用材料 26 000 元，生产甲、乙产品共同耗用材料 28 000 元(甲产品材料定额耗用量 2 000 千克，乙产品材料定额耗用量 800 千克)。供电车间耗用材料 6 800 元，基本生产车间耗用材料 3 600 元，行政部门耗用材料 1 000 元。

(2) 工资费用。生产工人工资 70 000 元，供电车间工人工资 2 000 元，基本生产车间管理人员工资 4 000 元，行政部门管理人员工资 18 000 元。

(3) 其他费用。供电车间固定资产折旧费 2 200 元，办公费 240 元。基本生产车间折旧费 5 800 元，办公费 462 元。

(4) 工时记录。甲产品耗用实际工时 4 000 小时，乙产品耗用实际工时 6 000 小时。

(5) 供电车间供电 10 000 度，其中，基本生产车间耗用 8 800 度，行政部门耗用 1 200 度。

(6) 有关费用分配方法如下。

① 甲、乙产品共同耗用材料按定额耗用量比例分配。
② 生产工人工资按甲、乙产品工时比例分配。
③ 辅助生产费用采用直接分配法按用电量分配。
④ 制造费用按甲、乙产品工时比例分配。
⑤ 采用约当产量法分配计算月末在产品成本，甲产品耗用材料随加工程度陆续投入，乙产品耗用材料于生产开始时一次投入。

根据以上资料，长城公司的产品成本计算过程如下。

1. 以产品品种为成本计算对象分别设立甲、乙两种产品的产品成本计算单，如表 7-6 和表 7-7 所示。登记期初余额，并分别设立基本生产车间的制造费用明细账和供电车间的辅助生产成本明细账，如表 7-8 和表 7-9 所示。

表 7-6 基本生产成本明细账(甲产品)

产品名称：甲产品   2017 年 12 月

摘 要	直接材料	直接人工	制造费用	合 计
月初在产品成本	6 860	5 460	4 300	16 620
材料费用分配表(表 7-10)	58 000			58 000
工资及福利费分配表(表 7-11)		31 920		31 920
制造费用分配表(表 7-14)			9 823.84	9 823.84

续表

摘要	直接材料	直接人工	制造费用	合 计
合计	64 860	37 380	14 123.84	116 363.84
约当产量				
分配率				
完工产品成本	64 860	37 380	14 123.84	116 363.84
月末在产品成本				

表 7-7 基本生产成本明细账（乙产品）

产品名称：乙产品　　　　　　　　2017 年 12 月

摘要	直接材料	直接人工	制造费用	合 计
月初在产品成本	4 200	2 080	1 800	8 080
材料费用分配表（表 7-10）	34 000			34 000
工资及福利费分配表（表 7-11）		47 880		47 880
制造费用分配表（表 7-14）			14 735.76	14 735.76
合计	38 200	49 960	16 535.76	104 695.76
约当产量	400	200	200	
分配率	10.79	14.96	4.95	
完工产品成本	33 884	46 968	15 545.76	96 397.76
月末在产品成本	4 316	2 992	990	8 298

表 7-8 制造费用明细账

2017 年 12 月

摘要	机物料消耗	工资及福利费	折旧费	办公费	电费	合 计	转 出
材料费用分配表（表 7-10）	3 600					3 600	
工资及福利费分配表（表 7-11）		4 560				4 560	
其他费用分配表（表 7-12）			5 800	462		6 262	
辅助生产费用分配表（表 7-13）					10 137.6	10 137.6	
制造费用分配表（表 7-14）							24 559.6
合计	3 600	4 560	5 800	462	10 137.6	24 559.6	0

表 7-9 辅助生产成本明细账

车间名称：供电车间　　　　　　2017 年 12 月　　　　　　　　　　　单位：元

摘　要	机物料消耗	工资及福利费	折旧费	办公费	合　计	转　出
材料费用分配表（表 7-10）	6 800				6 800	
工资及福利费分配表（表 7-11）		2 280			2 280	
其他费用分配表（表 7-12）			2 200	240	2 440	
辅助生产费用分配表（表 7-13）						11 520
合　计	6 800	2 280	2 200	240	11 520	0

2. 根据各项费用的原始凭证和其他有关资料，编制各种费用分配表，分配各种要素费用，并相应地进行账务处理。

（1）材料费用分配表如表 7-10 所示。

表 7-10 材料费用分配表

2017 年 12 月　　　　　　　　　　　　　　　　　　　　　单位：元

会计科目			直接耗用材料	共同耗用材料			耗用原材料金额
				定额耗用量	分配率	分配费用	
生产成本	基本生产成本	甲产品	38 000	2 000		20 000	58 000
		乙产品	26 000	800		8 000	34 000
		小计	64 000	2 800	10	28 000	92 000
	辅助生产成本	供电	6 800				6 800
制造费用			3 600				3 600
管理费用			1 000				1 000
合计			75 400			28 000	103 400

借：基本生产成本——甲产品　　　　　　　　　　　58 000.00
　　　　　　　　　——乙产品　　　　　　　　　　　34 000.00
　　辅助生产成本——供电车间　　　　　　　　　　　6 800.00
　　制造费用　　　　　　　　　　　　　　　　　　　3 600.00
　　管理费用　　　　　　　　　　　　　　　　　　　1 000.00
　贷：原材料　　　　　　　　　　　　　　　　　　103 400.00

（2）工资及福利费分配表如表 7-11 所示。

表 7-11 工资及福利费分配表

2017 年 12 月

会计科目			工 资			福利费		合计/元
			分配标准/元	分配率	分配金额/元	计提率/%	金额/元	
生产成本	基本生产成本	甲产品	4 000		28 000	14	3 920	31 920
		乙产品	6 000		42 000	14	5 880	47 880
		小计	10 000	7	70 000	14	9 800	79 800
	辅助生产成本	供电			2 000	14	280	2 280
制造费用					4 000	14	560	4 560
管理费用					18 000	14	2 520	20 520
合 计					94 000		13 160	107 160

借：基本生产成本——甲产品　　　　　　　　　　28 000.00
　　　　　　　　　——乙产品　　　　　　　　　　42 000.00
　　辅助生产成本——供电车间　　　　　　　　　　2 000.00
　　制造费用　　　　　　　　　　　　　　　　　　4 000.00
　　管理费用　　　　　　　　　　　　　　　　　　18 000.00
　　贷：应付职工薪酬——工资　　　　　　　　　　94 000.00
借：基本生产成本——甲产品　　　　　　　　　　3 920.00
　　　　　　　　　——乙产品　　　　　　　　　　5 880.00
　　辅助生产成本——供电车间　　　　　　　　　　280.00
　　制造费用　　　　　　　　　　　　　　　　　　560.00
　　管理费用　　　　　　　　　　　　　　　　　　2 520.00
　　贷：应付职工薪酬——福利费　　　　　　　　　13 160.00

(3) 其他费用分配表如表 7-12 所示。

表 7-12 其他费用分配表

2017 年 12 月　　　　　　　　　　　　　　　　单位：元

应借科目	车间或部门	费用项目		合 计
		折旧费	办公费	
制造费用	基本生产车间	5 800	462	6 262
辅助生产成本	供电车间	2 200	240	2 440
合 计		8 000	702	8 702

借：制造费用　　　　　　　　　　　　　　　　　5 800.00
　　辅助生产成本——供电车间　　　　　　　　　2 200.00
　　贷：累计折旧　　　　　　　　　　　　　　　8 000.00

借：制造费用 462.00
　　辅助生产成本——供电车间 240.00
　贷：银行存款 702.00

3. 归集和分配辅助生产费用。根据上列各种费用分配表，登记辅助生产成本明细账，如表7-9所示。

根据辅助生产成本明细账归集的费用和受益部门的受益数量编制辅助生产费用分配表，如表7-13所示。

表7-13　辅助生产费用分配表

2017年12月

账户名称	费用项目	耗用数量/度	分配率	分配额/元
制造费用	电费	8 800		10 137.6
管理费用	电费	1 200		1 382.4
合计		10 000	1.152	11 520

借：制造费用——基本生产车间 10 137.60
　　管理费用 1 382.40
　贷：辅助生产成本——供电车间 11 520.00

4. 归集和分配基本生产车间制造费用。根据上列各种费用分配表，登记基本生产车间制造费用明细账，如表7-8所示。

根据基本生产车间制造费用明细账归集的制造费用和甲、乙产品的生产工时，编制制造费用分配表，如表7-14所示。

表7-14　制造费用分配表

2017年12月

项目	生产工时/小时	分配率	分配额/元
甲产品	4 000		9 823.84
乙产品	6 000		14 735.76
合计	10 000	2.455 96	24 559.6

借：基本生产成本——甲产品 9 823.84
　　　　　　　　　——乙产品 14 735.76
　贷：制造费用——基本生产车间 24 559.60

5. 根据上列各种费用分配表和其他有关资料，登记甲、乙产品成本明细账，归集应由甲、乙产品负担的生产费用，计算甲、乙产品的产成品成本，如表7-6和表7-7所示。

6. 根据甲、乙产品成本明细账中的产品成本，编制产成品成本汇总表，结转产成品成本，如表7-15所示。

表 7-15　产成品成本汇总表

2017 年 12 月　　　　　　　　　　　　　　　　　单位：元

产成品		数量	直接材料	直接人工	制造费用	成本合计
甲产品	总成本	1 300	64 860	37 380	14 123.84	116 363.84
	单位成本		49.89	28.75	10.86	89.51
乙产品	总成本	3 140	33 884	46 968	15 545.76	96 397.76
	单位成本		10.79	14.96	4.95	30.7

借：库存商品——甲产品　　　　　　　　　　　　　　116 363.84
　　　　　　——乙产品　　　　　　　　　　　　　　 96 397.76
　贷：基本生产成本——甲产品　　　　　　　　　　　　116 363.84
　　　　　　　　——乙产品　　　　　　　　　　　　 96 397.76

本章小结

　　本章主要介绍了品种法的特点和成本计算的基本程序，并用实例进行了说明。品种法是产品成本计算的最基本方法，是按照产品的品种归集生产费用，计算产品成本的一种方法，主要适用于大量大批单步骤生产。如果只生产一种产品，成本计算对象就是该种产品，企业所产生的生产费用，全部都是生产费用，即都是直接费用，可以直接计入为这种产品开设的成本计算单中，不存在生产费用在各种产品之间的分配问题。

　　如果生产的产品不止一种，成本计算对象就是各种产品，需要按产品品种分别设置成本计算单，本月发生的直接费用直接计入各成本计算单，间接费用则需要采用适当的方法，在各种产品之间进行分配，然后计入各成本计算单中有关成本项目。成本计算期按月定期地进行，与会计报告期一致，与产品生产周期不一致。品种法成本计算的基本程序是：按产品品种开设基本生产成本明细账；根据各项生产费用的原始凭证和其他有关资料，编制各要素费用分配表，分配各要素费用；根据各要素费用分配表，登记基本生产、辅助生产成本明细账和制造费用明细账；根据辅助生产成本明细账所归集的全月费用，编制辅助生产费用分配表，并据以登记有关成本明细账；根据制造费用明细账所归集的全月费用，编制制造费用分配表，并据以登记基本生产成本明细账；将基本生产成本明细账所归集的全部生产费用，在完工产品和月末在产品之间进行分配，计算出完工产品和月末在产品成本。

综合练习

一、单项选择题

1. 在大量大批多步骤生产的企业，如果管理上不要求分步计算产品成本，应采用的成本计算方法是( )。

A. 品种法 B. 分批法
C. 分步法 D. 分类法

2. 适用于大量大批单步骤生产的产品成本计算方法是( )。

A. 品种法 B. 分批法
C. 分步法 D. 分类法

3. 品种法适用的生产组织是( )。

A. 大量成批生产 B. 大量大批生产
C. 大量小批生产 D. 单件生产

4. 最基本的成本计算方法是( )。

A. 品种法 B. 分批法
C. 分步法 D. 分类法

5. 品种法的成本计算对象是( )。

A. 产品类别 B. 产品步骤 C. 产品批别 D. 产品品种

二、多项选择题

1. 品种法适用于( )的企业。

A. 小批单件单步骤生产
B. 大量大批单步骤生产
C. 管理上不要求分步骤计算产品成本的小批单件多步骤生产
D. 管理上不要求分步骤计算产品成本的大量大批多步骤生产

2. 品种法是( )。

A. 最基本的成本计算方法
B. 通常需要计算在产品成本
C. 以产品品种作为成本计算对象的方法
D. 成本计算期与生产周期一致

3. 品种法一般用于( )。

A. 大量大批单步骤生产的企业
B. 大量大批多步骤生产,但管理上不要求分步计算产品成本的企业
C. 企业供汽、供水等单步骤生产的辅助生产成本的计算
D. 单件产品订单加工的企业

4. 下列企业中,适合用品种法计算产品成本的有( )。

A. 糖果厂 B. 采掘类企业 C. 造船厂 D. 发电厂

5. 品种法的特点主要体现在( )。

A. 以产品品种为成本计算对象
B. 成本计算期与报告期一致
C. 一般不需要计算期末在产品成本
D. 如果期末在产品所占费用不多,可以不计算在产品成本

三、判断题

1. 在成本计算的基本方法中，品种法是最基本的成本计算方法。（　）

2. 采用品种法计算产品成本，期末不存在将生产费用在完工产品和在产品之间进行分配的问题。（　）

3. 品种法主要适用于大量、大批的单步骤生产，还适用于大量、大批且管理上不要求分步骤计算产品成本的多步骤生产。（　）

4. 品种法下的生产成本明细账应按所生产的产品品种设置，并按成本项目分别设置专栏。（　）

5. 采用品种法计算产品成本时，如果企业只生产一种产品，该种产品就是成本计算对象，所发生的各种生产费用，可以直接计入该种产品的成本明细账。（　）

6. 按照品种法计算产品成本，不存在生产费用在各种产品之间分配的问题。（　）

7. 对于多步骤生产的企业，当采用品种法计算产品成本时，往往需要将生产费用在完工产品和在产品之间进行分配。（　）

四、简答题

1. 为什么说品种法是产品成本计算方法中的最基本方法？

2. 品种法的特点及适用范围是什么？

五、业务核算题

1. 假定某公司只有一个基本生产车间，单步骤大量生产甲、乙两种产品，该公司2017年8月份的有关成本资料如表7-16～表7-19所示。该公司有关费用的分配方法如下：

（1）甲、乙产品耗用的原材料均系开工时一次性投入；

（2）甲、乙产品共同耗用的材料按定额耗用量比例分配；

（3）生产工人人工费用按甲、乙产品实际工时比例分配；

（4）甲产品按定额比例法将生产费用在完工产品和在产品之间进行分配；乙产品按约当产量法将生产费用在完工产品和在产品之间进行分配，乙产品月末在产品的完工程度为50%。

表7-16　产量资料

2017年8月　　　　　　　　　　　　　　　　单位：件

产品名称	月初在产品	本月投产	本月完工产品	月末在产品
甲产品	50	700	500	250
乙产品	70	580	550	100

表7-17　月初在产品成本

2017年8月1日　　　　　　　　　　　　　　单位：元

产品名称	直接材料	直接人工	制造费用	合计
甲产品	1 000	400	400	1 800
乙产品	900	700	300	1 900

表 7-18 本月发生的生产费用

2017 年 8 月   单位：元

用途 费用要素	甲产品生产用	乙产品生产用	甲、乙产品共同耗用	基本生产一般耗用	合计
A 材料	4 000	5 000			9 000
B 材料			21 000		21 000
C 材料				5 000	5 000
人工费用			17 200	2 000	19 200
折旧费				1 000	1 000
办公费				4 000	4 000
水电费				900	900
合计	4 000	5 000	38 200	12 900	60 100

表 7-19 其他有关资料

2017 年 8 月

项目	B 材料消耗定额/千克	实际耗用工时/小时	材料定额成本/元	定额工时/小时
甲产品	1 000	4 000		
乙产品	1 100	4 600		
甲完工产品			7 500	5 500
甲在产品			5 000	2 500
合计	2 100	8 600	12 500	8 000

要求：

(1) 设置基本生产车间的"制造费用明细账""甲产品生产成本明细账"和"乙产品生产成本明细账"。

(2) 编制材料费用分配汇总表（见表 7-20）和人工费用分配汇总表（见表 7-21），编制会计分录，登记有关账簿。

(3) 编制计提折旧、办公费、水电费耗用的会计分录（假设办公费的对应科目为"银行存款"，水电费的对应科目为"应付账款"），并登记有关账簿。

(4) 根据"制造费用明细账"编制制造费用分配表（见表 7-22），编制会计分录，登记有关账簿。

(5) 根据甲、乙产品明细账归集的生产费用，编制完工产品与月末在产品成本分配表（见表 7-23 和表 7-24），编制会计分录，登记有关账簿（见表 7-25～表 7-27）。

表 7-20 材料费用分配汇总表
2017 年 8 月

材料用途		B 材料			A 材料/元	C 材料/元	合计
		定额耗用量/千克	分配率	分配额/元			
产品领用	甲产品						
	乙产品						
小计							
车间一般耗用							
合计							

表 7-21 人工费用分配汇总表
2017 年 8 月

用 途		实际工时/小时	分 配 率	分配额/元
产品生产人员	甲产品			
	乙产品			
小计				
车间管理人员				
合计				

表 7-22 制造费用分配表
2017 年 8 月

受益对象	实际工时/小时	分 配 率	分配额/元
甲产品			
乙产品			
合计			

表 7-23 完工产品与月末在产品成本分配表（甲产品）

产品名称：甲产品　　　　　　2017 年 8 月　　　　　　　　单位：元

成本项目		原材料	直接人工	制造费用	合 计
生产费用合计					
费用分配率					
完工产品费用 （500 件）	定额				
	实际				
	单位成本				

续表

成本项目		原材料	直接人工	制造费用	合计
月末在产品费用 (250件)	定额				
	实际				
合计	定额				
	实际				

表 7-24 完工产品与月末在产品成本分配表(乙产品)

产品名称：乙产品　　　　　　　　　　2017 年 8 月　　　　　　　　　　单位：元

成本项目	原材料	直接人工	制造费用	合计
生产费用合计				
完工产品数量				
月末在产品数量				
投料率/完工程度				
月末在产品约当产量				
约当总产量				
单位成本				
月末在产品成本				
完工产品成本				

表 7-25 生产成本——基本生产成本(甲产品)

车间：基本生产车间　　　　　　　　产品：甲产品　　　　　　　　　　单位：元

2017年		凭证字号	摘要	直接材料	直接人工	制造费用	发生额合计		余额
月	日						借方	贷方	

表 7-26　生产成本——基本生产成本（乙产品）

车间：基本生产车间　　　　　　　产品：乙产品　　　　　　　　　　　　　单位：元

2017年		凭证字号	摘要	直接材料	直接人工	制造费用	发生额合计		余额
月	日						借方	贷方	

表 7-27　制造费用明细账

车间：基本生产车间　　　　　　　　　　　　　　　　　　　　　　　　　　单位：元

2017年		凭证字号	摘要	材料费	人工费	折旧费	水电费	办公费	发生额合计		余额
月	日								借方	贷方	

第八章 产品成本计算的分批法

> **学习目标**
>
> 1. 了解分批法的含义、特点及适用范围；
> 2. 掌握分批法的成本计算程序及其相关业务处理；
> 3. 掌握简化分批法的成本计算程序及其相关业务处理；
> 4. 能结合具体案例进行分批法核算的实务操作。

前面我们已经学习了产品成本计算的最基本方法——品种法，了解了品种法归集费用的对象是产品的品种。但品种法并不适用于一切的工业企业。例如，在单件小批生产的企业中，一批产品往往同时完工，成本管理上要求提供每批产品的成本，此时品种法就不再适用，而应按批别计算产品成本。本章将学习成本计算的另一种方法——分批法，了解分批法与品种法的区别与联系。

第一节 分批法概述

一、分批法的概念及适用范围

分批法是以产品批别或件别作为成本计算对象计算产品成本的一种方法。由于每批或每件产品的品种、数量一般都是按客户的订单确定，并下达生产通知单的，所以，分批法也称订单法。它主要适用于小批、单件、管理上不要求分步计算成本的生产，如重型机械、船舶、精密仪器制造，以及服装、印刷工业等。另外，企业新产品试制车间、自制设备、工具或模具的辅助生产车间等也可采用分批法。

二、分批法的主要特点

(一)成本计算对象

分批法的成本计算对象就是产品的批别(单件生产的为件别)。在小批和单件生产中,产品的种类和每批产品的批量,大多是根据订单确定的,因此按批、按件计算产品成本,往往也就是按照订单计算产品成本。但是,如果在一张订单中规定有几种产品,或虽然只有一种产品,但其数量较大而又要求分批交货,这时可以将上述订单按照产品品种划分批别组织生产,或将同类产品划分数批组织生产,计算成本;如果在一张订单中只规定一件产品,但该产品是大型复杂产品,价值较大、生产周期较长,如大型船舶制造,也可以按照产品的组成部分分批组织生产,计算成本;如果在同一时期,不同订单中有相同的产品,而且数量不多,为了经济合理地组织生产,可以将不同订单上的相同产品合为一批组织生产,计算成本。在这种情况下,分批法的成本计算对象就不是购货单位的订单,而是企业生产计划部门签发下达的生产任务通知单,单上应对该批生产任务进行编号,称为产品批号或生产令号。会计部门应根据产品批号开设产品成本明细账,生产费用发生后,就按产品批别进行归集,直接费用直接计入,间接费用选择合理的分配标准分配计入。

(二)成本计算期

分批法的成本计算期是每批或每件产品的生产周期。分批法的成本计算期与产品的生产周期相一致,而与会计核算的报告期不一致。因为在分批法下,批内产品一般都能同时完工,产品成本要在订单完工后才计算,因此,产品成本计算期是不定期的。

(三)生产费用在完工产品和在产品之间的分配

采用分批法计算产品成本时,由于成本计算期与产品的生产周期一致,只有在某批次产品完工时才计算产品实际成本,成本费用一般不需要在完工产品与在产品之间进行分配。当月终时,如某批产品尚未完工,基本生产成本明细账上所归集的成本费用就全部是在产品成本;如该批产品全部完工,则基本生产成本明细账上所归集的成本费用全部是完工产品成本。但是,如果批内产品跨月陆续完工,可以分批陆续交付购货单位,就应采用适当的方法,将成本费用在完工产品和在产品之间进行分配。为了使同一批产品尽量同时完工,避免跨月陆续完工的情况,减少在完工产品与月末在产品之间分配费用的工作,在合理组织生产的前提下,可以适当缩小产品的批量。

第二节 分批法的核算程序及应用

一、分批法的核算程序

采用分批法计算产品成本,可以按以下三个步骤进行。

（一）按批别开设基本生产成本明细账

产品投产时，按批号（生产令号）设置成本计算单。如果企业按产品批别生产，在产品投产时，生产计划部门要发出"生产通知单"，将生产任务下达生产车间，并通知会计部门。会计部门应根据产品批号，设置成本计算单，单上按成本项目归集生产费用，计算本批产品的成本。

（二）归集与分配生产费用

在月份内，须将各批次产品的直接费用，按批号直接汇总计入各批产品成本明细账内；将发生的间接费用按照一定的标准在各批次产品之间进行分配，分别计入有关批次的产品成本明细账内。

（三）计算完工产品成本和在产品成本

对月末完工批别，月末加计完工批别成本明细账中所归集的生产费用，计算完工产品的实际总成本和单位成本；对月末未完工批别，月末各批未完工产品成本明细账内归集的生产费用即为月末在产品成本；如月末有部分产品完工、部分未完工的，要采用适当的方法在完工产品与在产品之间分配费用。由于分批法下批内产品跨月陆续完工的情况不多，因此，在有跨月陆续完工的情况下，月末计算完工产品成本时，可采用计划成本、定额成本或最近时期相同产品的实际成本对完工产品进行计价的简易方法计算，然后将其从基本生产成本明细账中转出，余下的即为在产品成本。等到全部产品完工时，再计算该批全部产品实际的总成本和单位成本。分批法的成本核算程序如图8-1所示。

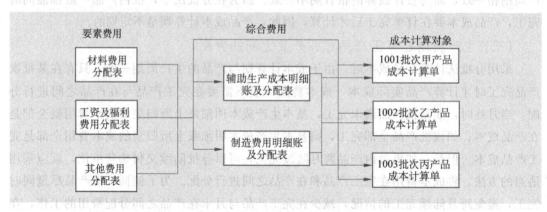

图8-1 分批法的成本核算程序

二、分批法的应用

下面通过实例介绍分批法的具体应用。

【例8-1】某企业根据购买单位订货单小批生产甲、乙、丙三批产品，采用分批法计算产品成本。假定10月的产品生产情况和各项费用支出的资料如下。

1. 本月份生产产品的批号

（1）1001号甲产品8台，8月份投产，本月全部完工。

（2）1002号乙产品6台，9月份投产，本月完工4台，未完工2台。

(3) 1003号丙产品10台，本月投产，计划11月份完工，本月提前完工2台。

2. 本月份费用资料

(1) 各批产品的月初在产品费用如表8-1所示。

表8-1　各批产品的月初在产品费用　　　　　　　　　单位：元

成本项目 批号	原材料	燃料及动力	直接人工	制造费用	合　计
1001	16 500	13 200	7 800	4 250	41 750
1002	14 210	10 020	8 670	2 890	35 790

(2) 根据各种费用分配表，汇总本月各批产品发生的生产费用，如表8-2所示。

表8-2　本月各批产品发生的生产费用　　　　　　　　　单位：元

成本项目 批号	原材料	燃料及动力	直接人工	制造费用	合　计
1001		8 200	6 280	1 860	16 340
1002		7 850	6 880	3 500	18 230
1003	10 280	8 160	6 240	5 210	29 890

3. 在完工产品和在产品之间分配费用的方法

(1) 1001号甲产品，本月全部完工，不存在费用分配问题。

(2) 1002号乙产品，上月投产6台，本月完工4台。原材料是在生产开始时一次投入的，其费用应按完工产品和在产品实际数量的比例分配；其他费用采用约当产量法在完工产品和在产品之间分配。在产品的完工程度为50%。

(3) 1003号丙产品，本月投产，计划11月份完工，本月提前完工2台。由于完工数量较少，为简化核算，完工产品按定额成本转出，每台定额成本为3 240元，其中，原材料1 500元，燃料及动力800元，工资及福利费560元，制造费用380元。

4. 计算各批产品成本

根据上述各项资料，登记各批产品成本明细账，计算各批产品成本，如表8-3～表8-5所示。

表8-3　产品成本明细账(甲产品)

产品批号：1001　　　　　购货单位：兴华厂　　　　　投产日期：8月
产品名称：甲产品　　　　　批量：8台　　　　　　　完工日期：10月
　　　　　　　　　　　　　　　　　　　　　　　　　　　单位：元

摘　　要	原材料	燃料及动力	工资及福利费	制造费用	合　计
月初在产品费用	16 500	13 200	7 800	4 250	41 750
本月生产费用		8 200	6 280	1 860	16 340
累计	16 500	21 400	14 080	6 110	58 090
完工产品总成本	16 500	21 400	14 080	6 110	58 090
完工产品单位成本	2 062.5	2 675	1 760	763.75	7 261.25

表 8-4　产品成本明细账(乙产品)

产品批号：1002　　　　　　　　购货单位：长凤厂　　　　　　　　投产日期：9 月
产品名称：乙产品　　　　　　　批量：6 台　　　　　　　　　　　完工日期：本月完工 4 月

单位：元

摘　要	原材料	燃料及动力	工资及福利费	制造费用	合　计
月初在产品费用	14 210	10 020	8 670	2 890	35 790
本月生产费用		7 850	6 880	3 500	18 230
累计	14 210	17 870	15 550	6 390	54 020
完工(4 台)产品总成本	9 473.32	14 296	12 440	5 112	41 321.32
完工产品单位成本	2 368.33	3 574	3 110	1 278	10 330.33
月末在产品费用	4 736.68	3 574	3 110	1 278	12 698.68

表 8-4 中，各费用计算过程如下：

原材料费用分配率 $=\dfrac{14\,210}{(4+2)}=2\,368.33$

完工产品应分配原材料费用 $=2\,368.33\times4=9\,473.32$(元)

月末在产品应分配原材料费用 $=2\,368.33\times2=4\,736.66$(元)或月末在产品应分配原材料费用 $=14\,210-9\,473.32=4\,736.68$(元)

月末在产品约当产量 $=2\times50\%=1$(台)

燃料及动力费用分配率 $=\dfrac{17\,870}{(4+1)}=3\,574$

完工产品应分配燃料及动力费用 $=3\,574\times4=14\,296$(元)

月末在产品应分配燃料及动力费用 $=3\,574\times1=3\,574$(元)

工资及福利费分配率 $=\dfrac{15\,550}{(4+1)}=3\,110$

完工产品应分配工资及福利费 $=3\,110\times4=12\,440$(元)

月末在产品应分配工资及福利费 $=3\,110\times1=3\,110$(元)

制造费用分配率 $=\dfrac{6\,390}{(4+1)}=1\,278$

完工产品应分配制造费用 $=1\,278\times4=5\,112$(元)

月末在产品应分配制造费用 $=1\,278\times1=1\,278$(元)

表 8-5　产品成本明细账(丙产品)

产品批号：1003　　　　　　　　购货单位：中兴厂　　　　　　　　投产日期：10 月
产品名称：丙产品　　　　　　　批量：10 台　　　　　　　　　　完工日期：本月完工 2 台

单位：元

摘　要	原材料	燃料及动力	工资及福利费	制造费用	合　计
本月生产费用	10 280	8 160	6 240	5 210	29 890

续表

摘要	原材料	燃料及动力	工资及福利费	制造费用	合计
单台定额成本	1 500	800	560	380	3 240
完工（2台）产品总成本	3 000	1 600	1 120	760	6 480
月末在产品费用	7 280	6 560	5 120	4 450	23 410

第三节 简化分批法及其应用

一、简化分批法的概念及特点

（一）简化分批法的概念

简化分批法又称为累计间接费用分配法。在实际生产中，有些企业或车间在月份内投产批数繁多，而且月末未完工产品批数也较多，如机械制造厂或修配厂。在这种情况下，如果发生的各项间接费用仍采用当月分批法，即将当月发生的间接费用全部分配给各批产品，计入各批产品成本明细账中，而不管各批产品是否已经完工，那么费用分配的核算工作将非常繁重。为了简化核算工作，在这类企业或车间中可采用简化的分批法，即累计间接费用分配法。每月发生的各项间接费用，不是按月在各批产品之间进行分配，而是将其先分别累计起来，到产品完工时，再按照产品累计工时的比例，在各批完工产品之间进行分配。其计算公式为

$$全部产品累计间接费用分配率=\frac{全部产品累计间接费用}{全部产品累计工时}$$

某批完工产品应负担的间接费用＝该批完工产品累计工时×全部产品累计间接费用分配率

（二）简化分批法的特点

采用简化分批法进行成本核算必须设立基本生产成本二级账，其目的在于按月提供企业或车间全部产品的累计生产费用和累计工时（实用工时或定额工时）资料。

在这种方法下，仍应按照产品批别设立产品成本明细账，但在各批产品完工之前，账内只需按月登记直接费用（如原材料）和生产工时，而不必按月分配、登记各项间接费用，计算各批在产品成本；只有在有完工产品的那个月份，才按上述公式计算、登记完工产品成本，而全部产品的在产品成本则以总数反映在基本生产成本二级账中。基于这种方法只对完工产品分配间接费用，而不分批计算在产品成本的特点，又称为不分批计算在产品成本分批法。

二、简化分批法的应用

下面通过实例介绍简化分批法的应用。

【例8-2】某产品制造企业小批生产多种产品,该企业2017年9月份的产品批号有:

(1) 9210批号甲产品6件,7月投产,本月完工;
(2) 9211批号乙产品12件,8月投产,本月完工2件;
(3) 9241批号甲产品8件,8月投产,尚未完工;
(4) 9261批号丙产品4件,9月投产,尚未完工。

各批号产品各月份发生的原材料和工时的资料如表8-6所示。

表8-6 各批号产品各月份发生的原材料和工时

产品批号	月 份	原材料/元	工时/小时
9210	7	5 800	5 430
	8	1 130	8 870
	9	1 210	16 700
9211	8	13 350	28 630
	9		14 140
9241	8	9 840	19 070
	9	2 980	42 080
9261	9	19 910	28 580

9211批号产品的原材料在生产开始时一次投入,其完工2件的工时为10 460小时,在产品10件的工时为32 310小时。

8月,该厂全部在产品的工资及福利费为23 850元,制造费用为36 060元。

9月,该厂发生的工资及福利费为41 550元,制造费用为45 690元。

要求:根据上述资料,用简化分批法计算产品成本。

该企业设立的"基本生产二级账"如表8-7所示。

表8-7 基本生产二级账

(各批产品总成本) 单位:元

月	日	摘 要	直接材料	生产工时	直接人工	制造费用	合计
8	31	在产品	30 120	62 000	23 850	36 060	90 030
9	30	本月发生	24 100	101 500	41 550	45 690	111 340
9	30	累计	54 220	163 500	65 400	81 750	201 370
9	30	全部产品累计间接费用分配率			0.4	0.5	
9	30	本月完工产品转出	10 365	41 460	16 584	20 730	47 679
9	30	月末在产品	43 855	122 040	48 816	61 020	153 691

该企业设立的各批产品成本明细账分别如表8-8~表8-11所示。

表8-8　产品成本明细账（9210批号）

产品批号：9210　　　　　　　购货单位：兴华厂　　　　　　　投产日期：7月
产品名称：甲　　　　　　　　批量：6件　　　　　　　　　　完工日期：9月
　　　　　　　　　　　　　　　　　　　　　　　　　　　　　单位：元

月	日	摘　要	直接材料	生产工时	直接人工	制造费用	合计
7	31	本月发生	5 800	5 430			
8	31	本月发生	1 130	8 870			
9	30	本月发生	1 210	16 700			
9	30	累计数及累计间接费用分配率	8 140	31 000	0.4	0.5	
9	30	本月完工产品转出	8 140	31 000	12 400	15 500	36 040
9	30	完工产品单位成本	1 356.67		2 066.67	2 583.33	6 006.67

表8-9　产品成本明细账（9211批号）

产品批号：9211　　　　　　　购货单位：万里厂　　　　　　　投产日期：8月
产品名称：乙　　　　　　　　批量：12件　　　　　　　　　　完工日期：9月完工2件
　　　　　　　　　　　　　　　　　　　　　　　　　　　　　单位：元

月	日	摘　要	直接材料	生产工时	直接人工	制造费用	合计
8	31	本月发生	13 350	28 630			
9	30	本月发生		14 140			
9	30	累计数及累计间接费用分配率	13 350	42 770	0.4	0.5	
9	30	本月完工产品（2件）转出	2 225	10 460	4 184	5 230	11 639
9	30	完工产品单位成本	1 112.5		2 092	2 615	5 819.5
9	30	在产品	11 125	32 310			

表8-10　产品成本明细账（9241批号）

产品批号：9241　　　　　　　购货单位：中山厂　　　　　　　投产日期：8月
产品名称：甲　　　　　　　　批量：8件　　　　　　　　　　完工日期：
　　　　　　　　　　　　　　　　　　　　　　　　　　　　　单位：元

月	日	摘　要	直接材料	生产工时	直接人工	制造费用	合计
8	31	本月发生	9 840	19 070			
9	30	本月发生	2 980	42 080			

表8-11　产品成本明细账（9261批号）

产品批号：9261　　　　　　　购货单位：中信厂　　　　　　　投产日期：9月
产品名称：丙　　　　　　　　批量：4件　　　　　　　　　　完工日期：
　　　　　　　　　　　　　　　　　　　　　　　　　　　　　单位：元

月	日	摘　要	直接材料	生产工时	直接人工	制造费用	合计
9	30	本月发生	19 910	28 580			

在表 8-7 中，8 月 31 日余额是 8 月末在产品的生产工时和各项费用。本月发生的原材料费用和生产工时，应根据本月原材料费用分配表、生产工时记录，与各批产品成本明细账平行登记；本月发生的各项间接费用，应根据各项费用分配表汇总登记。以直接人工和制造费用为例，全部产品累计间接费用分配率计算如下：

直接人工费用累计分配率＝65 400÷163 500＝0.4

制造费用累计分配率＝81 750÷163 500＝0.5

基本生产成本二级账中完工产品的直接材料费用和生产工时，应根据各批产品成本明细账中完工产品的直接材料费用和生产工时汇总登记，例如：

直接材料＝8 410＋2 225＝10 365(元)

生产工时＝31 000＋10 460＝41 460(小时)

完工产品的各项间接费用，可以根据完工产品生产工时分别乘以相应的费用累计分配率登记，例如：

直接人工＝41 460×0.4＝16 584(元)

制造费用＝41 460×0.5＝20 730(元)

基本生产二级账中月末在产品的直接材料费用和生产工时，可以根据累计的直接材料费用和生产工时分别减去本月完工产品的直接材料费用和生产工时计算登记，例如：

直接材料＝54 220－10 365＝43 855(元)

基本生产成本二级账中月末在产品的各项间接计入费用，可以根据其生产工时分别乘以相应的费用累计分配率计算登记，例如：

直接人工＝122 040×0.4＝48 816(元)

制造费用＝122 040×0.5＝61 020(元)

也可以根据其费用的累计数分别减去完工产品的相应费用计算登记，例如：

直接人工＝65 400－16 584＝48 816(元)

制造费用＝81 750－20 730＝61 020(元)

在各批产品成本明细账中，对于没有完工产品的月份，只登记直接材料费用(一般只有直接材料费用直接计入费用)和生产工时。例如 9241、9261 两批产品，这些月份发生的直接材料费用和生产工时，也就是该月份各月末在产品的直接材料费用和生产工时。因此，在各批产品成本明细账中，在产品的各个月份的直接材料费用或生产工时发生额之和，应该等于基本生产成本二级账所记在产品的直接材料费用或生产工时。

在上列各批产品成本明细账中，对于有完工产品(包括全部完工或批内部分完工)的月份，除了登记直接材料费用和生产工时，以及相应的累计数以外，还应根据基本生产成本二级账登记各项间接费用的累计分配率。

9210 批产品月末全部完工，因此其累计的直接材料费用和生产工时就是完工产品的直接费用和生产工时，以其生产工时乘以各项间接计入费用累计分配率，即为完工产品的各项间接计入费用。

9211 批产品月末部分完工、部分在产，因此还应在完工产品与月末在产品之间分配费用。该种产品所耗直接材料在生产开始时一次投入，因此直接材料费用按完工产品与月末在产品的数量比例分配：

直接材料费用分配率＝13 350÷12＝1 112.5

完工产品直接材料费用＝1 112.5×2＝2 225(元)

月末在产品直接材料费用＝1 112.5×10＝11 125(元)

各批产品成本明细账登记完毕后，其中完工产品的直接材料费用和生产工时应分别汇入基本生产成本二级账，并据以计算登记各批全部完工产品的总成本。

三、简化分批法的优缺点和应用条件

采用简化分批法，可以简化费用的分配和登记工作，月末未完工产品的批数越多，核算工作就越简化。但是，这种方法在各月间接计入费用水平相差悬殊的情况下则不宜采用，否则就会影响各月成本的正确性。例如，前几个月的间接计入费用水平高，本月间接计入费用水平低，而某批产品本月投产，当月完工，在这种情况下，按累计间接计入费用分配率计算的该批完工产品的成本就会发生不应有的偏高。另外，如果月末未完工产品的批数不多，也不宜采用这种方法。因为在这种情况下，月末大多数产品已经完工，绝大多数产品的批号仍然要分配登记各项间接计入费用，核算工作量减少不多，但计算的正确性却会受到影响。

综上所述，可以看出，要使简化分批法充分发挥其简化成本核算工作的优点，保证各月成本计算的正确性，采用简化分批法时必须具备两个条件：①各月份间接计入费用的水平相差不多；②月末未完工产品的批数比较多。

本章小结

本章主要介绍分批法的含义及适用范围、分批法的特点和成本核算程序，重点为分批法和简化分批法的具体应用。分批法是指以产品批别作为成本核算对象，用来归集费用并计算产品生产成本的方法，主要适用于单件小批生产，其成本计算期与生产周期一致，不需要在完工产品和在产品之间分配生产费用。而简化分批法只有在各批产品完工时才利用计算出来的累计间接费用分配率进行间接费用的分配与结转，对于未完工的各批产品，不分配间接费用，也不计算其成本，而是累计起来在生产成本二级账(基本生产成本)中以总额反映。本章的难点是分批法与简化分批法计算产品成本的区别，前者采用当月分配法分配间接费用，后者采用累计分配法分配间接费用。

综合练习

一、单项选择题

1. 分批法的成本计算对象是(　　)。

   A. 产品的批别　　　　　　　　B. 产品的品种

   C. 生产的步骤　　　　　　　　D. 产品的订单

2. 采用分批法计算产品成本时，若是单件生产，月末计算产品成本时(　　)。

A. 需要将生产费用在完工产品和月末在产品之间进行分配

B. 不需要将生产费用在完工产品和月末在产品之间进行分配

C. 应视不同情况确定是否在完工产品和月末在产品之间分配生产费用

D. 应采用同小批、单件生产一样的核算方法

3. 分批法与简化分批法的主要区别在于（　　）。

A. 简化分批法不分批计算在产品成本

B. 分批法不计算在产品成本

C. 简化分批法分批计算在产品成本

D. 分批法分批计算在产品成本

4. 简化分批法不适宜在（　　）的情况下采用。

A. 月末未完工批数较多

B. 各月间接费用的水平相差不大

C. 同一月份投产的产品批数很多，但月末完工批数较少

D. 本月份间接费用水平与前几个月份间接费用水平相差悬殊

5. 在各种成本计算方法中，必须设置生产成本二级账的是（　　）。

A. 简化分批法　　　B. 分批法　　　C. 分步法　　　D. 品种法

6. 采用简化分批法，在产品完工之前，产品成本明细账（　　）。

A. 不登记任何生产费用　　　B. 只登记直接费用和生产工时

C. 登记全部生产费用　　　D. 登记其应负担的各项费用

7. 分批法成本计算对象的确定通常是根据（　　）。

A. 客户的订单　　　B. 产品的品种

C. 企业的生产工艺　　　D. 生产任务通知单

8. 分批法的成本计算期一般按（　　）。

A. 月份归集　　　B. 生产合同　　　C. 生产周期　　　D. 会计核算期

9. 采用分批法计算产品成本的企业，其成本计算单的设置应按（　　）。

A. 产品批号　　　B. 生产日期　　　C. 产品种类　　　D. 客户要求

二、多项选择题

1. 分批法与品种法的主要区别有（　　）。

A. 生产周期不同　　　B. 产成品的含义不同

C. 成本计算对象不同　　　D. 成本计算期不同

2. 分批法适用于（　　）。

A. 单件小批的单步骤生产

B. 管理上不要求分步计算各步骤半成品的多步骤生产

C. 大量生产

D. 大批生产

3. 简化分批法的适用条件有（　　）。

A. 月末未完工批数较多

B. 各月间接费用的水平相差不大

C. 同一月份投产的产品批数很多，但月末完工批数较少

D. 本月份间接费用水平与前几个月份间接费用水平相差悬殊

4. 采用简化分批法，月末（　　）。

A. 只计算完工产品成本

B. 只对完工产品分配间接费用

C. 要在完工产品与在产品之间分配费用

D. 不分批计算在产品成本

5. 采用简化分批法，生产成本二级账登记（　　）。

A. 间接费用　　　　B. 直接费用　　　　C. 生产工时　　　　D. 期间费用

6. 采用简化分批法（　　）。

A. 必须设置基本生产成本二级账

B. 产品完工时必须计算全部产品各项累计间接费用分配率

C. 按照产品批别开设生产成本明细账，账内只登记直接费用和生产工时

D. 不分批计算在产品成本

三、判断题

1. 分批法下，若是单件生产，则不存在在产品的计价问题。（　　）

2. 分批法下的产品批量必须与购买者的订单一致。（　　）

3. 分批法由于按批组织生产，因此在任何情况下都不存在在产品的计价问题。（　　）

4. 采用简化的分批法计算产品成本，必须设置基本生产成本二级账。（　　）

5. 简化分批法下，在产品完工前，产品成本明细账只需按月登记直接费用和生产工时。（　　）

6. 简化分批法下，在各批产品完工以前，全部的生产费用和工时资料均反映在基本生产成本二级账上。（　　）

7. 简化分批法不存在在产品计价问题。（　　）

8. 采用简化分批法计算产品成本，各批完工产品的间接计入费用是根据累计间接计入费用减去月末在产品间接计入费用计算的。（　　）

四、简答题

1. 产品成本计算的分批法与品种法有什么联系？

2. 简化分批法下，为什么要设置基本生产成本二级账？

3. 简化分批法与一般分批法有何异同？

五、业务核算题

1. 某工业企业生产甲、乙两种产品，属于小批生产，采用分批法计算成本，生产情况和生产费用资料如下。

（1）4月份生产的产品批号为：

301批号甲产品5台，3月投产，本月完工；

401 批号乙产品 10 台，本月投产，月末完工 2 台。

（2）4月，301 批号甲产品的月初在产品费用为：直接材料 6 000 元，直接人工 2 000 元，制造费用 5 000 元，合计 13 000 元。各批产品本月发生的费用如表 8-12 所示。

表 8-12 各批产品本月发生的费用　　　　　　　　　　　　　　　　单位：元

批　号	直接材料	直接人工	制造费用
301		500	1 000
401	7 000	2 000	4 000

401 批号乙产品完工数量少，按计划成本结转，每台计划成本为：直接材料 900 元，直接人工 230 元，制造费用 500 元，合计 1 630 元。

（3）5月，401 批号乙产品全部完工，5月发生的直接人工费用为 800 元，制造费用为 1 400 元。

要求：

（1）计算 4 月各批产品完工产品和月末在产品成本（见表 8-13）；

（2）计算 5 月 401 批号乙产品完工产品成本（见表 8-14）；

（3）计算 401 批号乙产品全部完工产品实际总成本和单位成本（见表 8-15）。

表 8-13 产品成本明细账（4 月份各批产品）

产品批号：301　　　　　　购货单位：白云工厂　　　　　　投产日期：3月
产品名称：甲产品　　　　　批量：5 台　　　　　　　　　　完工日期：4月
　　　　　　　　　　　　　　　　　　　　　　　　　　　　　　单位：元

项　目	直接材料	直接人工	制造费用	合　计
月初在产品费用				
本月生产费用				
生产费用合计				
完工产品成本				
完工产品单位成本				

表 8-14 产品成本明细账（5 月份 401 批号产品）

产品批号：401　　　　　　购货单位：大宇工厂　　　　　　投产日期：4月
产品名称：乙产品　　　　　批量：10 台　　　　　　　　　完工日期：5月（4月完工 2 台）
　　　　　　　　　　　　　　　　　　　　　　　　　　　　　　单位：元

项　目	直接材料	直接人工	制造费用	合　计
本月生产费用				
单台计划成本				
完工 2 台产品成本				
月末在产品成本				

表 8-15　产品成本明细账(401 批号乙产品)

产品批号：401　　　　　　购货单位：大宇工厂　　　　　　投产日期：4 月
产品名称：乙产品　　　　　批量：10 台　　　　　　　　　完工日期：5 月(5 月完工 8 台)
　　　　　　　　　　　　　　　　　　　　　　　　　　　　单位：元

项　目	直接材料	直接人工	制造费用	合　计
月初在产品费用				
本月生产费用				
生产费用合计				
完工 8 台产品成本				
完工产品单位成本				

2. 某产品制造企业小批生产多种产品。

(1) 该企业 2017 年 6 月的产品批号有：

94408 批号甲产品 9 件，4 月投产，本月完工；

94519 批号乙产品 8 件，5 月投产，本月完工 5 件；

94523 批号甲产品 12 件，5 月投产，尚未完工；

94601 批号丙产品 10 件，6 月投产，尚未完工。

(2) 各批号产品各月份发生的原材料和工时的资料如表 8-16 所示。

表 8-16　各批号产品各月份发生的原材料和工时

产品批号	月　份	原材料/元	工时/小时
94408	4	31 220	11 220
	5	18 980	7 590
	6	12 930	14 220
94519	5	38 400	8 620
	6		15 880
94523	5	34 950	12 350
	6	15 450	15 110
94601	6	12 370	13 210

94519 批号产品的原材料在生产开始时一次投入，其完工 5 件的工时为 15 940 小时，在产品 3 件的工时为 8 560 小时。

(3) 5 月，该厂全部在产品的工资及福利费为 35 404 元，制造费用为 111 383 元。6 月份，该厂发生的工资及福利费为 52 976 元，制造费用为 163 577 元。

要求：根据上述资料，用简化分批法计算产品成本，填写表 8-17～表 8-21。

表8-17　基本生产二级账
（各批产品总成本）　　　　　　　　　　　　　　　　单位：元

月	日	摘　　要	直接材料	生产工时	直接人工	制造费用	合计
…	…	…					
5	31	在产品					
6	30	本月发生					
6	30	累计					
6	30	全部产品累计间接费用分配率					
6	30	本月完工产品转出					
6	30	月末在产品					

表8-18　产品成本明细账（94408批号）

产品批号：94408　　　　　购货单位：大兴工厂　　　　　投产日期：4月12日
产品名称：甲　　　　　　　批量：9件　　　　　　　　　完工日期：6月28日
　　　　　　　　　　　　　　　　　　　　　　　　　　　　　　　单位：元

月	日	摘　　要	直接材料	生产工时	直接人工	制造费用	合计
4	30	本月发生					
5	31	本月发生					
6	30	本月发生					
6	30	累计数及累计间接费用分配率					
6	30	本月完工产品转出					
6	30	完工产品单位成本					

表8-19　产品成本明细账（94519批号）

产品批号：94519　　　　　购货单位：大兴工厂　　　　　投产日期：5月2日
产品名称：乙　　　　　　　批量：8件　　　　　　　　　完工日期：6月30日（完工5件）
　　　　　　　　　　　　　　　　　　　　　　　　　　　　　　　单位：元

月	日	摘　　要	直接材料	生产工时	直接人工	制造费用	合计
5	31	本月发生					
6	30	本月发生					
6	30	累计数及累计间接费用分配率					
6	30	本月完工产品（5件）转出					
6	30	完工产品单位成本					
6	30	在产品					

表 8-20 产品成本明细账(94523 批号)

产品批号：94523　　　　购货单位：化星工厂　　　　投产日期：5月20日
产品名称：甲　　　　　　批量：12件　　　　　　　完工日期：

单位：元

月	日	摘　　要	直接材料	生产工时	直接人工	制造费用	合计
5	31	本月发生					
6	30	本月发生					

表 8-21 产品成本明细账(94601 批号)

产品批号：94601　　　　购货单位：中信厂　　　　投产日期：6月13日
产品名称：丙　　　　　　批量：10件　　　　　　　完工日期：

单位：元

月	日	摘　　要	直接材料	生产工时	直接人工	制造费用	合计
6	30	本月发生					

第九章 产品成本计算的分步法

学习目标

1. 了解分步法的适用范围及分类；
2. 掌握逐步结转分步法、平行结转分步法的成本核算程序及特点；
3. 掌握成本还原的基本原理；
4. 能够熟练运用逐步结转分步法、平行结转分步法进行产品成本的计算；
5. 能够运用成本还原的方法，反映产品成本的真实构成情况。

在大量大批单步骤生产的企业中，产品成本的计算广泛采用品种法，那么在大量大批多步骤生产的企业中，产品成本的计算应该采用什么方法呢？如果管理上不需要提供各步骤的成本资料以考核其步骤成本，产品成本计算仍可采用品种法；反之，则需要按产品品种及其经过的生产步骤计算产品成本，为管理者提供所需要的成本信息和数据。本章我们将学习产品成本计算的第三种基本方法——分步法。分步法的成本核算相对较难，同学们，准备好了吗？

第一节 分步法概述

一、分步法的概念及适用范围

分步法是按照产品的品种及每种产品所经过的生产步骤归集生产费用，计算产品成本的一种方法，主要适用于大量、大批的多步骤生产。因为在大量、大批的多步骤生产企业中，产品生产可以分为若干个生产步骤，例如，纺织企业由纺纱、织布、印染等步骤组成；造纸企业由制浆、制纸、包装等步骤组成；冶金企业生产可分为炼铁、炼钢、轧钢等步骤；机器制造企业生产过程可分为铸造、加工、装配等步骤。每个产品生产步骤除了生产出半成品(最后一个步骤生产产成品)外，还有一些加工中的在产品。已生产出的这些半成品，可能用于下一步骤继续加工或装配，也可能销售给外单位使用，为了适应这种生产特点，不仅要求按产品品种来归集生产费用，计算产品成本，而且还要求按照各个生产步骤来归集生产费用，计算各个步骤的产品成本。

二、分步法的主要特点

(一) 成本计算对象

分步法的成本计算对象就是各种产品的生产步骤。因此，在计算产品成本时，应按照产品的生产步骤设立产品成本明细账。如果只生产一种产品，成本计算对象就是该种产品及其所经过的各生产步骤，产品成本明细账应该按照产品的生产步骤开立。如果生产多种产品，成本计算对象则应是各种产品及其所经过的各生产步骤，产品成本明细账应该按照每种产品的各个步骤开立。在进行成本计算、分配和归集生产费用时，单设成本项目的直接费用，直接计入各成本计算对象；单设成本项目的间接费用，单独分配计入各成本计算对象；不单设成本项目的费用，一般是先按车间、部门或者费用用途，归集为综合费用，月末再直接计入或者分配计入各成本计算对象。

注意，在实际工作中，产品成本计算的分步与产品生产步骤划分不一定完全一致。例如，在按生产步骤设立车间的企业中，一般来讲，分步计算成本也就是分车间计算成本，如果企业生产规模很大，车间内又分成几个生产步骤，而管理上又要求分步计算成本时，也可以在车间内再分步计算成本；相反，如果企业规模很小，管理上也不要求分车间计算成本，也可将几个车间合并为一个步骤计算成本。总之，应根据管理要求，本着简化计算工作的原则，确定成本计算对象。

(二) 成本计算期

在大量、大批的多步骤生产中，由于生产过程较长，可以间断，而且往往都是跨月陆续完工，因此成本计算一般都是按月定期地进行，成本计算期与产品的生产周期不一致，而与核算报告期一致。

(三) 生产费用在完工产品和在产品之间的分配

由于大量、大批多步骤生产的产品往往跨月陆续完工，月末各步骤一般都存在未完工的在产品。因此，为了计算完工产品成本和月末在产品成本，还需要采用适当的分配方法，将汇集在生产成本明细账中的生产费用，在完工产品与在产品之间进行分配。

(四) 各步骤之间成本的结转

由于产品生产是分步骤进行的，上一步骤生产的半成品是下一步骤的加工对象。因此，为了计算各种产品的产成品成本，还需要按照产品品种，结转各步骤成本。也就是说，与其他成本计算方法不同，在采用分步法计算产品成本时，在各步骤之间还有成本结转问题。这是分步法的一个重要特点。

在实际工作中，由于各个企业生产工艺的特点和管理对各步骤成本资料的要求不同，按各生产步骤成本计算和各半成品成本是否随半成品实物转移而结转，分步法可分为逐步结转分步法和平行结转分步法。在逐步结转分步法下，按半成品成本在下一步骤成本明细账中反映的方法不同，又可分为综合结转分步法和分项结转分步法。

第二节 逐步结转分步法

一、逐步结转分步法的特点及适用范围

逐步结转分步法也称为计算半成品成本法，它的计算对象是各种产成品及其所经过的各步骤的半成品成本。在这种类型的企业中，各步骤所生产完工的半成品既可以作为本企业下一个步骤继续加工的对象，也可以对外销售。为了计算对外销售的半成品成本和计算以后生产步骤的产品成本，有必要计算各步骤半成品的成本。

逐步结转分步法适用于各步骤半成品有独立的经济意义，管理上要求核算半成品成本的企业，特别适用于连续式多步骤生产的企业，在这类企业中，车间（或工段）一般是按照加工步骤来设置的，如黑色冶金工业划分为炼铁、炼钢、轧钢等步骤；纺织工业划分为纺纱、织造、印染等步骤；造纸工业划分为制浆、制纸、包装等步骤，而且各步骤的半成品一般都具有独立的经济意义，既可作为半成品交下步骤继续加工，又可直接作为产成品对外销售，如黑色冶金工业的生铁、钢锭，纺织工业的棉纱等。从而决定了这类企业应采用逐步结转分步法计算产品成本，即以产品品种和生产步骤为成本计算对象，既要计算最终产品成本，又要计算步骤半成品成本。由于上一步骤的半成品是作为下一步骤继续加工的劳动对象，为了正确计算各步骤的半成品成本和最终产品的成本，各步骤半成品成本必须随其实物转移到下一步骤成本明细账（或成本计算单）的"直接材料"或"自制半成品"成本项目中去，即半成品成本随实物的转移而转移。另外，由于这类企业都是大量大批生产的企业，既有投入也有产出，所以其成本计算定期在月末进行，与会计报告期一致，与生产周期不一致。同时，由于不断地有投入有产出，从而也决定了在月末进行成本计算时各生产步骤必然存在尚处在加工过程中的在产品，所以在分别计算最后步骤完工产品和以前各步骤半成品成本时，均应将各步骤（包括最后步骤）汇集的生产费用在本步骤完工半成品（最后步骤为产成品）与在产品之间进行分配。

二、逐步结转分步法的核算程序

从上述内容我们已经知道该方法的特点是，各步骤所耗用的上一步骤半成品的成本，要随着半成品实物的转移，从上一步骤的产品成本明细账转入下一步骤的产品成本明细账中。在实际操作过程中，各个生产步骤完工的半成品转入下一生产步骤，通常有两种处理方法：一是通过半成品库收发，即先验收入库，下一生产步骤根据需要从仓库中领出所需

加工的半成品；二是直接转移，即半成品不入库，上一步骤半成品完工验收合格后，直接转入下一生产步骤中继续加工。半成品的实物流转程序不同，其成本核算程序也不同，现分别进行说明。

（一）半成品不通过仓库收发的情况

如果半成品不通过仓库收发，逐步结转分步法下，其成本核算程序主要分为以下三步。

（1）计算第一步骤完工半成品的成本，等于本步骤发生的直接材料、直接人工和制造费用之和。

（2）计算第二步骤半成品成本。随着半成品实物的转移，将上一步骤成本转入第二步骤产品成本明细账中，加上第二步骤发生的各项费用，即为该步骤半成品成本，依此类推。

（3）计算完工产品成本。随着加工步骤的进行依次逐步累计结转而成。具体实物结转程序如图 9-1 所示，半成品成本结转程序如图 9-2 所示。

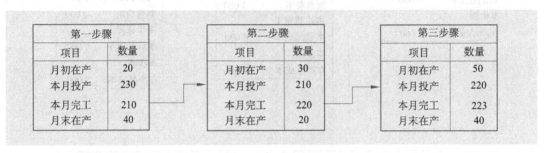

图 9-1 逐步结转分步法实物结转程序

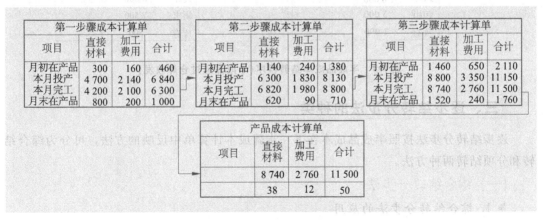

图 9-2 半成品成本结转程序（半成品不通过仓库收发）

（二）半成品通过仓库收发的情况

在逐步结转分步法下，半成品通过仓库进行收发的，其基本核算程序和不通过仓库收发类似，主要的区别在于如果半成品通过仓库收发进行，则要设置"自制半成品"账户具体核算完工半成品的入库和发出情况，其会计处理如下。

第一生产步骤完工的半成品入库时，编制的会计分录如下：

借：自制半成品——A半成品（第一步骤）
　　贷：生产成本——基本生产成本——A半成品（第一步骤）

当下一生产步骤领用上一步骤的自制半成品继续加工时，根据领用量的大小及成本费用的多少，编制的会计分录如下：

借：生产成本——基本生产成本——B半成品（第二步骤）
　　贷：自制半成品——A半成品（第一步骤）

依此类推，直至最后步骤生产加工完成。具体核算程序如图9-3所示。

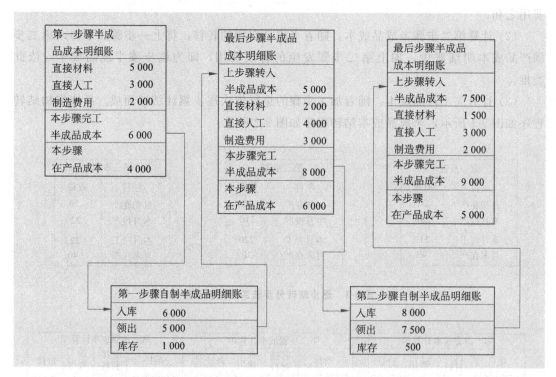

图9-3　半成品成本结转程序（半成品通过仓库收发）

三、逐步结转分步法的种类

逐步结转分步法按照半成品成本在下一步骤成本计算单中反映的方法，可分为综合结转和分项结转两种方法。

（一）综合结转分步法

▶ 1. 综合结转分步法的应用

综合结转分步法的特点是将各生产步骤所耗用的上一步骤的半成品成本，以其合计数综合计入下一步骤的产品成本计算单中的"半成品"或"原材料"成本项目中去。

【例9-1】某企业生产甲产品，经过三个生产步骤顺序加工，第一步骤生产的半成品直接被第二步骤领用，第二步骤生产的半成品，直接被第三步骤领用，并将其加工成产成品。原材料在生产开始时一次投入。月末在产品按约当产量法计算。有关资料如表9-1和表9-2所示。

第九章 产品成本计算的分步法

表 9-1 各步骤产量资料

单位：件

项目	第一步骤	第二步骤	第三步骤
月初在产品数量	40	60	80
本月投产数量	80	100	130
本月完工产品数量	100	130	160
月末在产品数量	20	30	50
在产品完工程度/%	50	50	60

表 9-2 生产费用资料

单位：元

成本项目	月初在产品成本			本月发生费用		
	第一步骤	第二步骤	第三步骤	第一步骤	第二步骤	第三步骤
直接材料	1 800	2 500	5 291	24 000		
燃料及动力	600	915	1 250	9 300	3 000	5 400
直接人工	1 000	1 125	1 360	7 910	2 500	3 200
制造费用	700	875	1 130	4 250	1 300	2 100
合计	4 100	5 415	9 031	45 460	6 800	10 700

要求：采用综合结转分步法计算产品成本，并编制各步骤产品成本计算单，如表 9-3～表 9-6 所示。

表 9-3 第一步骤产品成本计算单

项目		直接材料	燃料及动力	直接人工	制造费用	合计
月初在产品成本/元		1 800	600	1 000	700	4 100
本月发生费用/元		24 000	9 300	7 910	4 250	45 460
合计/元		25 800	9 900	8 910	4 950	49 560
产品产量/件	完工产品产量	100	100	100	100	
	在产品约当产量	20	10	10	10	
	合计	120	110	110	110	
单位成本（费用分配率）		215	90	81	45	431
转出半成品成本/元		21 500	9 000	8 100	4 500	43 100
在产品成本/元		4 300	900	810	450	6 460

表 9-3 中，各费用分配率的计算过程如下：

直接材料分配率 = 25 800 ÷ (100 + 20) = 215

燃料及动力分配率 = 9 900 ÷ (100 + 10) = 90

直接人工分配率＝8 910÷(100＋10)＝81
制造费用分配率＝4 950÷(100＋10)＝45

表 9-4 第二步骤产品成本计算单

项目		直接材料	燃料及动力	直接人工	制造费用	合计
月初在产品成本/元		2 500	915	1 125	875	5 415
本月发生费用/元		43 100	3 000	2 500	1 300	49 900
合计/元		45 600	3 915	3 625	2 175	55 315
产品产量/件	完工产品产量	130	130	130	130	
	在产品约当产量	30	15	15	15	
	合计	160	145	145	145	
单位成本(费用分配率)		285	27	25	15	352
转出半成品成本/元		37 050	3 510	3 250	1 950	45 760
在产品成本/元		8 550	405	375	225	9 555

表 9-4 中，各费用分配率的计算过程如下：
半成品分配率＝45 600÷(130＋30)＝285
燃料及动力分配率＝3 915÷(130＋15)＝27
直接人工分配率＝3 625÷(130＋15)＝25
制造费用分配率＝2 175÷(130＋15)＝15

表 9-5 第三步骤产品成本计算单

项目		直接材料	燃料及动力	直接人工	制造费用	合计
月初在产品成本/元		5 291	1 250	1 360	1 130	9 031
本月发生费用/元		45 760	5 400	3 200	2 100	10 700
合计/元		51 051	6 650	4 560	3 230	19 731
产品产量/件	完工产品产量	160	160	160	160	
	在产品约当产量	50	30	30	30	
	合计	210	190	190	190	
单位成本(费用分配率)		243.1	35	24	17	319.1
转出半成品成本/元		38 896	5 600	3 840	2 720	51 056
在产品成本/元		12 155	1 050	720	510	14 435

表 9-5 中，各费用分配率的计算过程如下：
半成品分配率＝51 051÷(160＋50)＝243.1
燃料及动力分配率＝6 650÷(160＋30)＝35
直接人工分配率＝4 560÷(160＋30)＝24

制造费用分配率＝3 230÷(160＋30)＝17

表 9-6　产品成本计算单

产品名称：甲产品　　　　　　　　　产量：160 件　　　　　　　　　　单位：元

成本项目	半成品	燃料及动力	直接人工	制造费用	合计
总成本	38 896	5 600	3 840	2 720	51 056
单位成本	243.1	35	24	17	319.1

从表 9-6 中可以看出，采用综合结转分步法结转半成品成本，各步骤耗用上一步骤半成品的费用，可以直接从成本计算单中反映出来。这样，对于加强对各步骤耗用半成品情况的监督、分析、考核及提高成本管理水平，都有重要作用，但这种方法在成本计算单里不能直接提供按原始成本项目反映的成本资料。为此，在管理上要求从整个企业角度考核和分析产品成本构成时，还应将逐步综合结转计算出的产成品成本进行成本还原。

▶ 2. 成本还原

所谓成本还原，就是恢复产品成本结构的本来面目，把各步骤耗用的半成品成本，逐步分解还原为"直接材料""直接人工""制造费用"等。成本还原的方法通常是从最后一个生产步骤开始，将其所耗用的上一生产步骤自制半成品的综合成本，按本月所生产这种半成品的成本结构比例逐步进行还原，直至还原到第一个生产步骤，使产成品成本中半成品成本还原成为原始成本项目为止。

成本还原的方法一般有两种：

(1) 按半成品各成本项目占全部成本的比重还原，是将本月产成品耗用上一步骤半成品的成本，按照上一步骤完工半成品各成本项目占全部成本的比重进行还原的方法。其计算的公式为

$$还原分配率 = \frac{上一步骤完工半成品各成本项目的金额}{上一步骤完工半成品成本合计}$$

还原后各成本项目金额＝半成品成本项目×还原分配率

【例 9-2】承例 9-1，以例 9-1 计算出来的甲产品成本为例说明按半成品各成本项目占全部成本的比重进行还原的方法，如表 9-7 所示。

表 9-7　成本还原计算表　　　　　　　　　　　　　　　　　　　　单位：元

成本项目	还原前产成品成本	第二步骤半成品成本	还原率/%	还原额	第一步骤半成品成本	还原率/%	还原额	还原后产成品成本
栏目	1栏	2栏	3栏＝2栏各项÷2栏合计	4栏＝3栏各项×1栏半成品项目	5栏	6栏＝5栏各项÷5栏合计	7栏＝6栏各项×4栏半成品项目	8栏
直接材料（半成品）	38 896	37 050	80.97	31 494.09	21 500	49.88	15 709.25	15 709.25

续表

成本项目	还原前产成品成本	第二步骤半成品成本	还原率/%	还原额	第一步骤半成品成本	还原率/%	还原额	还原后产成品成本
燃料及动力	5 600	3 510	7.67	2 983.32	9 000	20.88	6 575.97	15 159.29
直接人工	3 840	3 250	7.1	2 761.62	8 100	18.79	5 917.74	12 519.36
制造费用	2 720	1 950	4.26	1 656.97	4 500	10.45	3 291.13	7 668.1
合计	51 056	45 760	100	38 896	43 100	100	31 494.09	51 056

上述还原方法是分别按成本项目计算还原率的，在成本项目较多的情况下，其计算次数必然要多一些。在实际工作中为简化成本还原工作，还可以将本期产成品所耗用上一步骤半成品的综合成本，按照本期所产该半成品的成本结构进行还原。

（2）按所耗半成品综合成本占完工半成品总成本的比重还原。采用该方法进行成本还原，首先要计算出还原分配率，还原分配率即产成品成本中半成品成本占上一步骤所生产该种半成品总成本的比重，其计算公式为

$$还原分配率 = \frac{本期产成品耗用上一步骤半成品成本合计}{本期生产该种半成品成本合计}$$

还原后各成本项目金额 = 本月生产该种半成品成本中各成本项目金额 × 还原分配率

【例9-3】承例9-1，以例9-1计算出来的甲产品成本为例说明按所耗半成品综合成本占完工半成品总成本的比重进行还原的方法，如表9-8所示。

表9-8 成本还原计算表

成本项目	还原前产成品成本	第二步骤半成品成本	还原率及还原额	第一步骤半成品成本	还原率及还原额	还原后产成品成本
栏目	1栏	2栏	3栏	4栏	5栏	6栏
还原分配率			0.85		0.730 7	
直接材料（半成品）/元	38 896	37 050	31 492.5	21 500	15 710.05	15 710.05
燃料及动力/元	5 600	3 510	2 983.5	9 000	6 576.3	15 159.8
直接人工/元	3 840	3 250	2 762.5	8 100	5 918.67	12 521.17
制造费用/元	2 720	1 950	1 657.5	4 500	3 287.48	7 664.98
合计/元	51 056	45 760	38 896	43 100	31 492.5	51 056

注：3栏还原分配率 = 38 896 ÷ 45 760 = 0.85；5栏还原分配率 = 31 492.5 ÷ 43 100 = 0.730 7。

上述成本还原方法，没有考虑以前月份所产的半成品成本结构对本月产成品所耗半成品成本结构的影响。因此，在各月份半成品成本结构变动较大的情况下，对还原结果的正确性会有一定的影响。

▶ **3. 综合结转分步法的优缺点**

综合结转分步法可以简化半成品成本的结转和登记工作,各步骤成本可以专项反映所耗半成品费用,便于考核和分析完工产品成本所耗半成品成本的水平,有利于各个步骤的成本管理。其缺点是:为了从整个企业的角度反映产品成本的构成,加强企业综合的成本管理,必须进行成本还原,从而增加了成本核算的工作量。因此,这种方法适用于半成品具有独立的经济意义、管理上要求计算各步骤完工产品所耗半成品费用,但不要求进行成本还原的情况下采用。

(二)分项结转分步法

采用分项结转分步法计算产品成本,半成品成本从上一步骤转入下一步骤时,分别按照各个成本项目进行结转。根据各步骤月初在产品成本,本月投入费用,如果是第二个及以后的步骤则还需加上从上一步骤转来的半成品的成本,即可计算出各步骤完工半成品成本或产成品的成本。

【例 9-4】承例 9-1,按分项结转分步法计算各生产步骤半成品成本和最后步骤产成品成本,填制各步骤产品成本计算单,如表 9-9~表 9-12 所示。

表 9-9 第一步骤产品成本计算单

项 目		直接材料	燃料及动力	直接人工	制造费用	合 计
月初在产品成本/元		1 800	600	1 000	700	4 100
本月发生费用/元		24 000	9 300	7 910	4 250	45 460
合计/元		25 800	9 900	8 910	4 950	49 560
产品产量/件	完工产品产量	100	100	100	100	
	在产品约当产量	20	10	10	10	
	合计	120	110	110	110	
单位成本(费用分配率)		215	90	81	45	431
转出半成品成本/元		21 500	9 000	8 100	4 500	43 100
在产品成本/元		4 300	900	810	450	6 460

表 9-9 中,各费用分配率的计算过程如下:
直接材料分配率=25 800÷(100+20)=215
燃料及动力分配率=9 900÷(100+10)=90
直接人工分配率=8 910÷(100+10)=81
制造费用分配率=4 950÷(100+10)=45

表 9-10 第二步骤产品成本计算单

项 目	直接材料	燃料及动力	直接人工	制造费用	合 计
月初在产品成本/元	2 500	915	1 125	875	5 415
本月本步骤发生费用/元		3 000	2 500	1 300	6 800

续表

项目		直接材料	燃料及动力	直接人工	制造费用	合计
耗用上步骤半成品成本/元		21 500	9 000	8 100	4 500	43 100
合计/元		24 000	12 915	11 725	6 675	55 315
产品产量/件	完工产品产量	130	130	130	130	
	在产品约当产量	30	15	15	15	
	合计	160	145	145	145	
单位成本(费用分配率)		150	89.07	80.86	46.03	365.96
转出半成品成本/元		19 500	11 579.1	10 511.8	5 983.9	47 574.8
在产品成本/元		4 500	1 336.05	1 212.9	690.45	7 739.4

表 9-10 中，各费用分配率的计算过程如下：

直接材料分配率＝24 000÷(130＋30)＝150

燃料及动力分配率＝12 915÷(130＋15)＝89.07

直接人工分配率＝11 725÷(130＋15)＝80.86

制造费用分配率＝6 675÷(130＋15)＝46.03

表 9-11 第三步骤产品成本计算单

项目		直接材料	燃料及动力	直接人工	制造费用	合计
月初在产品成本/元		5 291	1 250	1 360	1 130	9 031
本月本步骤发生费用/元			5 400	3 200	2 100	10 700
耗用上步骤半成品成本/元		19 500	11 579.1	10 511.8	5 983.9	47 574.8
合计/元		24 791	18 229.1	15 071.8	9 213.9	67 305.8
产品产量/件	完工产品产量	160	160	160	160	
	在产品约当产量	50	30	30	30	
	合计	210	190	190	190	
单位成本(费用分配率)		118.05	95.94	79.33	48.49	341.81
转出半成品成本/元		18 888	15 350.4	12 692.8	7 758.4	54 689.6
在产品成本/元		5 902.5	2 878.2	2 379.9	1 454.7	12 615.3

表 9-11 中，各费用分配率的计算过程如下：

直接材料分配率＝24 791÷(160＋50)＝118.05

燃料及动力分配率＝18 229.1÷(160＋30)＝95.94

直接人工分配率＝15 071.8÷(160＋30)＝79.33

制造费用分配率＝9 213.9÷(160＋30)＝48.49

表 9-12　产品成本计算单

产品名称：甲产品　　　　　　　　　产量：160 件　　　　　　　　　　　　　单位：元

成本项目	直接材料	燃料及动力	直接人工	制造费用	合　计
总成本	18 888	15 350.4	12 692.8	7 758.4	54 689.6
单位成本	118.05	95.94	79.33	48.49	341.81

可以看出，采用分项结转法结转半成品成本，可以直接、正确地提供按原始成本项目反映的企业产品成本资料，便于从整个企业的角度考核和分析产品成本计划的执行情况，不需要进行成本还原。但是，这种方法下，半成品成本都是按成本项目分别计算结转的，成本结转工作比较复杂，工作量较大，而且在各步骤完工产品成本中看不出所耗上一步骤半成品的费用是多少，本步骤加工费用是多少，不便于进行各步骤完工产品的成本分析。因此，这种方法一般适用于管理上不要求计算各步骤完工产品所耗半成品费用和本步骤加工费用，而要求按原始成本项目计算产品成本的企业。这类企业，各生产步骤的成本管理要求不高，实际上只是按生产步骤分工计算成本，其目的主要是编制按原始成本项目反映的企业产品成本报表。

第三节　平行结转分步法

一、平行结转分步法的特点及适用范围

平行结转分步法是指不计算各步骤的半成品成本，而只计算本步骤发生的费用和应由产成品负担的份额，将各步骤成本计算单中产成品应负担的份额平行汇总来计算产品成本的一种方法。

平行结转分步法，由于不计算半成品成本，故亦称不计算半成品成本法，主要适用于装配式多步骤大量大批生产的企业，如机械工业；同时也适用于连续式多步骤生产中，半成品没有独立的经济意义或不出售（如砖瓦厂的砖坯、造纸厂的纸浆）的企业。

采用平行结转分步法，虽然仍按照产品品种及其所经过的生产步骤作为成本计算对象开设成本明细账，但由于各步骤半成品在移交下一步骤继续加工时，其半成品成本仍保留在本步骤而不随实物的转移而转移，所以各步骤均只独立核算本步骤直接发生的生产费用，并定期在月末将本步骤发生的生产费用在完工产成品和在产品（广义在产品）之间进行分配。

二、平行结转分步法的核算程序

在平行结转分步法下，各生产步骤不计算、也不逐步结转半成品成本，只是在企业产成品入库时，才将各步骤费用中应计入产成品的份额从各步骤产品成本明细账中转出，从

"基本生产成本"科目的贷方转入"库存商品"科目的借方。因此,采用这一方法,不论半成品是在各生产步骤之间直接转移,还是通过半成品库收发,都不通过"自制半成品"科目进行总分类核算。平行结转分步法的成本核算程序如图9-4所示。

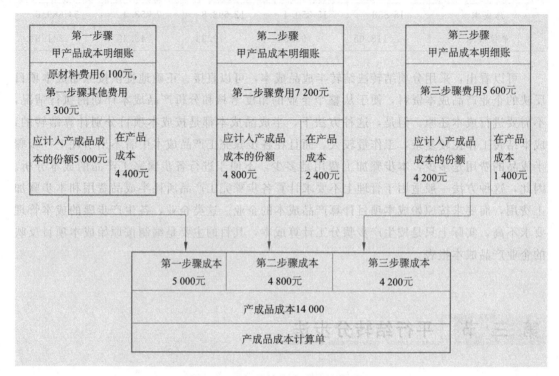

图 9-4　平行结转分步法的核算程序

三、平行结转分步法的特点

平行结转分步法的特点如下。

（1）各生产步骤不计算半成品成本,只核算本步骤所发生的生产费用(除第一步骤外)。

（2）采用这一方法,各步骤之间不结转半成品成本。不论半成品实物是在各生产步骤之间直接转移,还是通过半成品库收发,都不进行总分类核算,也就是说半成品成本不随半成品实物的转移而转移。

（3）每月终了,将各步骤成本计算单上发生的生产费用选择适当的方法在完工产品和在产品之间进行分配。这里的"完工产品"是指最终完工的产成品；"在产品"是指就整个企业而言的未完工产品,即广义的在产品,具体包括：①本步骤正在加工的在产品(亦称狭义的在产品)；②本步骤完工转入以后各步骤尚未最终产成的在产品；③本步骤完工转入半成品库的半成品。

（4）将各步骤费用中应计入产成品的"份额"平行汇总,计算该种产成品的总成本和单位成本。

四、平行结转分步法的应用

平行结转分步法下的完工产品成本,等于各步骤应计入完工产品成本中的"份额"之和。应计入产品成本中的"份额"是按下列公式计算的:

某步骤应计入产品成本的份额＝产成品产量×单位产成品耗用该步骤半成品的数量×该成本项目费用分配率

$$某成本项目费用分配率 = \frac{该步骤月初在产品成本 + 该步骤本月发生费用}{该步骤产品约当产量}$$

某步骤产品约当产量＝本月最终产成品数量＋该步骤广义在产品约当产量

【例 9-5】 某公司大量大批生产甲产品,分三个步骤分别由三个基本生产车间进行生产,每件甲产品耗用各步骤半成品均为 1 件。原材料陆续投入,月末各步骤狭义在产品完工程度均为 50%,该公司 2017 年 10 月份有关资料如表 9-13 所示,产品费用资料如表 9-14 所示。

表 9-13　产量记录　　　　　　　　　　　　　　　　　　　单位:件

项　　目	第一车间	第二车间	第三车间
月初在产品	64	16	32
本月投入	320	344	356
本月完工	352	312	372
月末在产品	32	48	16

表 9-14　月初在产品及本月生产费用　　　　　　　　　　　单位:元

项　　目		直接材料	直接人工	制造费用	合　　计
第一车间	月初在产品成本	1 920	320	400	2 640
	本月生产费用	4 000	960	1 280	6 240
第二车间	月初在产品成本	1 600	304	216	2 120
	本月生产费用	3 200	2 400	2 320	7 920
第三车间	月初在产品成本	1 676	288	200	2 164
	本月生产费用	3 360	2 080	2 160	7 600

要求:采用平行结转分步法计算产品成本,并编制产品成本计算单,如表 9-15～表 9-20 所示。

表 9-15　约当产量计算表　　　　　　　　　　　　　　　　单位:件

项　　目	第一车间	第二车间	第三车间
最终产成品数量	372	372	372
广义在产品数量	32×50%＋48＋16＝80	48×50%＋16＝40	16×50%＝8
合计	452	412	380

表 9-16　平行结转分步法下的费用分配表　　　　　　　　　　单位：元

成本项目	第一车间		第二车间		第三车间	
	计入产成品成本的份额	月末在产品成本	计入产成品成本的份额	月末在产品成本	计入产成品成本的份额	月末在产品成本
直接材料	(1 920+4 000)÷452×372=4 872.21	1 047.79	(1 600+3 200)÷412×372=4 333.98	466.02	(1 676+3 360)÷380×372=4 929.98	106.02
直接人工	(320+960)÷452×372=1 053.45	226.55	(304+2 400)÷412×372=2 441.48	262.52	(288+2 080)÷380×372=2 318.15	49.85
制造费用	(400+1 280)÷452×372=1 382.65	297.35	(216+2 320)÷412×372=2 289.79	246.21	(200+2 160)÷380×372=2 310.32	49.68
合计	7 308.31	1 571.69	9 065.25	974.75	9 558.45	205.55

表 9-17　第一车间产品成本计算单

产品名称：甲产品　　　　　　　　　　　　　　　　　　　　　　　　单位：元

项　目	直接材料	直接人工	制造费用	合　计
月初在产品成本	1 920	320	400	2 640
本月生产费用	4 000	960	1 280	6 240
合计	5 920	1 280	1 680	8 880
应计入产成品成本的份额	4 872.21	1 053.45	1 382.65	7 308.31
月末在产品成本	1 047.79	226.55	297.35	1 571.69

表 9-18　第二车间产品成本计算单

产品名称：甲产品　　　　　　　　　　　　　　　　　　　　　　　　单位：元

项　目	直接材料	直接人工	制造费用	合　计
月初在产品成本	1 600	304	216	2 120
本月生产费用	3 200	2 400	2 320	7 920
合计	4 800	2 704	2 536	10 040
应计入产成品成本的份额	4 333.98	2 441.48	2 289.79	9 065.25
月末在产品成本	466.02	262.52	246.21	974.75

表 9-19　第三车间产品成本计算单

产品名称：甲产品　　　　　　　　　　　　　　　　　　　　　　　　　　　单位：元

项目	直接材料	直接人工	制造费用	合计
月初在产品成本	1 676	288	200	2 164
本月生产费用	3 360	2 080	2 160	7 600
合计	5 036	2 368	2 360	9 764
应计入产成品成本的份额	4 929.98	2 318.15	2 310.32	9 558.45
月末在产品成本	106.02	49.85	49.68	205.55

表 9-20　产成品成本汇总计算表

产品名称：甲产品　　　　　　　产量：372 件　　　　　　　　　　　　　　单位：元

项目	直接材料	直接人工	制造费用	合计
第一车间	4 872.21	1 053.45	1 382.65	7 308.31
第二车间	4 333.98	2 441.48	2 289.79	9 065.25
第三车间	4 929.98	2 318.15	2 310.32	9 558.45
总成本	14 136.17	5 813.08	5 982.76	25 932.01
单位成本	38	15.63	16.08	69.71

从以上计算可以看出，平行结转分步法可以同时平行汇总计算产品成本，不用进行成本还原。这样既简化了成本计算手续，又加速了成本计算进度，但这种方法也有以下缺点：

（1）在这种成本计算法下，由于各步骤间不结转半成品成本，实物结转和成本结转不一致，因此不能全面反映各步骤的生产情况，不便于加强车间成本管理。

（2）在这种成本计算法下，不计算半成品成本，不能为分析半成品成本计划的完成情况和计算半成品的销售成本提供资料。

所以，平行结转分步法只适用于半成品种类较多、逐步结转半成品成本时工作量较大，管理上又不要求提供半成品成本资料的情况下采用。

本章小结

本章的主要内容是分步法下的产品成本计算问题。

产品成本计算的分步法，是以各生产步骤生产的半成品和最终生产步骤的产成品为成本计算对象，归集生产费用、计算产品成本的一种方法，包括逐步结转分步法和平行结转分步法两种。

逐步结转分步法一般适用于大量大批连续式加工企业。在逐步结转分步法中，各步骤所耗用的上一步骤半成品的成本要随着半成品实物的转移，逐步结转进入下一步骤的生产成本明细账，可采用综合结转和分项结转两种方式。在综合结转方式下，通过成本还原，将产成品成本中半成品成本还原为原始成本项目。

平行结转分步法适用于半成品很少或根本不出售，管理上不要求提供完整的半成品成本信息、不需要计算各步骤半成品成本的大量、大批、连续式复杂生产企业，以及大量、大批装配式复杂生产企业。采用平行结转分步法，各步骤不计算半成品成本，只核算本步骤所发生的生产费用，也就是说半成品的成本不随半成品的实物转移而转移。期末，本步骤发生的生产费用要在最终完工的产成品和广义的在产品之间进行分配。

综合练习

一、单项选择题

1. 管理上要求计算各步骤完工产品所耗半成品费用，而不要求进行成本还原的情况下应采用（　　）。
   A. 实际结转分步法　　　　　　　　　B. 平行结转分步法
   C. 综合结转分步法　　　　　　　　　D. 分项结转分步法

2. 采用（　　），为反映原始成本项目，必须进行成本还原。
   A. 逐步结转分步法　　　　　　　　　B. 平行结转分步法
   C. 综合结转分步法　　　　　　　　　D. 分项结转分步法

3. 成本还原是将（　　）耗用各步骤半成品的综合成本，逐步分解还原为原来的成本项目。
   A. 在产品　　　B. 自制半成品　　　C. 狭义在产品　　　D. 产成品

4. 成本还原应从（　　）开始。
   A. 第一生产步骤　　　　　　　　　　B. 中间生产步骤
   C. 任意某个生产步骤　　　　　　　　D. 最后一个生产步骤

5. 在管理上不要求计算各步骤完工产品所耗半成品费用和本步骤加工费用，而要求按原始成本项目计算产品成本的企业，采用分步法计算成本时，应采用（　　）。
   A. 逐步结转分步法　　　　　　　　　B. 平行结转分步法
   C. 综合结转分步法　　　　　　　　　D. 分项结转分步法

6. 在大量大批多步骤生产企业，当半成品的种类很多，但半成品对外销售的情况却很少，管理上不要求计算半成品成本时，可采用（　　）。
   A. 逐步结转分步法　　　　　　　　　B. 平行结转分步法
   C. 综合结转分步法　　　　　　　　　D. 分项结转分步法

7. 平行结转分步法下，每一生产步骤计入完工产品成本的"份额"是（　　）。
   A. 该步骤完工产品的成本
   B. 该步骤完工半成品的成本
   C. 该步骤生产费用中应计入产成品成本的份额

D. 该步骤生产费用中应计入在产品成本的份额
8. 采用（　　）这种成本计算方法，半成品成本不随实物转移而转移。
A. 逐步结转分步法　　　　　　　　B. 平行结转分步法
C. 综合结转分步法　　　　　　　　D. 分项结转分步法

二、多项选择题
1. 出于是否需要计算各生产步骤的半成品成本和简化成本计算工作的考虑，分步法分为（　　）。
A. 逐步结转分步法　　　　　　　　B. 平行结转分步法
C. 综合结转分步法　　　　　　　　D. 分项结转分步法
2. 逐步结转分步法按照半成品成本在下一步骤成本明细账中的反映方法，可分为（　　）。
A. 逐步结转分步法　　　　　　　　B. 平行结转分步法
C. 综合结转分步法　　　　　　　　D. 分项结转分步法
3. 逐步结转分步法的特点有（　　）。
A. 除第一生产步骤外，其余各生产步骤的生产费用均包括上步骤转入的半成品成本和本步骤所发生的生产费用
B. 半成品成本随实物的转移而转移
C. 各生产步骤的完工产品，除最后步骤为产成品外，其余各步骤均为半成品
D. 各步骤的在产品均为狭义在产品
4. 应当采用逐步结转分步法计算成本的企业主要有（　　）。
A. 自制半成品可以加工成多种产品的企业
B. 有自制半成品对外销售的企业
C. 为加强成本管理，考核自制半成品成本计划执行情况的企业
D. 按订单组织生产的企业
5. 在分步法中不用成本还原，可直接按成本项目反映产成品成本的分步法是（　　）。
A. 逐步结转分步法　　　　　　　　B. 平行结转分步法
C. 综合结转分步法　　　　　　　　D. 分项结转分步法
6. 采用平行结转分步法，各生产步骤的期末在产品包括（　　）。
A. 本步骤正在加工的在制品
B. 本步骤已加工完毕交给各半成品仓库的半成品
C. 上步骤正在加工的在制品
D. 本步骤已完工但正在以后步骤进一步加工并尚未最终完工的半成品
7. 半成品成本随实物的转移而转移的分步法是（　　）。
A. 逐步结转分步法　　　　　　　　B. 平行结转分步法
C. 综合结转分步法　　　　　　　　D. 分项结转分步法
8. 与逐步结转分步法相比，平行结转分步法（　　）。
A. 不必进行成本还原
B. 可以提供各步骤的半成品成本资料

C. 不利于在产品的实物管理和资金管理

D. 各步骤不可以同时计算产品成本

三、判断题

1. 分步法是指以产品的品种及其所经过的生产步骤作为成本计算对象归集生产费用，计算产品成本的方法。（   ）

2. 逐步结转分步法，各步骤的在产品均为广义在产品。（   ）

3. 逐步结转分步法主要适用于成本管理中不需要提供各个生产步骤半成品成本资料的企业。（   ）

4. 分项结转分步法有时需要进行成本还原。（   ）

5. 成本还原是从第一个生产步骤开始，依次从前往后逐步分解，直至最后的加工步骤为止。（   ）

6. 平行结转分步法各个生产步骤也需要计算半成品成本。（   ）

7. 平行结转分步法下的完工产品不仅包括最终完工的产成品，还包括各步骤完工的半成品。（   ）

8. 采用分项结转法结转半成品成本，可以直接提供按原始成本项目反映的产品成本资料。（   ）

9. 平行结转分步法下的在产品是广义的在产品。（   ）

10. 平行结转分步法，只计算本步骤发生的生产费用，以及生产费用中应计入产成品成本的份额。（   ）

四、简答题

1. 对比逐步结转分步法和平行结转分步法，说明各自的主要优缺点和适用范围是什么？

2. 对比逐步结转分步法下的综合结转法和分项结转法，说明各自的优缺点和适用范围是什么？

3. 为什么要进行成本还原？怎样还原？

五、业务核算题

1. 有关甲产品的成本资料如表 9-21 所示，假设没有月初在产品成本。

表 9-21 甲产品成本计算单   单位：元

项目	第一步骤			第二步骤			第三步骤		
	直接材料	加工费用	合计	半成品	加工费用	合计	半成品	加工费用	合计
本月生产费用	5 000	2 300	7 300		1 890			3 000	
完工产品成本	4 200	2 100	6 300					2 000	
月末在产品成本	800	200	1 000	300	90		1 500		

要求：采用综合结转分步法填列上述成本计算单。

2. 某厂有三个基本生产车间，生产甲、乙两种产品，生产开始时一次投入全部材料，顺序进行加工，第三车间生产出产成品。在产品按定额成本法计价，车间之间半成品直接转移，不通过半成品库。该厂10月各种产品的产量、工时和成本资料如下。

（1）产量记录如表9-22所示。

表9-22　产量记录　　　　　　　　　　　　　　　　　　　　　　单位：件

项　目	第 一 车 间		第 二 车 间		第 三 车 间	
	甲产品	乙产品	甲产品	乙产品	甲产品	乙产品
月初在产品	40	10	20	20	30	25
本月投产或上车间转入	600	400	625	390	620	400
本月产成品	625	390	620	400	640	420
月末在产品	15	20	25	10	10	5

（2）月初各车间在产品定额成本资料如表9-23所示。

表9-23　月初各车间在产品定额成本　　　　　　　　　　　　　　单位：元

项　目	第 一 车 间		第 二 车 间		第 三 车 间	
	甲产品	乙产品	甲产品	乙产品	甲产品	乙产品
直接材料（半成品）	1 800	1 200	1 000	2 200	1 500	2 800
直接人工	342	114	228	456	684	1 140
制造费用	118	76	172	344	486	860
合计	2 260	1 390	1 400	3 000	2 670	4 800

（3）单位在产品定额成本资料如表9-24所示。

表9-24　单位在产品定额成本　　　　　　　　　　　　　　　　　单位：元

项　目	第 一 车 间		第 二 车 间		第 三 车 间	
	甲产品	乙产品	甲产品	乙产品	甲产品	乙产品
直接材料（半成品）	45	120	50	110	50	112
直接人工	8.55	11.40	11.40	22.80	22.80	45.60
制造费用	2.95	7.60	8.60	17.20	17.20	34.40
合计	56.50	139	70	150	90	192

（4）各车间各种产品本月发生的生产费用资料如表9-25所示。

表 9-25　各车间各种产品本月发生的生产费用　　　　　单位：元

项目	第一车间		第二车间		第三车间	
	甲产品	乙产品	甲产品	乙产品	甲产品	乙产品
直接材料	25 000	44 000				
直接人工	9 348	9 802	4 332	7 296	3 648	7 410
制造费用	5 142	6 286	3 240	6 504	3 102	5 850
合计	39 490	60 088	7 572	13 800	6 750	13 260

要求：采用综合结转分步法计算产品成本并进行成本还原，如表 9-26～表 9-29 所示。

表 9-26　甲产品成本计算表　　　　　单位：元

成本项目	第一步骤		第二步骤		第三步骤	
	在产品成本	完工半成品成本	在产品成本	完工半成品成本	在产品成本	完工半成品成本
直接材料						
直接人工						
制造费用						
合计						

表 9-27　甲产品成本还原计算表

成本项目	还原前总成本	第二步骤半成品成本	还原额及还原率	第一步骤半成品成本	还原额及还原率	还原后总成本
栏目	1栏	2栏	3栏	4栏	5栏	6栏
还原分配率						
直接材料(半成品)/元						
直接人工/元						
制造费用/元						
合计/元						

表 9-28 乙产品成本计算表   单位：元

成本项目	第一步骤		第二步骤		第三步骤	
	在产品成本	完工半成品成本	在产品成本	完工半成品成本	在产品成本	完工半成品成本
直接材料						
直接人工						
制造费用						
合计						

表 9-29 乙产品成本还原计算表

成本项目	还原前总成本	第二步骤半成品成本	还原额及还原率	第一步骤半成品成本	还原额及还原率	还原后总成本
栏目	1栏	2栏	3栏	4栏	5栏	6栏
还原分配率						
直接材料(半成品)/元						
直接人工/元						
制造费用/元						
合计/元						

3. 某企业生产乙产品，需要经过两个生产步骤分别由两个基本生产车间连续加工。第一车间生产的乙半成品直接转入第二车间继续加工，第二车间将乙半成品继续加工成乙产品。原材料在生产开始时一次投入，月末在产品完工程度均为50%。各步骤完工产品与月末在产品之间费用的分配采用约当产量比例法。2017年9月份有关成本资料如下。

（1）产量资料如表 9-30 所示。

表 9-30 产量资料   单位：件

项目	第一车间	第二车间
月初在产品数量	33	80
本月投产数量	107	100
本月完工数量	100	120
月末在产品数量	40	60

（2）成本资料如表 9-31～表 9-33 所示。

表 9-31 第一车间月初在产品成本   单位：元

项目	直接材料	直接人工	制造费用	合计
	1 650	560	350	2 560

表 9-32　第二车间月初在产品成本　　　　　　　　　　　单位：元

直接材料		直接人工		制造费用		合计
上步转来	本步骤发生	上步转来	本步骤发生	上步转来	本步骤发生	
4 000		2 400		1 600		8 000
			720		486	1 206

表 9-33　本月生产费用　　　　　　　　　　　　　　　　单位：元

项目	直接材料	直接人工	制造费用	合计
第一车间	5 350	3 040	2 050	10 440
第二车间本步骤发生		1 980	1 314	3 294

要求：采用分项结转分步法计算第一车间乙半成品成本及二车间乙产品总成本和单位成本，如表 9-34 和表 9-35 所示。

表 9-34　第一车间生产成本明细账

产品名称：乙半成品　　　　　　2017 年 9 月　　　　　　　　　　单位：元

项目		直接材料	直接人工	制造费用	合计
月初在产品成本					
本月生产费用					
生产费用合计					
产品产量	完工产品数量				
	在产品约当产量				
	合计				
分配率（单位成本）					
完工产品成本					
月末在产品成本					

表 9-35　第二车间生产成本明细账

产品名称：乙产品　　　　　　　2017 年 9 月　　　　　　完工产量：120 件

　　　　　　　　　　　　　　　　　　　　　　　　　　　　单位：元

摘要		直接材料		直接人工		制造费用		合计
		上步转来	本步骤发生	上步转来	本步骤发生	上步转来	本步骤发生	
月初在产品成本	上步骤转来							
	本步骤发生							

续表

摘　　要		直接材料		直接人工		制造费用		合计
		上步转来	本步骤发生	上步转来	本步骤发生	上步转来	本步骤发生	
本月发生生产费用	上步骤转来							
	本步骤发生							
生产费用合计								
产品产量	完工产品数量							
	在产品约当产量							
	合计							
分配率(单位成本)								
完工产品成本								
月末在产品成本								

第十章 产品成本计算的辅助方法

> **学习目标**
> 1. 了解产品成本计算的辅助方法和产品成本计算的基本方法之间的区别与联系；
> 2. 明确各种辅助方法的适用范围；
> 3. 熟练掌握分类法、定额法的原理及分配方法；
> 4. 掌握联产品和副产品的成本计算。

产品成本计算的品种法、分批法、分步法是产品成本计算的基本方法，它们与企业生产类型的特点有直接联系。而分类法、定额法是产品成本计算的辅助方法，它们与企业生产类型没有直接联系，在各种类型的生产中都可以应用。在产品品种、规格繁多的企业，为了简化成本计算，可采用分类法计算成本；在定额管理制度健全，消耗定额准确、稳定的企业，为加强成本管理，可采用定额法计算产品成本。以上两种方法必须和产品成本计算的基本方法结合起来应用。这一章虽然是成本核算的辅助方法，但是非常实用。

第一节 产品成本计算的分类法

一、分类法的定义及适用范围

分类法是先按照产品的类别归集生产费用，计算各类完工产品成本的总成本，然后采用一定的标准分配计算类内各种产品成本的一种成本计算方法。分类法并不是一种独立的方法，它只是一种辅助的方法，必须和品种法、分批法、分步法等结合起来应用。

分类法与产品的生产类型无关，主要适用于生产的产品品种、规格较多，又可以按一定标准分类的大量生产车间或企业。例如，灯泡厂生产的不同规格的灯泡，食品厂生产的不同种类的面包等，都可以采用分类法计算各种产品成本。

从根本上说，分类法不是一种独立的成本核算方法。分类法所要解决的根本问题是在一类产品已经完工、该类产品总成本已经计算出来的基础上，如何把该类产品的总成本在该类别内部各种不同规格或型号的产品中分配的问题。所以，分类法的费用归集方法、各种费用的分配等，都是采用前面讲过的方法进行的，只是以类别作为费用归集和分配的对象而已。

二、分类法的特点

（一）分类法的成本计算对象是产品的生产类别

有些企业生产的产品品种规格繁多，某些产品生产所消耗的原材料和生产工艺基本相同，可以作为一类，进而确定成本计算对象，设置"基本生产成本"明细账，计算该类完工产品总成本。分类的恰当与否直接关系到各种规格产品成本计算的准确性，分类的标准因具体情况而定，类距不宜过大，应以原材料和工艺相近为依据，类距也不宜过小，避免使成本核算工作复杂化。所以分类法首先要解决分类的问题，进而科学、合理地确定成本计算对象。

（二）根据生产特点和成本管理要求来确定成本计算期

分类法的成本计算期要根据生产特点及管理要求来确定。如果是大批量生产，结合品种法或分步法进行成本计算，则应定期在月末进行成本计算；如果与分批法结合运用，成本计算期可不固定，应与生产周期一致。

（三）生产费用在完工产品和在产品之间的分配

分类法实质是在成本计算的品种法、分批法和分步法的基础上演变而来的，因此，其成本核算程序与三种基本的成本计算方法大致相同。不同的是，分类法首先要将产品归类，按类别设立成本计算单，按类别来汇集和分配费用，即将一类产品视为一种产品来汇集和分配费用。当费用汇集到成本计算单上以后，还需要采用一定的方法，将生产费用分配到一类产品中各种不同规格的产成品上去，才能计算出各种不同规格产品的单位成本。

三、分类法产品成本计算的程序

分类法下产品成本计算的基本程序可归纳如下。

（1）合理确定产品类别，按产品类别设立成本计算单。

（2）按照产品的类别和规定的成本项目，在设立的成本计算单内汇集生产费用，计算各类产品的总成本。

（3）采用适当的方法计算类内各产品的总成本和单位成本。同一类别内各种规格的产品的成本，要采用适当的标准进行分配。分配的标准通常有材料消耗定额量、工时定额、工资定额、费用定额，或产品的售价、重量或体积等。在实际工作中，有时为了简化成本计算工作，类内不同规格产品成本的计算经常采用系数法，即在类内选择一种产量较大、生产稳定、规格适中的产品作为标准产品，将其分配标准定为"1"，将其他产品的分配标准与标准产品的分配标准相对比,计算各自分配标准系数,然后将各种产品的产量乘以折合系数计算各种产品的标准产量,再将该类完工产品总成本按照各种产品的标准产量进行分配,计算每种产品的生产成本。

原材料费用系数一般采用材料费用定额标准计算,其他费用系数一般采用工时定额标准计算。系数的具体计算公式为

$$原材料费用系数 = \frac{其他产品材料费用定额}{标准产品材料费用定额}$$

$$其他费用系数 = \frac{其他产品工时定额}{标准产品工时定额}$$

(4)类内各种产品的月末在产品成本,可以按定额成本计算,也可以同完工产品一样按比例分配计算。从生产费用总额中扣除月末在产品成本,即可求得类内各种产品的完工产品成本。

四、分类法的应用

下面通过实例介绍分类法的具体应用。

【例10-1】某企业生产产品品种、规格较多,可以归为A、B、C三类产品,其中A类中有生产耗用原材料和生产工艺基本相同的3种产品,分别为A1、A2和A3,其中A2为标准产品。企业采用分类法计算各种产品的成本。原材料费用系数按照原材料费用定额标准确定,其他费用系数按照工时定额标准确定。A类完工产品总成本、3种产品产量和有关定额资料如表10-1和表10-2所示。

表10-1 基本生产成本明细账

产品类别:A类   2017年2月   单位:元

项 目	直接材料	直接人工	制造费用	合 计
月初在产品成本	38 000	4 300	6 900	49 200
本月生产费用	587 000	66 300	89 200	742 500
合 计	625 000	70 600	96 100	791 700
本月完工产品成本	592 000	62 580	89 400	743 980
月末在产品成本	33 000	8 020	6 700	47 720

表10-2 各种产品系数折算表

2017年2月

产品名称	产量/件	原材料费用定额/元	原材料费用系数	原材料费用总系数	工时定额/小时	其他费用系数	其他费用总系数
A1	1 000	240	0.8	800	8.2	0.82	820
A2	1 200	300	1	1 200	10	1	1 200
A3	800	360	1.2	960	12	1.2	960
合计	—			2 960			2 980

表 10-2 中，数据计算公式为

各种产品原材料费用系数＝该产品原材料费用定额÷标准产品原材料费用定额

原材料费用总系数＝产量×原材料费用系数

各种产品其他费用系数＝该产品工时定额÷标准产品工时定额

其他费用总系数＝产量×其他费用系数

根据计算的标准产量，计算分配率，分配各种产品的直接材料、直接人工和制造费用，计算各种产品成本，如表 10-3 所示。

表 10-3　成本费用分配表

项目	原材料费用总系数	材料分配率	直接材料/元	其他费用总系数	直接人工分配率	直接人工/元	制造费用分配率	制造费用/元	合计/元
A1	800	200	160 000	820	21	17 220	30	24 600	201 820
A2	1 200	200	240 000	1 200	21	25 200	30	36 000	301 200
A3	960	200	192 000	960	21	20 160	30	28 800	240 960
合计	2 960	200	592 000	2 980	21	62 580	30	89 400	743 980

表 10-3 中，数据计算公式为

直接材料分配率＝直接材料费用总额÷各种产品材料费用总系数之和

各种产品分配直接材料费用＝该产品材料费用总系数×直接材料分配率

直接人工分配率＝直接人工费用总额÷各种产品其他费用总系数之和

各种产品分配直接人工费用＝该产品其他费用总系数×直接人工分配率

制造费用分配率＝制造费用总额÷各种产品其他费用总系数之和

各种产品分配制造费用＝该产品其他费用总系数×制造费用分配率

有些工业企业，特别是化工企业，对同一原材料进行加工可以同时生产出几种主要产品。例如，原油经过提炼可以同时加工出汽油、柴油、煤油等产品，这些联产品也可以归为一类，同样适合采用分类法计算各种产品成本。

另外，企业有时可能生产一些零星产品，虽然生产原料和工艺不一定完全相同，但是其品种、规格较多，数量少，成本小，为了简化成本计算工作，可以将其归为一类，采用分类法计算产品成本。

有些轻工业企业，如纺织厂、毛巾厂，生产产品的原料和工艺完全相同，由于工人的操作原因产生了质量上有差别的等级产品，则不能采用分类法计算产品成本。如果等级产品本身就是由于其原料和工艺的不同而产生的，则这些产品可以视为同一品种不同规格的产品，将其归为一类，采用分类法计算产品成本。

第二节 产品成本计算的定额法

一、定额法的含义和特点

定额法是以产品品种或类别作为成本核算对象,根据产品实际产量,核算产品的实际生产费用和脱离定额的差异、计算完工产品成本的一种成本计算方法。它主要适用于产品已经定型、产品品种比较稳定、各项定额比较齐全准确、原始记录比较健全的大量大批生产企业。

产品成本计算的定额法,是以产品的定额成本为基础,通过事先制定产品的定额成本作为目标成本,在费用实际发生时,将实际发生的生产费用与目标成本对比。这样从成本核算过程中,就可以反映出哪些费用符合定额,哪些费用脱离定额,脱离了多少,即差异有多大,从而对实际费用的支出形成控制和监督。

由于定额法分别核算实际发生的费用和定额费用,所以,期末计算完工产品成本时,通常由三部分组成:

$$产品实际成本 = 定额成本 \pm 脱离定额差异 \pm 定额变动差异$$

式中,定额成本是指按产品现行消耗定额计算的成本;脱离定额差异(以下简称定额差异)是指实际发生的各项费用与现行定额的差异;定额变动差异是指当企业修改定额时,新定额与旧定额的差异。

定额差异反映了费用的节约和超支,而定额变动差异则是由于技术进步、劳动生产率提高等原因形成的新旧定额的差异,而不是费用本身的节约;定额差异是经常存在的,而定额变动差异只有在修改消耗定额时才产生。

二、定额成本的制定

采用定额法计算产品成本,首先要制定产品的原材料、动力、工时等的消耗定额,并根据各项消耗定额和原材料的计划单价、计划小时工资率或计件单价、计划小时制造费用率等资料,计算产品的各项费用定额和单位产品的定额成本。其计算公式为

$$直接材料费用定额 = 单位产品材料消耗定额 \times 材料计划单价$$
$$直接人工费用定额 = 单位产品工时定额 \times 计划小时工资率$$
$$制造费用定额 = 单位产品工时定额 \times 计划小时制造费用率$$
$$单位产品定额成本 = 直接材料费用定额 + 直接人工定额 + 制造费用定额$$

在实际工作中,单位产品定额成本的制定应包括零件、部件和产成品的定额成本,通常由企业生产技术、计划、会计部门共同制定。一般先制定各零件的定额成本,然后汇总部件和产成品的定额成本。如果产品的零件、部件较多,为了简化成本计算过程,可以不计算零件的定额成本,直接计算部件或者产成品的定额成本。零件定额卡、部件定额卡、产品消耗定额计算表和产成品定额成本计算表如表10-4~表10-7所示。

表10-4 零件定额卡

零件编号：101　　　　　　　　　零件名称：A　　　　　　　　　2017年3月

材料编号	材料名称	计量单位	材料消耗定额
C200	Z	千克	8

工序	工时定额	累计工时定额
第一工序	4	4
第二工序	4	8
第三工序	2	10

表10-5 部件定额卡

零件编号：B601　　　　　　　　　部件名称：B　　　　　　　　　2017年3月

耗用零件名称	耗用零件数量	材料定额成本 Z材料			材料金额合计	工时消耗定额
		数量	计划单位	金额		
101	2	5	8	40	80	10
102	1	6	8	48	48	15
组装						5
合计		11		88	128	30

表10-6 产品消耗定额计算表

产品名称：甲产品　　　　2017年3月　　　　　　　　　　　　　　单位：元

耗用部件名称	耗用部件数量	材料定额成本		工时消耗定额	
		部件定额	产品定额	部件定额	产品定额
B601	1	128	128	30	30
B602	2	36	72	25	50
装配					20
合计		—	200	—	100

表10-7 产成品定额成本计算表

2017年3月　　　　　　　　　　　　　　　　　　　　　　　　　　单位：元

产品名称	直接材料	工时定额	直接人工		制造费用		定额成本合计
			计划小时费用率	定额成本	计划小时费用率	定额成本	
甲	200	100	1.5	150	2.5	250	600
乙	220	50	1.5	75	2.5	125	420
丙	100	60	1.5	90	2.5	150	340

三、产品脱离定额差异的计算

产品脱离定额差异是指在生产过程中,各项生产费用的实际支出脱离现行定额的数额,包括直接材料脱离定额差异、直接人工脱离定额差异和制造费用脱离定额差异等。脱离定额差异的计算,要在发生各项生产费用的时候,为符合定额部分和脱离定额差异分别编制定额凭证和差异凭证,并在有关的费用分配表和明细账中予以登记。这样,就能及时控制和分析生产费用的支出情况。对于差异凭证,还必须按照规定办理有关的审批手续,严格控制费用的超支,减少浪费和损失。

脱离定额差异也应当按照企业制定的产品成本项目分别核算。

(一) 直接材料脱离定额差异的计算

材料脱离定额差异是由于产品实际耗用材料数量与定额耗用量之间的差异而引起的成本差异。

直接材料费用在产品成本中占有相当大的比重,对于直接材料费用更加要按照规定对符合定额内部分和脱离定额差异分别用不同凭证予以反映。直接材料脱离定额差异的核算方法一般有以下几种。

▶ 1. 限额领料单法

采用定额法计算产品成本时,为了加强材料费用的控制,应当实行限额领料单制度,符合定额的原材料应填制限额领料单等定额凭证领发。由于增加产量需增加的用料,在追加限额手续后,也可以根据定额凭证领发。由于其他原因发生的超额领料,属于材料脱离定额超支的差异,应当专设超额领料单等差异凭证,并在差异凭证中填写差异的数量、金额以及发生差异的原因,差异凭证的填制须经过有关部门的审批。

在每批生产任务完成以后,车间余料应编制退料单,退料单也是一种差异凭证,退料单中原材料的数额和限额领料单中的原材料余额都是原材料脱离定额差异中的节约差异。

采用限额领料单法时,应注意在一般情况下,领料差异不等于耗料差异。这是因为本期投产产品的数量不一定等于规定的产品数量。在车间中还可能有期初期末余料,致使本期领料数量不等于本期实际耗料数量。只有在本期投产产品数量等于规定的产品数量、车间领料已全部耗用、在车间中再无期初期末余料的情况下,领料差异才能等于耗料差异。因此,在实际工作中,可以按下列公式计算本期材料实际消耗量、定额消耗量。

本期原材料实际耗用量=本期领用原材料数量+期初结余原材料数量-期末结余原材料数量

本期原材料定额耗用量=本期投产产品数量×单位定额消耗量

月末将各种材料差异凭证进行汇总,就可以计算出原材料费用脱离定额差异,其计算公式为

本期原材料脱离定额差异=(本期原材料实际消耗量-本期原材料定额消耗量)×原材料计划单价

【例10-2】某企业生产甲产品,本期投产产品数量1 100件,单位产品材料消耗定额为5千克。本期限额领料凭证领用原材料数量为5 400千克,差异凭证中超领原材料100千

克，车间期初余料 10 千克，期末余料 50 千克，材料计划单价 4 元。计算甲产品原材料定额差异如下：

本期材料定额消耗量＝1 100×5＝5 500（千克）

本期材料实际消耗量＝5 400＋100＋10－50＝5 460（千克）

本期材料脱离定额差异＝（5 460－5 500）×4＝－160（元）（节约）

▶ 2. 切割法

为了更好地控制原材料的用料差异，某些贵重材料或经常大量使用的，且又需要经过在车间或下料工段切割后才能进一步进行加工的材料，如板材、棒材等，应采用材料切割核算单。材料切割单的格式如表 10-8 所示。通过材料切割核算单，核算用料差异，控制用料。

表 10-8　材料切割单

材料名称：C10　　　　　　材料计量单位：千克　　　　　　材料计划单价：8 元
产品名称：甲　　　　　　　　　　　　　　　　　　　　　　图样号：12
切割工人编号：　　　　　　　　　　　　　　　　　　　　　机床编号：A18
发交切割日期：2017 年 3 月 11 日　　　　　　　　　　　　完工日期：2017 年 3 月 14 日

发料数量		退回余料数量		材料实际消耗量		废料回收数量	
208		18		190		20	
单件消耗定额	单件回收废料定额	应切割毛坯数量	实际切割数量	材料定额消耗量		废料定额回收量	
10	1	19	18	180		18	
材料脱离定额差异		废料脱离定额差异					
数量	金额	数量	单价	金额	差异原因在于增加了边料，减少了毛坯	责任人：××	
10	80	－2	1.2	－2.4			

表 10-8 中，各数据计算过程如下：

应切割毛坯数量＝190÷10＝19（件）

材料定额消耗量＝18×10＝180（千克）

材料脱离定额差异＝（190－180）×8＝80（元）

废判定额回收量＝18×1＝18（千克）

废料脱离定额差异＝（18－20）×1.2＝－2.4（元）

材料切割核算单，应按切割材料的批别设置，在材料切割单中填写切割材料种类、数额、消耗定额和应切割成的毛坯数量。切割完毕后，要填写实际切割的毛坯数量和材料的实际消耗量，然后根据实际切割成的毛坯数量和消耗定额，可求得材料定额消耗量，再将此与材料实际消耗量相比较，即可确定脱离定额差异。材料定额消耗量、脱离定额的差异，以及发生差异的原因均应填入切割单中，由相关人员签字。另外，只有在实际切割成的毛坯数量大于或等于应切割毛坯数量的情况下，才可以将超定额回收废料的差异认定为材料费用节约差异。

3. 盘存法

盘存法是指通过定期盘存的方法来核算材料脱离定额差异。当企业大量生产,不能按照上述分批核算原材料脱离定额差异的情况下,应定期(按工作班、工作日或按周、句等)通过盘存的方法核算差异。具体的程序如下:

(1)根据产品入库单等凭证记录的完工产品数量和在产品盘存(实地盘存或账面结存)数量计算出投产产品数量,再乘以原材料消耗定额,计算出原材料定额消耗量。其中,投产产品数量的计算公式为

本期投产产品数量＝本期完工产品数量＋期末在产品数量－期初在产品数量

(2)根据限额领料单、超额领料单、退料单等材料凭证以及车间余料的盘存数量,计算原材料实际消耗量。

(3)将原材料实际消耗量与定额消耗量进行比较,进而确定原材料脱离定额的差异。其计算公式为

材料脱离定额差异＝(本期材料实际消耗量－本期投产产品数量×
单位产品材料消耗定额)×材料计划单价

应当指出的是,按照上述公式计算本期投产产品数量,原材料必须在生产开始时一次投入,期初和期末在产品都不再耗用原材料。如果原材料是随着生产的进行陆续投入,在产品还要耗用原材料,那么上述公式中的期初和期末在产品数量应改为按原材料消耗定额计算的期初和期末在产品的约当产量。

【例10-3】假设某企业生产甲产品,原材料在生产开始时一次投入,单位产品材料消耗定额为20千克,材料计划单价为10元。甲产品月初在产品50件,本期完工产品1 000件,期末实地盘点在产品40件。根据限额领料单,本月领用材料20 000千克,期初车间余料80千克,期末车间余料100千克。材料脱离定额差异计算如下:

本月投产产品数量＝1 000＋40－50＝990(件)
本月材料定额消耗量＝990×20＝19 800(千克)
本月材料实际消耗量＝20 000＋80－100＝19 980(千克)
材料脱离定额差异＝(19 980－19 800)×10＝1 800(元)

上述计算结果说明,甲产品材料脱离定额差异为超支差异1 800元。

(二)直接人工脱离定额差异的计算

在计件工资形式下,生产工人工资属于直接计入费用,在计件单价不变的情况下,定额工资没有脱离定额差异。只有因工作条件发生变化而在计件单价之外支付的工资、津贴、补贴等,才是生产工资脱离定额差异。凡是符合定额的生产工资直接反映在有关的产量记录中;脱离定额的差异,设置"工资补付单"等差异凭证予以反映,并在"工资补付单"中填写发生差异的原因。

在计时工资形式下,直接人工费用一般为间接计入费用,其脱离定额差异不能在平时计算,只有在月末本月实际直接人工费用总额和产品生产总工时确定后才能计算。其计算公式为

计划小时工资率＝计划产量下的定额直接人工费用总额÷计划产量的定额生产工时总数

实际小时工资率＝实际直接人工费用总额÷实际生产工时总数
产品定额直接人工费用＝该产品实际产量的定额生产工时×计划小时工资率
产品实际直接人工费用＝该产品实际产量的实际生产工时×实际小时工资率
直接人工费用脱离定额差异＝该产品实际直接人工费用－该产品定额直接人工费用

【例 10-4】某企业本月生产甲、乙两种产品，计划工资额为 12 000 元，计划产量工时为 60 000 小时。实际产量的定额工时为 62 000 小时，其中甲产品 40 000 小时，乙产品 22 000 小时。实际工资总额为 14 300 元，实际工时为 65 000 小时，其中甲产品 45 000 小时，乙产品 20 000 小时。分别计算甲、乙产品工资定额差异如下：

计划小时工资率＝12 000÷60 000＝0.20（元）
实际小时工资率＝14 300÷65 000＝0.22（元）
甲产品工资费用脱离定额差异＝（45 000×0.22）－（40 000×0.20）＝1 900（元）
其中：工时变动影响＝0.20×（45 000－40 000）＝1 000（元）
工资率变动影响＝（0.22－0.20）×45 000＝900（元）
乙产品工资费用脱离定额差异＝（20 000×0.22）－（22 000×0.20）＝0（元）
其中：工时变动影响＝0.20×（20 000－22 000）＝－400（元）
工资率变动影响＝（0.22－0.20）×20 000＝400（元）

工资定额差异是由工时差异和小时工资率差异两个因素组成的。因此，要降低单位产品计时工资费用，除了要严格控制工资总额的支出外，还必须严格控制单位产品的工时耗费。为了按照产品核算定额工时、实际工时和脱离定额工时的差异，在产量记录中必须正确地反映各种产品的定额工时、实际工时、工时差异及其原因，并定期按照成本计算对象进行汇总。

(三) 制造费用脱离定额差异的计算

制造费用一般来说属于间接计入费用，在日常核算中不能按照产品直接确定脱离定额差异，只能根据月份的费用计划，按照费用的发生地点和费用项目计算脱离定额差异，对制造费用进行控制和监督。其计算公式为

计划小时制造费用率＝某车间定额制造费用总额÷该车间计划产量的定额工时总数
实际小时制造费用率＝某车间实际制造费用总额÷该车间各种产品实际生产工时总额
定额制造费用＝该产品实际产量的定额工时×计划小时制造费用率
实际制造费用＝该产品实际产量的实际工时×实际小时制造费用率
制造费用脱离定额差异＝该产品实际制造费用－该产品定额制造费用

对于废品损失及其发生的原因，应采用废品通知单和废品损失计算表单独反映，其中不可修复废品的成本，应按照定额成本计算。由于产品定额成本中一般不包括废品损失，所以发生的废品损失，通常作为脱离定额差异来处理。

通过将产品的各项生产费用都分别计算出符合定额费用的部分和脱离定额差异的部分，在产品的定额成本上，加上或者减去脱离定额的差异，即可求得产品的实际成本。其计算公式为

产品实际成本＝产品定额成本±脱离定额差异

为了计算完工产品的实际成本，上述脱离定额的差异，还应在完工产品和月末在产品之间进行分配。由于采用定额法计算产品成本的企业，都有现成的定额成本资料，所以脱离定额差异在完工产品与月末在产品之间的分配，大多采用定额比例法进行。

四、定额变动差异的核算

定额变动差异是指因修订消耗定额或生产耗费的计划价格而产生的新旧定额之间的差额。定额变动差异与脱离定额差异是不同的。定额变动差异是定额本身变动的结果，它与生产中费用支出的节约或浪费无关，而脱离定额差异则反映生产费用支出符合定额的程度。

消耗定额和定额成本一般是在月初、季初或年初定期进行修订。在定额的月份，其月初在产品的定额成本并未修订，它仍然是按照旧定额计算的。为了将按旧定额计算的月初在产品定额成本和按新定额计算的本月投入的定额成本，在新定额的同一基础上相加起来，应计算月初在产品的定额差异，以调整月初在产品的定额成本。

月初在产品定额变动差异可以根据定额发生变动的在产品盘存数量或在产品账面结存数量和修订前后的消耗定额，计算出月初在产品新的定额消耗量和新的定额成本，再与修订前月初在产品定额成本比较，计算出定额变动差异。为了简化成本计算工作，也可以根据定额变动前后单位产品的定额成本计算出定额变动系数，采用系数法确定月初在产品定额变动差异。其计算公式为

定额变动系数＝按新定额计算的单位产品定额成本÷按旧定额计算的单位产品定额成本

月初在产品定额变动差异＝按旧定额计算的单位产品定额成本×(1＋定额变动系数)

各种消耗定额的变动，一般表现为不断下降的趋势，因此，月初在产品定额变动差异通常表现为月初在产品定额成本的降低。在这种情况下，一方面应从月初在产品定额成本中扣除该项差异；另一方面，由于该项差异是月初在产品生产费用的实际支出，因此还应将该项差异计入本月产品成本。相反，若消耗定额不是下降，而是提高，在计算出定额变动差异后，应将此差异加入月初在产品定额成本之中，同时从本月产品成本中予以扣除，因为实际上并未发生这部分支出。因此，定额变动差异的产生，并不影响生产费用总额的增加或减少。

定额变动差异一般应按照定额成本比例，在完工产品和月末在产品之间进行分配。因为这种差异不是当月工作的结果，不应全部计入当月完工产品成本。但是，若定额变动差异数额较小，或者月初在产品本月全部完工，那么，定额变动差异也可以全部由完工产品负担，月末在产品不再负担。

五、定额法的应用

定额法下，产品实际成本的计算程序如下。

（1）根据消耗定额和费用定额，按照产品的品种和规定的成本项目计算各种产品定额成本，直接材料根据产品消耗的各种材料的消耗定额和材料的计划单价计算；直接人工按

照产品的现行工时定额和计划直接人工费用率计算;制造费用按照产品现行的工时定额和计划制造费用率计算。

(2)按照产品品种设置产品成本明细账,账内分别反映"月初在产品成本""本月生产费用""完工产品成本"和"月末在产品成本"4部分内容,在各个成本项目下根据需要分别设置"定额成本""脱离定额差异""定额变动差异"各个小栏目进行详细核算。

需要特别指出的是,在填制月初在产品成本时,如果有定额变动差异,以"-"表示定额降低,以"+"表示定额提高;本月生产费用务必按符合定额成本和脱离定额成本分别核算。

(3)产品的定额成本加减各种差异,计算产品的实际成本。

【例10-5】某企业大量生产甲产品,该企业定额管理制度健全,产品生产定型,各项消耗定额比较准确、稳定。采用定额法进行成本核算,材料在开工时一次投入,材料成本差异和定额变动差异由完工产品负担,本月材料成本差异率为节约2%。

(1)假设月初在产品数量20件,本月投产60件,本月完工产品70件,月末在产品10件。在产品完工率一律为50%。月初在产品的定额以及脱离定额差异如表10-9所示。该企业2017年5月对材料消耗定额进行修订,单位产品的消耗定额由40千克降低到36千克。材料计划单价10元。

表10-9 月初在产品定额成本及脱离定额差异表

产品名称:甲　　　　　　　　　　2017年5月　　　　　　　　　　　　单位:元

项目	定额成本	脱离定额差异
直接材料	10 000	-500
直接人工	1 000	+100
制造费用	3 000	+200
合计	14 000	-200

月初在产品定额变动差异计算如下:

定额变动系数=360÷400=0.9

月初在产品定额变动差异=10 000×(1-0.9)=1 000(元)

(2)本月发生的生产费用按照限额领料单以及其他凭证归集,本月实际耗用材料费用22 600元,实际生产工人工资费用6 500元,实际制造费用4 500元,本月投入定额工时1 180小时。本月产品定额成本如表10-10所示。

表10-10 产品定额成本计算表

产品名称:甲　　　　　　　　　　2017年5月　　　　　　　　　　　　单位:元

材料名称	计量单位	材料消耗定额	材料计划单价	材料费用定额
略	千克	40	10	400

工时定额	直接人工		制造费用		产品定额成本合计
	计划小时费用率	金额	计划小时费用率	金额	
20	5	100	4	80	580

计算甲产品成本，如表 10-11 所示。

表 10-11　产品成本计算单

产品名称：甲　　　　　　　　　　2017 年 5 月　　　　　　　　　　单位：元

项　　目		直接材料	直接人工	制造费用	合　　计
月初在产品成本	定额成本	8 000	1 000	3 000	12 000
	脱离定额差异	−500	100	200	−200
月初在产品定额调整	定额变动调整	−1 000	—	—	−1 000
	定额变动差异	1 000	—	—	1 000
本月生产费用	定额成本	21 600	6 200	4 800	32 600
	脱离定额差异	1 000	300	300	1 600
	材料成本差异	−452	—	—	−452
生产费用合计	定额成本	29 600	7 200	7 800	44 600
	脱离定额差异	500	400	−100	800
	材料成本差异	−452	—	—	−452
	定额变动差异	1 000	—	—	1 000
差异分配率/%		1.69	5.56	−1.28	—
完工产品成本	定额成本	25 900	6 720	7 280	39 900
	脱离定额差异	437.7	373.6	−93.2	718.1
	材料成本差异	−452	—	—	−452
	定额变动差异	1 000	—	—	1 000
	实际成本	26 885.7	7 093.6	7 186.8	41 166.1
月末在产品成本	定额成本	3 700	480	520	4 700
	脱离定额差异	62.5	26.7	−6.7	82.5

注：表中完工产品和月末在产品定额成本是按照约当产量比例法进行分配的。

六、定额法的优缺点和适用范围

定额法的优点主要有以下三个。

（1）定额法在其日常核算中，既反映了产品的定额成本，又反映了产品实际成本脱离定额的差异，便于企业了解生产费用的节约、超支情况，及时发现生产过程中的问题，采取措施，降低成本，有利于加强企业日常成本控制。

（2）由于产品的实际成本是按照定额成本和脱离定额差异分别核算的，这样，有利于企业定期进行成本分析和成本考核，进一步分析成本差异产生的原因，挖掘企业降低成本的潜力。

（3）脱离定额差异的核算，既可以反映实际成本脱离定额成本的程度，又可以检验定额成本的制定是否科学合理，以便随时修订企业的各项定额，提高定额管理的水平。

定额法的主要缺点是：由于采用定额法，事先必须制定各项消耗定额和工时定额，计算定额成本，事中要分别核算定额成本和脱离定额差异，而且又要根据生产条件的变化，修订消耗定额，重新确定定额成本，所以成本核算的工作量极大，成本核算复杂。

因此，只有具备较高定额管理水平，有良好的定额管理工作的基础，并且产品的生产已经定型的企业才适用，而生产组织形式是大批、大量类型的企业更容易具备这些条件。

第三节 联产品、副产品、等级产品的成本计算

一、联产品成本的计算

（一）联产品的含义

所谓联产品，是指在同一生产过程中，利用同一原料进行加工同时生产出两种或两种以上的主要产品。例如，炼油厂加工原油，从中同时提炼出汽油、柴油、煤油等各种主要产品。

各种联产品有的从始至终在同一过程生产，最后才分离出来；有的是在某一个生产步骤中分离出来；有的分离后不需要进一步加工，有的则需要。基于上述特点，分离前的产品成本不可能分别单独计算，必须视为一类产品综合计算所发生的费用，选择适当的方法计算联产品的总成本，一般称为联合成本或综合成本，然后再采用一定的标准分配计算各种产品的成本。

联产品分离后，如果某些产品还要继续加工，则应按产品品种设置"产品成本"明细账，采用适当的方法计算各产品分离后继续加工的成本，还要加上该产品分离前应负担的联合成本，综合计算各种产品成本。从这个意义上说，联产品成本的计算与典型的分类法既有联系，又有一些区别。

（二）联产品成本的计算方法

联产品成本计算的方法一般有系数分配法、实物量比例分配法和销售收入比例分配法等。

▶ **1. 系数分配法**

系数分配法是联产品成本计算中使用较多的一种分配方法，就是将各种联产品的实际产量按照事先规定的系数折合为标准产量，然后将联合成本按照各种联产品的标准产量比例进行分配。这种方法虽然计算过程比较复杂，但是其分配结果比较精确，因此在实际工作中得到广泛采用。

【例10-6】某企业生产甲、乙、丙3种主要产品，它们是在同一生产过程中利用同一原材料加工而成的产品。已经计算出分离前联合成本为51 000元，甲、乙、丙3种产品的实际产量分别为300千克、200千克和100千克，3种产品的系数分别为1、0.8和0.5。按系数分配法计算3种产品成本如表10-12所示。

表 10-12 联产品成本计算表（系数分配法）

2017 年 2 月

产品名称	实际产量/千克	系数	标准产量/千克	分配率	分配产品总成本/元	单位成本/元
甲	300	1	300	100	30 000	100
乙	200	0.8	160	100	16 000	80
丙	100	0.5	50	100	5 000	50
合计	600	—	510	—	51 000	230

▶ 2. 实物量比例分配法

实物量比例分配法是将联合成本按照各种联产品的实物量，如重量、体积、面积、容积等比例计算各种产品成本的方法。该方法按照简单平均单位成本计算各种产品成本，其优点是核算简便，但是由于产品成本与实物量并不都是直接相关，并且成正比例变动的，所计算出来的各种产品单位成本都是一样的，造成产品的盈亏不实，因此，实物量比例分配法只适用于联产品的成本与实物量有密切关系且成正比例变动的情况。

【例 10-7】承例 10-6，按照实物量比例分配法计算联产品成本如表 10-13 所示。

表 10-13 联产品成本计算表（实物量比例分配法）

2017 年 2 月

产品名称	实际产量/千克	分配率	分配产品总成本/元	单位成本/元
甲	300	85	25 500	85
乙	200	85	17 000	85
丙	100	85	8 500	85
合计	600	85	51 000	—

▶ 3. 销售收入比例分配法

所谓销售收入比例分配法，是指按照各种联产品销售收入比例分配联合成本的方法。该方法可以弥补实物量比例分配法按照实物量简单平均单位成本造成产品盈亏不实的不足，但是选择售价标准分配联产品成本也有其局限性，因为售价与产品成本之间也不一定密切相关，也并非同比例变动。

【例 10-8】承例 10-6，假设甲、乙、丙 3 种产品的售价分别为 500 元、200 元和 100 元，按照销售收入比例分配法计算联产品成本如表 10-14 所示。

表 10-14 联产品成本计算表（销售收入比例分配法）

2017 年 2 月

产品名称	实际产量/千克	单位产品售价/元	售价/元	分配率	分配产品总成本/元	单位成本/元
甲	300	500	150 000	0.255	38 250	127.5
乙	200	200	40 000	0.255	10 200	51
丙	100	100	10 000	0.255	2 550	25.5
合计	600	—	200 000	0.255	51 000	—

二、副产品成本的计算

（一）副产品的含义

所谓副产品，是指在同一生产过程中生产出主要产品的同时，附带生产出来的一些非主要产品，如制皂生产出来的甘油，炼油生产出来的渣油，酿酒厂生产出来的酒糟等。副产品和联产品都是利用同一原料在同一生产过程中生产出来的，它们之间的主要区别在于其价值的大小、产量的多少、生产的目的，以及对生产经营的影响程度等方面。企业生产出来的几种主要产品价值都比较大，关系到企业生产经营得失，视作联产品；而副产品其价值较小，产量少，也非主要产品，属于附带产品，有废物利用的性质。但是，副产品毕竟有一定价值，又可以满足一定的社会需要，因此也应进行成本核算。

当然企业的联产品和副产品也非一成不变，随着技术的变化、经济的发展和企业生产工艺的改进，联产品和副产品还可以相互转变，联产品可能因为过时而被淘汰，变成副产品；副产品有时其用途可能扩大、价值提升，从而转变成联产品。

（二）副产品成本计算的方法

由于副产品和主产品是在同一生产过程中生产出来的，所以所投入的生产费用很难划分。所以在实际工作中，先将主、副产品作为一类产品归集生产费用，计算该类全部主、副产品的总成本，然后将联合成本在主、副产品之间进行分配。由于副产品的经济价值较小，在企业全部产品中所占的比重也较小，因此在计算成本时，可采用简单的计算方法，先确定副产品的成本，然后从分离前联合成本中扣除，其余额就是主要产品成本。副产品的成本计算方法通常有以下几种。

（1）分离后不再加工的副产品，若价值不大（与主要产品相比），可不负担分离前的联合成本，或以定额单位成本计算其成本。

（2）对分离后不再加工但价值较高的副产品，往往以其销售价格作为计算的依据，按销售价格扣除销售税金、销售费用和一定的利润后即为副产品成本。

（3）分离后仍需进一步加工才能出售的副产品，如价值较低，则可只计算归属于本产品的成本；如价值较高，则需同时负担可归属成本和分离前联合成本，以保证主要产品成本计算的合理性。

【例 10-9】假定某厂在生产甲产品的过程中，附带生产出副产品乙产品和丙产品，两种副产品无须继续加工，直接对外出售。2017年9月生产该类产品所发生的资料费用如表10-15所示，并假定本月甲产品产量为200千克，乙产品产量为80千克，丙产品产量为40千克，乙产品的定额单位成本为20元，丙产品的定额单位成本为75元。各产品成本计算结果如表10-16所示。

表10-15 成本费用资料　　　　　　　　　　　　　　　　　　　　单位：元

成本项目	直接材料	直接人工	制造费用	合　计
月初在产品成本	1 600	400	1 200	3 200
本月费用	24 000	6 000	6 800	36 800

表10-16 甲、乙、丙产品的成本计算表　　　　　　　　　　　　　　单位：元

项　目		直接材料	直接人工	制造费用	合　计
总成本	月初在产品成本	1 600	400	1 200	3 200
	本月费用	24 000	6 000	6 800	36 800
	合计	25 600	6 400	8 000	40 000
费用项目比重/%		64	16	20	100
甲产品	总成本	22 656	5 664	7 080	35 400
	单位成本	113.28	28.32	35.4	177
乙产品	总成本	1 024	256	320	1 600
	单位成本	12.8	3.2	4	20
丙产品	总成本	1 920	480	600	3 000
	单位成本	48	12	15	75

表10-16中，产品成本计算过程如下：

乙产品：总成本＝80×20＝1 600(元)

直接材料＝1 600×64％＝1 024(元)

直接人工＝1 600×16％＝256(元)

制造费用＝1 600×20％＝320(元)

丙产品：总成本＝40×75＝3 000(元)

直接材料＝3 000×64％＝1 920(元)

直接人工＝3 000×16％＝480(元)

制造费用＝3 000×20％＝600(元)

甲产品：总成本＝40 000－1 600－3 000＝35 400(元)

直接材料＝25 600－1 024－1 920＝22 656(元)

直接人工＝6 400－256－480＝5 664(元)

制造费用＝8 000－320－600＝7 080(元)

三、等级产品成本的计算

（一）等级产品的含义

等级产品是指所使用的原材料相同，经过的生产工艺相同、品种相同但是质量不同的产品。例如，搪瓷器皿、电子元件和纺织产品经常会出现一等品、二等品、三等品和等外品。等级产品产生的原因主要有工人技术操作不当、管理不善、原材料质量和生产技术条件等。

（二）等级产品成本计算

等级产品成本计算方法应根据企业具体情况和等级产品产生的具体原因确定。一般情况下，由于技术操作不当或管理不善造成的等级品，成本计算上不应有区别，其售价的不同导致利润不同正说明企业有必要改善经营管理。由于原材料质量和企业生产技术条件造成的等级产品，如果各个等级产品售价差别较大可以按照销售收入比例计算分配各等级产品的成本。

【例10-10】某毛巾厂生产毛巾50 000条，由于原材料质量原因造成8 000条二等品和4 000条三等品毛巾，采用销售收入比例分配计算等级产品成本，其中一等品为标准产品。本月完工产品总成本140 400元，其中直接材料90 000元，直接人工20 400元，制造费用30 000元。3个等级产品售价分别为5元、4元和3元。等级产品成本计算如表10-17所示。

表10-17 等级产品成本计算表
2017年2月

项目	产量/条	售价/元	系数	总系数（标准产量）	分配率	总成本/元	单位成本/元
一等品	38 000	5	1	38 000	3	114 000	3
二等品	8 000	4	0.8	6 400	3	19 200	2.4
三等品	4 000	3	0.6	2 400	3	7 200	1.8
合计	50 000	—	—	46 800	3	140 400	

注：分配率＝140 400÷46 800＝3。

本章小结

本章主要介绍了产品成本计算的辅助方法，即分类法和定额法，同时也介绍了联产品、副产品和等级产品的核算方法。

分类法也称系数法，该方法以产品的类别为成本计算对象，主要适用于产品品种较多或产品规格较多的企业。

定额法以产品品种或类别作为成本核算对象，主要适用于产品已经定型、产品品种比较稳定、各项定额比较齐全和准确、原始记录比较全面的大量大批生产企业。

联产品、副产品和等级产品都是由同样的原材料在同一生产过程中产生的产品，但它们的地位不一样。联产品是在统一生产过程中同时生产出几种性质和地位都相同的产品，都属于主产品的范围，仅仅是用途不同；副产品则是在同一生产过程中生产主产品的同时附带生产出的产品，它处于次要位置，价值也较低；而等级产品与上述都不同，它与主产品没有主次之分，产品的品种与主产品的正常产品完全一样，只是质量上的差别，因此，它不是企业生产的目的，而是由生产中不利的主、客观因素造成的。联产品、副产品和等级产品的成本计算不需要用别的专门方法，只需要用简单的分配标准(方法)在其与主(正常)产品之间适当分配即可取得。

综合练习

一、单项选择题

1. 产品生产过程中各项实际生产费用脱离定额的差异，称为（　　）。
　　A. 材料成本差异　　　　　　　　B. 定额成本差异
　　C. 定额变动差异　　　　　　　　D. 脱离定额差异

2. 在定额修改的月份并且存有（　　）的情况下，才会有定额变动差异存在。
　　A. 月初在产品　　B. 本月投入产品　　C. 本月完工产品　　D. 月末在产品

3. 采用定额法计算成本与企业的（　　）。
　　A. 生产类型有关　　　　　　　　B. 生产类型无关
　　C. 成本管理制度健全无关　　　　D. 定额成本无关

4. 分类法是在产品品种、规格繁多，但可按一定标准对产品进行分类的情况下，为了（　　）而采用的。
　　A. 简化成本计算工作　　　　　　B. 计算各批产品成本
　　C. 计算各类产品成本　　　　　　D. 加强成本的管理

5. 分类法是以（　　）作为成本计算对象，归集各类产品的生产费用，计算各类产品的成本。
　　A. 产品的步骤　　　　　　　　　B. 产品的批次
　　C. 产品的类别　　　　　　　　　D. 产品的品种

6. （　　）的脱离定额差异与制造费用的脱离定额差异，两者的计算方法基本相同。
　　A. 直接材料　　　　　　　　　　B. 计件形式生产工人工资
　　C. 自制半成品　　　　　　　　　D. 计时形式生产工人工资

7. 企业使用同一种原材料在同一生产过程中生产主要产品的同时，附带生产出一些非主要产品，或利用生产中废料加工而成的产品，称为（　　）。
　　A. 等级品　　　　B. 联产品　　　　C. 次品　　　　D. 副产品

8. 企业使用原材料相同，经过相同加工过程生产出来的品种相同，但质量有所差别的产品，称为（　　）。
　　A. 等级品　　　　B. 联产品　　　　C. 次品　　　　D. 副产品

9. 分离后发生的加工成本，因可以分辨其承担主体，所以称为（　　）。
   A. 联合成本　　　　B. 计划成本　　　　C. 目标成本　　　　D. 可归属成本
10. 企业使用同一种原材料在同一生产过程中生产出的几种主要产品，称为（　　）。
    A. 等级品　　　　　B. 联产品　　　　　C. 次品　　　　　　D. 副产品

二、多项选择题

1. 与企业的生产类型无直接关系的成本计算方法有（　　）。
   A. 品种法　　　　　B. 分批法　　　　　C. 定额法　　　　　D. 分类法
2. 定额法应在（　　）基础上，运用其特有的汇集费用的技术，计算产品成本。
   A. 品种法　　　　　B. 分批法　　　　　C. 分步法　　　　　D. 分类法
3. 脱离定额的差异根据成本项目可分为（　　）。
   A. 直接材料脱离定额差异　　　　　　　B. 直接人工脱离定额差异
   C. 材料成本差异　　　　　　　　　　　D. 制造费用脱离定额差异
4. 直接材料脱离定额差异的核算方法一般有（　　）。
   A. 系数法　　　　　　　　　　　　　　B. 限额法
   C. 切割法　　　　　　　　　　　　　　D. 盘存法
5. 在类内各种规格的产品之间分配费用的标准是（　　）。
   A. 材料定额消耗量　　　　　　　　　　B. 工时定额
   C. 费用定额　　　　　　　　　　　　　D. 产品的售价、重量或体积
6. （　　）都是使用相同原材料，经过同一生产过程生产出来的产品。
   A. 主产品　　　　　B. 副产品　　　　　C. 联产品　　　　　D. 等级品
7. 联产品的联合成本的分配方法有（　　）。
   A. 系数分配法　　　　　　　　　　　　B. 分类法
   C. 实物量比例分配法　　　　　　　　　D. 销售收入比例分配法
8. 有些联产品分离后还需要进一步加工才能出售，这时联产品的成本应是其负担的（　　）之和。
   A. 联合成本　　　　　　　　　　　　　B. 定额成本
   C. 计划成本　　　　　　　　　　　　　D. 可归属成本

三、判断题

1. 定额法是为加强成本管理而采用的一种成本计算方法，可以单独使用。（　　）
2. 定额变动差异与生产费用的超支或节约无关，是定额成本本身变动的结果。（　　）
3. 定额成本包括的成本项目应与实际成本包括的成本项目一致。（　　）
4. 脱离定额的差异，应全部由月末在产品负担。（　　）
5. 分类法应根据各类产品的生产工艺特点和管理要求，与品种法、分步法和分批法结合运用。（　　）
6. 分类法与企业生产类型有直接关系，不可以在各种类型的生产中应用。（　　）
7. 分类法是以产品的类别为成本计算对象计算成本，定额法是以产品的定额为成本计算对象来计算成本的。（　　）

四、简答题

1. 简述分类法的特点和成本计算程序。
2. 在什么样的情况下适合或必须采用分类法计算产品成本？
3. 简述定额法的特点。
4. 什么是定额变动差异？如何计算？

五、业务核算题

1. 练习产品成本计算的分类法。

某企业生产的产品品种、规格较多，根据产品结构特点和所耗用的原材料、工艺技术过程的不同将它们分为 A、B 两大类，A 类产品包括 A1、A2、A3 三种不同规格的产品。该企业根据产品的生产特点和成本管理要求，先采用品种法计算出 A、B 两大类产品的完工产品实际总成本，然后再采用系数分配法将各类完工产品总成本在类内各种产品之间进行分配，两类产品的生产费用在完工产品和在产品之间的分配，都采用定额比例法。

2017 年 11 月，A 类完工产品总成本与在产品成本资料、产量资料及定额资料如表 10-18～表 10-20 所示。

表 10-18　产品成本计算单

产品类别：A 产品　　　　　　　　　2017 年 11 月　　　　　　　　　　　　　单位：元

项　目	直接材料	直接人工	制造费用	合　计
月初在产品成本	4 300	3 200	780	8 280
本月发生费用	50 200	14 650	9 440	74 290
生产费用合计	54 500	17 850	10 220	82 570
完工产品成本	45 600	15 050	8 600	69 250
月末在产品成本	8 900	2 800	1 620	13 320

表 10-19　产量资料

产品类别：A 产品　　　　　　　　　2017 年 11 月

项　目	计量单位	A1 产品	A2 产品	A3 产品
实际产量	件	600	1 000	700

表 10-20　定额资料

产品类别：A 产品　　　　　　　　　2017 年 11 月

产品类别	产品品种	计量单位	原材料消耗定额/千克	工时定额/小时
A 产品	A1 产品	件	12	22
	A2 产品	件	10	20
	A3 产品	件	8	14

要求：根据上述资料，采用系数分配法分配费用（A2 产品为标准产品），其中，直接材料费用按直接材料定额成本系数分配，其他费用按工时定额系数分配。

(1) 确定类内各种产品的系数,将计算结果填入表 10-21。

表 10-21　产品系数计算表

产品类别:A 产品　　　　　　　　　　2017 年 11 月

产品名称	材料消耗定额	原材料费用系数	工时消耗定额	其他费用系数
A1 产品	12		22	
A2 产品	10		20	
A3 产品	8		14	

(2) 计算类内各种产品本月总系数,将计算结果填入表 10-22。

表 10-22　产品总系数(标准产量)计算表

产品类别:A 产品　　　　　　　　　　2017 年 11 月

产品名称	产品产量/件	材料		工时	
		系数	总系数	系数	总系数
A1 产品					
A2 产品					
A3 产品					
合计					

(3) 计算 A 类产品内 A1、A2、A3 三种产品的总成本和单位成本,将计算结果填入表 10-23。

表 10-23　产品成本计算表

产品类别:A 产品　　　　　　　　　　2017 年 11 月

产品名称	产品产量/件	材料总系数	直接材料		工时总系数	直接人工		制造费用		产成品总成本/元	产成品单位成本/元
			分配率	分配金额/元		分配率	分配金额/元	分配率	分配金额/元		
A1 产品											
A2 产品											
A3 产品											
合计											

2. 练习产品成本计算的定额法。

某企业生产甲产品,各项消耗定额比较准确,2017 年 10 月份,月初在产品 30 件,本月投产甲产品 150 件,本月完工 140 件,月末在产品 40 件,月末在产品完工程度均为 50%,材料系开工时一次投入。单位产成品直接材料消耗定额由上月的 11 千克降为 10 千克,工时定额为 3 小时,计划小时工资率为 8 元,计划小时制造费用率为 4 元,材料计单价为6元，材料成本差异率为－2%。甲产品定额成本、月初在产品成本及本月生产费用资料如表10-24～表10-26所示。

表10-24　甲产品定额单位成本计算表

2017年10月

成本项目	消耗量	计划单价/元	定额成本/元
直接材料	10千克	6	60
直接人工	3小时	8	24
制造费用	3小时	4	12
合计			96

表10-25　月初在产品成本

2017年10月　　　　　　　　　　　　　　　　　　　单位：元

成本项目	直接材料	直接人工	制造费用
月初在产品定额成本	1 980	360	180
月初在产品脱离定额差异	－17.60	12	10

表10-26　本月生产费用

2017年10月　　　　　　　　　　　　　　　　　　　单位：元

成本项目	直接材料	直接人工	制造费用
产品的定额成本	9 000	3 480	1 740
脱离定额差异	50	36	18.8

要求：根据上述所给资料，采用定额法计算甲产品成本，并将计算结果填入表10-27。

表10-27　产品成本计算单

产品名称：甲产品　　　　　　　2017年10月　　　　　　产量：140件
　　　　　　　　　　　　　　　　　　　　　　　　　　　　单位：元

成本项目		直接材料	直接人工	制造费用	合计
月初在产品	定额成本				
	脱离定额差异				
月初在产品定额变动	定额成本调整				
	定额变动差异				
本月生产费用	定额成本				
	脱离定额差异				
	材料成本差异				

续表

成本项目		直接材料	直接人工	制造费用	合 计
生产成本合计	定额成本				
	脱离定额差异				
	材料成本差异				
	定额变动差异				
脱离定额差异分配率					
产成品成本	定额成本				
	脱离定额差异				
	材料成本差异				
	定额变动差异				
	实际成本				
月末在产品成本	定额成本				
	脱离定额差异				

3. 练习联产品成本的计算。

某企业用某种原材料经过同一生产过程同时生产出甲、乙两种联产品，2016 年 9 月共生产甲产品 4 000 千克，乙产品 2 000 千克。无期初、期末在产品。该月生产甲、乙联产品发生的联合成本分别为：直接材料 42 000 元，直接人工 6 000 元，制造费用 9 000 元。甲产品每千克售价 100 元，乙产品每千克售价 120 元，假设全部产品均已售出。

要求：根据所给资料，分别用系数分配法（甲产品为标准产品，以售价为标准确定系数）、实物量比例分配法、销售收入比例分配法计算甲、乙产品的成本，并将计算结果填入相应的成本计算表中，如表 10-28～表 10-30 所示。

表 10-28 联产品成本计算表（系数分配法）

2017 年 9 月

产品名称	产量/千克	系数	标准产量	分配比例	应负担的成本/元			
					直接材料	直接人工	制造费用	合计
甲产品								
乙产品								
合计								

表 10-29　联产品成本计算表（实物量比例分配法）

2017 年 9 月

产品名称	产量/千克	联合成本/元				综合分配率	应负担的成本/元			
		直接材料	直接人工	制造费用	合计		直接材料	直接人工	制造费用	合计
甲产品										
乙产品										
合计										

表 10-30　联产品成本计算单（销售收入比例分配法）

2017 年 9 月　　　　　　　　　　　　　　　　　　　　　　单位：元

产品名称	产量/千克	销售单价/元	销售价值/元	分配比例	应负担的成本/元			
					直接材料	直接人工	制造费用	合计
甲产品								
乙产品								
合计								

第十一章 成本报表和成本分析

> **学习目标**
> 1. 了解成本分析的意义和任务;
> 2. 掌握成本分析的基本方法;
> 3. 掌握编制各种成本报表的方法;
> 4. 了解成本的概念、成本会计的产生和发展。

在前几章里,我们学习了生产费用的归集与分配和成本计算的若干种方法,并能够结合企业生产类型的特点,对企业的成本发生情况进行计算和核算,但这些远远不能满足企业加强经济管理的需要。为此,我们应该掌握成本报表的编制方法,学会分析成本升、降的原因,把日常核算的成本资料分类、综合,以书面报告的形式提供给企业管理部门,以便决策者及时了解成本,利用成本数据进行各种预测和决策。

第一节 成本报表

一、成本报表的概念及作用

成本报表是企业根据日常成本核算资料及其他有关资料定期编制的、用以反映企业一定时期产品成本水平和费用支出情况,据以考核企业产品成本计划和生产费用预算执行情况的书面报告。正确、及时地编制成本报表,是成本会计的一项重要内容。

成本报表和财务会计报告同属于广义的会计报告体系。财务会计报告包括资产负债表、利润表、现金流量表及有关附表等财务会计报表和会计报表附注、财务情况说明书。

财务会计报表和会计报表附注等构成了企业财务状况、经营成果、现金流量的对外报告体系，成本报表则更侧重于为企业内部管理服务，属于内部报表。因此，相对于财务会计报表而言，成本报表在编报时间、格式与内容上有一定的灵活性。一般来说，商品产品成本报表等主要成本报表要定期按一定格式编报，其他成本报表的具体编报时间、格式与内容等，则取决于企业生产类型的特点和管理上的具体要求。

利用成本报表可以了解哪些费用升高，哪些费用降低，分析完成或未完成成本计划、预算的原因，进而找出降低成本的途径。在现代企业成本管理中，成本报表还能为正确进行成本预测和决策、科学合理地控制生产耗费、加强对成本的监督和考核提供大量数据资料。

二、成本报表的种类

成本报表是服务于企业内部经营管理目的的报表，从报表格式、编报时间到报送程序、报送对象，都是由企业根据自身经营过程的特点和企业管理的具体要求而定。不仅企业之间各不相同，就是同一企业在不同时期也可能设置不同的内部成本报表。依据不同的标准，成本报表可分为不同的类型。

（一）按成本报表所反映的经济内容分类

根据成本报表的信息归集对象和在成本管理中的用途不同，可分为反映成本水平的报表、反映费用支出的报表和成本管理专题报表。

▶ 1. 反映成本水平的报表

反映成本水平的报表主要反映报告期内各种产品的实际成本水平，通过将报告期与前期平均成本、历史最高水平、本期计划成本的对比，揭示企业为生产一定的产品所发生的成本是否达到了预定的要求，并了解企业产品成本发展变化趋势和成本计划完成情况，为进行深入的成本分析，挖掘降低成本的潜力提供资料。这类报表主要有产品成本报表、主要产品单位成本报表等。

▶ 2. 反映费用支出情况的报表

反映费用支出情况的报表这类报表主要反映报告期内各项费用支出的总额及其构成情况，通过这类报表的编制及分析，可以了解企业费用支出的合理程度及变化趋势，有利于企业控制各项有关费用，明确经济责任。这类报表主要有制造费用明细表、管理费用明细表等。

▶ 3. 成本管理专题报表

成本管理专题报表主要反映报告期内成本管理的某些特定的重要信息。通过此类报表的信息反馈和分析，可以加强企业成本管理工作。此类报表一般由企业根据实际情况灵活设置。这类报表主要有责任成本表、质量成本表等。

（二）按成本报表编制的时间分类

按成本报表的编制时间划分，可分为定期成本报表和不定期成本报表两种。

▶ 1. 定期成本报表

定期成本报表是指规定期限长短,按时报送的报表。定期成本报表按报送时间长短不同,可分为年报、季报、月报和旬报。产品成本报表、主要产品单位成本报表都是定期成本报表。

▶ 2. 不定期成本报表

这类报表是针对性报表。一般是针对成本、费用管理中出现的某些问题或急需解决的问题而随时按要求编制的,如反映产品质量成本状况的质量成本报表、反映材料价格状况的材料价格差异表等。

(三) 按成本报表编制的范围分类

编制成本报表的范围往往是不确定的,无论是厂部、车间、班组甚至个人都有可能根据需要提供有关成本费用情况的报表,所以成本报表按编制范围划分,可分为企业成本报表、车间成本报表、班组成本报表和个人成本报表。一般来讲,产品成本报表、主要产品单位成本报表都是全厂报表,而其他报表既可以是全厂报表,也可以是车间、班组或个人成本报表。

上述三种分类是对不同成本报表按不同标准进行的分类,第一种分类是最基本、最重要的分类,它体现了成本报表所反映的经济内容和用途。后两种分类是对第一种分类的完善和补充,有利于有关人员全面了解成本报表和正确编制成本报表。

三、成本报表的特点

成本报表是企业内部报表,由企业自行设计和填制,旨在为企业内部各有关部门和人员提供必要的成本信息,其特点表现在以下方面。

(一) 灵活性和机动性

成本费用报表是服务于企业内部经营管理目的的报表,可以根据企业对成本管理的要求灵活设置,并且不受外界因素的影响。因此,成本费用报表的种类、格式、指标项目、编制时间、报送程序和范围都可根据企业需要自行规定,并随着生产条件的变化、管理要求的提高,随时进行修改和调整,具有较大的灵活性和机动性。

(二) 多样性

成本费用报表是在企业特定的生产环境下,结合企业的生产特点和管理要求而编制的。不同企业的生产特点和成本管理要求不同,这就决定了不同企业编制的成本费用报表在种类、格式、指标项目以及指标计算口径上必然有所不同,因而呈现出多样性。

(三) 综合性

成本费用报表要同时满足财会部门、各级生产技术部门和计划管理部门等对成本管理的需要,对这些职能部门而言,不仅要求提供用于事后分析的资料,还要求提供事前计划、事中控制所需要的大量信息。因此,成本费用报表不仅要设置货币指标,还需要设置反映成本消耗的多种形式的指标，不仅包括会计核算提供的指标，还包括统计核算、业务核算提供的指标，这些指标实质上是会计核算资料与技术经济资料的有机结合。由于成本费用报表提供的信息广泛，因此具有综合性的特点。

四、成本报表的编制要求

为满足企业各有关部门和人员对成本资料的要求，充分发挥成本报表在企业经济管理中的作用，成本报表的编制必须达到手续齐备、内容完整、数字准确、编报及时的要求，为此应做好下列各项工作。

（一）数字准确

本期所有的经济业务必须全部登记入账，特别是对发生的成本费用的有关凭证，应检查是否遗漏，避免成本计算资料的不实，造成成本信息虚假。定期盘点和清查在产品，对在产品的盘盈、盘亏和报废应及时查明原因，并按规定处理入账。

（二）内容完整，方法一致

报表的种类应齐全，表内项目和表外的补充资料应齐全，指标数字和文字说明应齐全，对成本费用升降情况的原因，应加以分析说明，并提出有关改进的措施。会计处理的方法和成本计算方法，应前后保持一致，不得随意变更。

（三）编报及时

成本报表要定期按月、季、年编制，以便为企业编制成本计划提供必要的成本信息。在日常核算过程中，为加强控制，降低成本，还需要编制以旬报、周报、日报甚至班报为形式的不定期成本报表，以满足企业对生产经营进行全面控制的需要。

五、成本报表的编制方法

常见的成本报表主要有商品产品成本报表、主要产品单位成本报表、制造费用明细表、管理费用明细表、财务费用明细表、销售费用明细表，以及其他成本报表等。

（一）商品产品成本报表的编制

商品产品成本报表是反映企业在报告期内生产的全部商品产品的总成本以及各种主要商品产品的单位成本和总成本的报表。该表一般分为两种类型：一种是按产品品种类别反映；另一种是按成本项目反映。

▶ 1. 按产品品种类别反映的商品产品成本报表

按产品品种类别反映的商品产品成本报表，是按产品种类汇总反映企业在报告期内的全部商品产品的单位成本和总成本的报表，其格式如表11-1所示。商品产品成本报表中的可比产品，是指去年或以前年度正式生产过、具有较完备成本资料的产品；不可比产品，是指去年或以前年度未正式生产过、没有成本资料的产品。

表 11-1　商品产品成本报表（按产品品种类别反映）

编报单位：×××公司　　　　2017 年 12 月　　　　单位：元

产品名称	计量单位	实际产量 本月	实际产量 本年累计	单位成本 上年实际平均	单位成本 本年计划	单位成本 本月实际	单位成本 本年累计实际平均	本月总成本 按上年实际平均单位成本计算	本月总成本 按本年计划单位成本计算	本月总成本 本月实际	本年累计总成本 按上年实际平均单位成本计算	本年累计总成本 按本年计划单位成本计算	本年累计总成本 本年实际
		1	2	3	4	5	6	7＝1×3	8＝1×4	9＝1×5	10＝2×3	11＝2×4	12＝2×6
甲件	件	100	800	870	860	855	856	87 000	86 000	85 500	696 000	688 000	684 800
乙件	件	20	180	360	315	300	310	7 200	6 300	6 000	64 800	56 700	55 800
可比产品成本合计													
不可比产品成本：丙	件	30	100		770	780	775		23 100	23 400		77 000	77 500
全部产品成本合计								94 200	115 400	114 900	760 800	821 700	818 100

(1)"实际产量"项目,反映本月和从年初起至本月末止各种主要商品产品的实际产量,应根据成本计算单或产成品明细账的记录计算填列。

(2)"单位成本"项目:①"上年实际平均",根据上年度本表所列各种可比产品的全年实际平均单位成本填列;②"本年计划",根据年度成本计划的有关数字填列;③"本月实际"和"本年累计实际平均",根据成本计算单按下列公式计算填列。

$$某产品本月实际单位成本 = \frac{某产品本月实际总成本}{某产品本月实际总产量}$$

$$某产品本年累计实际平均单位成本 = \frac{某产品本年累计实际总成本}{某产品本年累计实际总产量}$$

(3)"本月总成本"项目和"本年累计总成本"项目,分别按表中的提示计算填列。

按产品品种类别反映的商品产品成本报表可以分析和考核各类产品和全部商品产品本月和本年累计的成本计划的执行结果,并对各类产品成本和全部商品产品成本的节约或超支情况进行一般评价;也可以分析和考核各种可比产品和全部可比产品本月和本年累计的成本比上年的升降情况;还可以了解哪些产品成本超支较多,为进一步进行产品单位成本分析指明方向;对于规定有可比产品成本降低计划的产品,可以分析和考核可比产品成本降低计划的执行情况,促使企业采取措施,不断降低产品成本。

▶ 2. 按成本项目反映的商品产品成本报表

按成本项目反映的商品产品成本报表,是按成本项目汇总反映企业在报告期内发生的全部生产费用以及商品产品生产总成本的报表,其格式如表11-2所示。

表11-2 商品产品成本报表(按成本项目反映)

编报单位:××公司　　　　　　　2017年12月　　　　　　　　　　单位:元

项 目	上年实际	本年计划	本月实际	本年累计实际
直接材料费用				
直接人工费用				
制造费用				
生产费用合计				
加:在产品、自制半成品期初余额				
减:在产品、自制半成品期末余额				
商品产品生产成本合计				

按成本项目反映的商品产品成本报表可以反映报告期内全部商品产品生产费用的支出情况和各种费用的构成情况,通过该表可以对企业的生产费用进行一般评价;将该表12

月本年累计实际生产费用与本年计划数相比较，可以考核和分析年度生产费用计划的执行情况，以及本年生产费用比上年的升降情况；将该表12月本年累计实际商品产品生产成本与本年计划数和上年实际数比较，还可以考核和分析年度商品产品总成本计划的执行结果，以及本年商品产品生产总成本比上年的升降情况，并据以分析影响成本升降的各项因素。

（二）主要产品单位成本报表

主要产品单位成本报表，是反映企业在报告期内生产的各种主要产品单位成本的构成情况和各项主要技术经济指标执行情况的报表。其格式如表11-3所示。

主要产品单位成本报表应按每种主要产品分别编制。由于本表是商品产品成本表的补充，所以该表中按成本项目反映的"上年实际平均""本年计划""本月实际""本年累计实际平均"的单位成本，应与商品产品成本表中相应的单位成本的数字分别相等。

表11-3 主要产品单位成本报表

2017年12月

编制单位：××公司　　　本月实际产量：50件　　　单位售价：1 350元
产品名称：甲产品　　　　本年累计产量：625件　　　单位：元

成 本 项 目	历史先进水平（××××年）	上年实际平均	本年计划	本年实际	本年累计实际平均
单位产品生产成本	720	870	860	855	856
其中：直接材料	620	700	690	685	687
直接人工	70	90	92	89	90
制造费用	30	80	78	81	79
主要经济指标 1. 主要材料 2.……					

主要产品单位成本报表可以按照成本项目考核主要产品单位成本计划的执行结果，分析各项单位成本节约或者超支的原因；也可以按照成本项目将本月实际单位成本和本年累计实际平均单位成本与上年实际平均单位成本和历史先进单位成本进行对比，了解其比上年的升降情况，与历史先进水平是否还有差距，可以据此分析单位成本变化、发展趋势；还可以分析和考核主要产品的主要技术经济指标的执行情况。

（三）制造费用明细表

制造费用明细表是反映企业在报告期内所发生的全部制造费用及其构成情况的报表。其格式如表11-4所示。

表 11-4 制造费用明细表

编制单位：××公司　　　　　　　　2017 年 12 月　　　　　　　　　　　　单位：元

项　目	本年计划数	上年同期实际数	本月实际数	上年累计数	本年累计实际数
工资薪酬	358 000	150 234	20 259.6	311 600	221 900
折旧费	82 000	80 000	6 000	102 000	102 000
修理费	26 170	21 000	2 000	43 000	40 000
办公费	7 000	6 000	500	9 000	11 000
水电费	89 000	87 000	7 000	101 000	143 000
保险费	21 000	20 400	2 000	24 500	32 500
差旅费	11 800	10 600	1 800	21 600	21 400
合计	594 970	375 234	39 559.6	612 700	571 800

（四）管理费用明细表、财务费用明细表和销售费用明细表

管理费用明细表、财务费用明细表和销售费用明细表是反映企业在报告期内发生的全部管理费用、财务费用和销售费用及其构成情况的报表。其格式如表 11-5～表 11-7 所示。

表 11-5 管理费用明细表

编制单位：××公司　　　　　　　　2017 年 12 月　　　　　　　　　　　　单位：元

费用项目	本年计划	上年同期实际	本月实际	本年累计实际
工资及福利费				
折旧费				
坏账损失				
修理费				
租赁费				
保险费				
机物料消耗				
低值易耗品摊销				
办公费				
水电费				
差旅费				
工会经费				
教育经费				
合计				

表 11-6 财务费用明细表

编制单位：××公司　　　　　　　　　　2017年12月　　　　　　　　　　　　　单位：元

费用项目	本年计划	上年同期实际	本月实际	本年累计实际
利息支出（减利息收入）				
汇兑损失（减汇兑收益）				
金融机构手续费				
其他				
合计				

表 11-7 销售费用明细表

编制单位：××公司　　　　　　　　　　2017年12月　　　　　　　　　　　　　单位：元

费用项目	本年计划	上年同期实际	本月实际	本年累计实际
工资及福利费				
折旧费				
水电费				
修理费				
租赁费				
保险费				
机物料消耗				
低值易耗品摊销				
办公费				
运输费				
广告费				
展览费				
合计				

制造费用明细表、管理费用明细表、财务费用明细表和销售费用明细表所采用的分析方法基本相同，都可以采用对比分析法按费用项目对本期费用和上期费用进行对比，了解费用的增减变化情况；也可以与本期计划对比，了解本期费用计划的执行情况，分析超支和节约的原因；还可以采用结构分析法分析各项费用的构成是否合理，并比较各项费用比重的增减变化，对占比重较大以及增减变化较大的费用进行重点分析，找出其增减变化的原因，以便采取措施，降低费用的发生。

（五）其他成本报表

由于成本报表是内部报表，所以在设置上有较大的灵活性、多样性。以上介绍的是企业常见的几种报表，企业还可根据自身的生产特点和成本管理要求，编制其他有利于企业进行成本控制和考核的报表，如生产情况表、材料耗用量月报表、材料耗用成本表、材料价格差异分析表、工人工作效率月报表等，其格式如表 11-8～表 11-12 所示。

表 11-8 生产情况表

编制单位：××车间　　　　　　　2017 年 12 月　　　　　　　　　　　××产品

日期	摘要	生产数量				直接材料	直接人工	制造费用	其他	合计
		投产数	完工入库数	在产品数	废品数					

表 11-9 材料耗用量月报表

材料名称　　　　　　　　2017 年 12 月 1—31 日

部门	实际成本（实际用量×计划单价）	标准成本（标准用量×计划单价）	差异数	差异率

表 11-10 材料耗用量成本表

材料名称　　　　　　　　2017 年 12 月

日期	本日数				本月累计数				本年累计数			
	实际用量	标准用量	差异数	差异率	实际用量	标准用量	差异数	差异率	实际用量	标准用量	差异数	差异率

表 11-11 材料价格差异分析表

2017 年 12 月 1—31 日

采购编号	供货单位	材料名称	计量单位	采购数量	实际成本		计划成本		差异		差异额
					单位成本	总成本	单位成本	总成本	单位成本	总成本	

表 11-12 工人工作效率月报表

班组：　　　　　　　　2017年12月1—31日

工人姓名或工号	实际工时	完成定额工时	工作效率

第二节　成本分析

一、成本分析的一般程序与方法

（一）成本分析的一般程序

成本分析主要是利用成本资料与其他相关资料，全面了解成本变动情况，系统研究影响成本升降的因素及形成的原因，寻求降低成本的途径，挖掘降低成本的潜力，以取得更大的经济效益。

成本分析包括事前分析、事中分析和事后分析三部分内容，本章重点介绍的是事后分析。其主要内容包括：①主要产品单位成本的分析；②技术经济指标变动对单位成本影响的分析；③降低成本的主要措施分析；④成本效益分析。

成本分析工作是有目的、有步骤、按程序进行的，一般遵循以下基本程序。

▶ 1. 制订计划

制订计划就是根据成本分析的要求，拟定分析工作计划，列出分析提纲，明确分析的主要问题和要求、分析时间、参加人员、所需资料、分析形式、调查内容，以及组织分工等。

▶ 2. 收集资料

收集资料就是收集与成本有关的各种计划资料、定额资料、核算资料等，必要时还要进行专门的调查研究，收集有关信息，以保证分析结果的准确性。

▶ 3. 具体分析

具体分析就是在占有资料、信息的基础上，采用技术分析的方法，对成本指标进行分析，找出差距，查明原因。

▶ 4. 总结报告

总结报告就是对分析的结果进行综合概括，写出书面分析报告。

（二）成本分析的方法

上述成本分析的程序也称为成本分析的一般方法，而成本分析的方法是指其具体的技术方法，常用的技术方法主要有以下几种。

▶ 1. 指标对比法

指标对比法，是将两个有内在联系的可比经济指标在时间上和空间上进行对比的一种方法。采这种方法可以确定差异、评价业绩、掌握动态、寻求潜力，达到降低成本、提高经济效益的目的。进行指标对比，主要有以下几种形式。

（1）实际与计划对比。主要了解计划完成情况，找出脱离计划的差距及差距产生的原因。

（2）本期实际与上期或历史先进水平的实际数据对比。主要了解成本变化的动态，找出差距，总结经验，吸取教训，不断改进成本管理工作。

（3）本企业实际与国内外同类先进企业的相同指标实际数据对比，主要了解本企业与国内外先进企业之间的差距，以便采取措施，挖掘潜力，提高竞争能力。

采用指标对比法进行成本分析，必须注意指标的可比性，如指标计算的口径一致、计价基础一致等。在进行国内外同行业的指标对比时，尤其应注意它们在技术经济上的可比性。举例说明如下。

【例 11-1】某企业收集的单位成本资料和有关资料如表 11-13 所示。

表 11-13 单位成本实际资料和有关资料　　　　　　　单位：元

成本项目	本期计划	本期实际	上期	上年同期	历史最好水平	国内同行业成本水平	国外同行业成本水平
直接材料	4 100	4 050	4 150	4 120	4 000	3 900	3 400
直接人工	399	388	405	410	353	342	296
制造费用	221	232	230	235	207	168	154
产品成本合计	4 720	4 670	4 785	4 765	4 560	4 410	3 850

根据上述资料，将本期的实际单位成本与各有关单位成本指标进行对比分析，编制单位成本对比分析表，如表 11-14 所示。

表 11-14 单位成本对比分析表

成本项目	本期计划 节约或超支/元	本期计划 百分比/%	上期 节约或超支/元	上期 百分比/%	上年同期 节约或超支/元	上年同期 百分比/%	历史最好水平 节约或超支/元	历史最好水平 百分比/%	国内同行业成本水平 节约或超支/元	国内同行业成本水平 百分比/%	国外同行业成本水平 节约或超支/元	国外同行业成本水平 百分比/%
直接材料	−50	−1.22	−100	−2.41	−70	−1.7	+50	1.25	+150	3.85	+650	19.12
直接人工	−11	−2.76	−17	−4.2	−22	−5.37	+35	9.92	+46	13.45	+92	31.08
制造费用	+11	4.98	+2	0.87	−3	−1.28	+25	12.08	+64	38.1	+78	50.65
合计	−50	−1.06	−115	−2.4	−95	−1.99	+110	2.41	+260	5.9	+820	21.3

通过计算分析，可以看出企业实际成本水平有所下降，已完成成本计划。单位成本实际比计划降低 50 元，比上期降低 115 元，比上年同期降低 95 元，但仍未达到历史最高水平，与国内同行业和国外同行业相比，还有很大差距。因此，应进一步查明原因，采取措施，赶上或超过国内外同行业水平。

▶ **2. 比率分析法**

比率分析法是指通过计算和对比经济指标的比率，进行数量分析的一种方法。在成本分析中，常用的比率分析法有相关指标比率分析法、结构比率分析法和趋势比率分析法等。

（1）相关指标比率分析，是对两个性质不同但又相关的指标的比率进行数量分析的方法。将两个性质不同但又相关的指标进行对比求出比率进行分析，以便从经济活动的客观联系中，更深入地认识企业的生产经营状况，如成本利润率、产值成本率、销售成本率等。这些指标的计算公式为

$$成本利润率 = 产品销售利润 \div 产品成本 \times 100\%$$

$$产值成本率 = 产品成本 \div 产品产值 \times 100\%$$

$$销售成本率 = 产品成本 \div 产品销售收入 \times 100\%$$

从上述计算公式可以看出，产值成本率低和销售成本率高的企业经济效益差，产值成本率高和销售成本率低的企业经济效益好；成本利润率则相反，比率高的企业经济效益好，比率低的企业经济效益差。进行分析时，还应将各种比率的本期实际数与计划数或前期实际数进行对比，揭示其变动的差异，为进一步进行差异分析指出方向。

（2）结构比率分析，又称比重分析或构成比率分析，主要是通过计算某项成本指标的各个组成部分占总体的比重来分析其内容构成的变化。例如，把构成产品生产成本的各个成本项目（直接材料、直接工资、制造费用）与产品生产成本比较，计算占总成本的比重，然后把不同时期同样产品的成本构成相比较，观察产品成本构成的变化与提高生产技术水平和加强经营管理的关系，就能为进一步降低成本指明方向。

（3）趋势比率分析，将不同时期同类指标的数值进行对比求出比率，进行动态比较，用以反映分析对象的增减速度和发展趋势，从中发现企业在生产经营方面的成绩或不足。

▶ **3. 连环替代法**

连环替代法是一种因素分析的方法，它是把综合性指标分解为各个相互联系的因素，并测定各个因素变动对综合性指标影响的数值，借以为深入分析提供依据。连环替代法的计算程序如下。

（1）指标分解，即将综合性指标分解为相互联系的各个因素，并按一定顺序排列，使其成为能用数学公式表达的因素分解式。

（2）依次替代，即以计划指标体系为基础，顺序地将每个因素的计划数替换为实际数，一直替换到指标全部为实际数为止。

(3) 比较替代结果，即将每次替代的结果与替代前的指标数据相比较，这一差额即为该因素变动对综合性指标影响的数值。

(4) 综合影响数值，即将各个因素变动对综合性指标影响的数值相加，其代数和应等于综合性指标实际数与计划数的总差异。

【例 11-2】 兴盛公司 2017 年原材料消耗情况如表 11-15 所示，据以分析各因素变动对材料费用的影响。

表 11-15 原材料消耗情况表

编制单位：兴盛公司　　　　　　　2017 年 12 月　　　　　　　　　　单位：元

指标	单位	计划数	实际数	差异
产品产量	台	180	200	+20
单位产品材料耗	千克/台	15	12	−3
材料单价	元/千克	8	10	+2
材料费用总额	—	21 600	24 000	2 400

(1) 分析对象：24 000−21 600＝2 400(元)
(2) 关系式：材料费用总额＝产品产量×单位产品材料消耗量×材料单价
计划指标＝180×15×8＝21 600(元)
(3) 第一次替代：200×15×8＝24 000(元)
24 000−21 600＝2 400(元)
由于产品产量增加而使材料费用增加 2 400 元。
(4) 第二次替代：200×12×8＝19 200(元)
19 200−24 000＝−4 800(元)
由于单位产品材料消耗量减少而使材料费用减少 4 800 元。
(5) 第三次替代：200×12×10＝24 000(元)
24 000−19 200＝4 800(元)
由于材料单价提高而使材料费用增加了 4 800 元。
(6) 材料费用变动差额合计＝2 400−4 800＋4 800＝2 400(元)

从例 11-2 的计算分析可以看出，连环替代法具有以下特点。

(1) 计算程序的连环性。在计算每一个因素变动对指标的影响程度时，除第一次替换是在基数基础上进行外，每个因素的替换都是在前一因素替换的基础上进行，并采用连环对比的方法确定各因素变化的影响结果。

(2) 因素替换的顺序性。各个因素的替换顺序，要根据其内在的客观联系、影响差异的作用等顺序进行。不同的替代顺序，虽然不会改变各因素的影响数值之和，但可以改变各个因素的影响数值。通常确定各因素替换顺序的原则是：先替换数量因素，后替换质量因素；先替换实物量因素，后替换价值量因素；先替换原始因素，后替换派生因素；先替换主要因素，后替换次要因素；在有除法运算的关系式中，先替换分子因素，后替换分母因素。

（3）计算条件的假定性。采用连环替代分析法测定某一因素变动的影响时，是在某种假定条件下进行的，也就是假定其他各因素不变。由于这种方法计算的各个因素变动的影响数值，会因替代顺序的不同而有差别，因此，计算结果具有一定程度的假定性，而这种假定性的分析方法，是在确定事物内部各种因素影响程度时必不可少的。

▶ 4. 差额计算法

差额计算法是连环替代法的一种简化形式，它是利用各因素实际与计划的差额，直接计算各因素变动对综合性指标影响的数值。其计算方法是：测定某一因素变动对综合性指标影响的程度时，用该因素实际与计划的差异，乘以因素分解式中列在该因素前面所有因素的实际数，同时乘以列在该因素后面所有因素的计划数，这一乘积即为该因素变动对综合性指标差异的影响程度。

【例 11-3】承例 11-2，采用差额计算分析法分析各因素变动对材料费用的影响。

（1）分析对象：$24\,000 - 21\,600 = 2\,400$（元）

关系式：材料费用总额 = 产品产量 × 单位产品材料消耗量 × 材料单价

（2）产量变动的影响：$(200 - 180) \times 15 \times 8 = 2\,400$（元）

（3）单位产品材料消耗量变动的影响：$200 \times (12 - 15) \times 8 = -4\,800$（元）

（4）材料单价变动的影响：$200 \times 12 \times (10 - 8) = 4\,800$（元）

（5）三个因素影响的结果：$2\,400 - 4\,800 + 4\,800 = 2\,400$（元）

以上结果表明，差额计算分析法与连环替换分析法计算的结果完全相同，但却简化了计算步骤，因此，在实际工作中，普遍采用这种方法。

以上所述只是常用的几种数量分析方法。此外，还可以根据分析的目的和要求，采用分组法、指数法、图标法等其他数量分析方法。

二、全部商品产品成本计划完成情况的分析

全部商品产品包括可比产品和不可比产品。可比产品是指企业过去曾经生产过、有完整的成本资料可供对比的产品；而不可比产品则是指企业过去从未生产过，或虽生产过，但规格性能已发生了显著变化、缺乏可供比较的成本资料的产品。全部商品产品成本计划完成情况的分析应当是全部商品产品的计划总成本和实际总成本对比，确定实际成本相对于计划成本的降低额和降低率。由于商品产品成本表中的计划总成本是按实际产量计算的，因此，进行对比的商品产品计划总成本是经过调整后的实际产量计划总成本，这样就剔除了产量变动和产品结构变动对总成本的影响。计算公式为

成本降低额 = 按实际产量计算的计划总成本 − 实际总成本

$$= \sum(\text{实际产量} \times \text{计划单位成本}) - \sum(\text{实际产量} \times \text{实际单位成本})$$

$$\text{成本降低率} = \frac{\text{成本降低额}}{\sum(\text{实际产量} \times \text{计划单位成本})}$$

计算结果表明，正数表示成本节约，负数表示成本超支。

【例 11-4】 华英公司生产甲、乙、丙 3 种产品，其中甲、乙产品为可比产品，丙产品为不可比产品，2017 年 12 月产品成本表如表 11-16 所示。

要求：按产品品种进行成本完成情况分析。

表 11-16 产品成本分析表（按产品品种反映）

编制单位：华英公司　　　　　　　　　　2017 年 12 月　　　　　　　　　　单位：元

产品名称	实际产量		实际与计划的差异	
	计划总成本（元）	实际总成本（元）	降低额（元）	降低率（%）
栏目	①	②	③=①-②	④=③÷②
可比产品合计	235 500	234 817	683	0.29
其中：甲产品	115 500	121 350	-5 850	-5.06
乙产品	120 000	113 467	6 533	5.44
不可比：丙产品	95 000	99 550	-4 550	-4.79
全部产品合计	330 500	334 367	-3 184	-0.96

三、主要产品单位成本的分析

单位成本是影响全部产品总成本升降的重要因素，为了完成降低总成本的任务，必须重视对单位成本的分析，以便找出影响成本升降的具体原因，寻求降低成本的途径，制定有效措施，完善成本管理，促使企业产品成本不断降低。主要产品单位成本的分析主要包括一般分析和成本项目分析两部分内容。

（一）主要产品单位成本的一般分析

主要产品，是指那些产品产量比重大或成本升降额度较大的产品，分析中应抓住关键，有重点地进行分析。主要产品单位成本的一般分析，是根据企业内部主要产品单位成本表和成本计划的有关资料，利用比较法，从成本项目上查明其升降情况，从而做出一般评价。现举例说明如下。

【例 11-5】 华英公司甲产品是该厂的主要产品之一，且本年度成本超支，现按成本项目列示，如表 11-17 所示。

表 11-17 主要产品单位成本计划完成情况分析表

编制单位：华英公司　　　　　　　　　　2017 年 12 月

成本项目	单位成本/元			与上年实际相比		与本年计划相比	
	上年实际	本年计划	本年实际	降低额/元	降低率/%	降低额/元	降低率/%
直接材料	23	22	21	2	8.7	1	4.55
直接人工	18	16	30	-2	-11.11	-4	-25
制造费用	9	10	9.625	-0.625	-6.94	0.375	3.75
合计	50	48	50.625	-0.625	-1.25	-2.625	-5.47

由表 11-17 可知，甲产品本年实际成本比计划超支了 2.625 元，主要是直接人工费用超支 4 元，影响单位成本降低任务的完成，因此还应对直接人工进一步分析。

（二）主要产品单位成本项目的分析

▶ 1. 直接材料成本项目的分析

如果企业生产的产品只耗用一种材料，或虽耗用几种材料，但它们之间不存在配比关系时，对单位材料成本的变动情况，应结合单位产品材料消耗量（简称单耗）和材料单价两个因素的变动情况进行深入分析，此种分析也称两因素分析法；如果一种产品耗用几种材料，并且在各种材料之间存在着配比关系时，除了分析单耗和材料单价因素变动外，还应分析材料配比因素变动的影响，也称三因素分析法。本章介绍的是两因素分析法，其因素分解式为

$$\text{单位产品材料成本} = \sum(\text{单位产品材料消耗量} \times \text{材料单价})$$

从因素分解式可以看出，影响单位材料成本的因素有两个：单耗因素和材料单价因素，测定各因素的变动对单位材料成本的影响，可按如下公式进行：

$$\text{单耗变动过单位材料成本的影响} = \sum[(\text{实际单耗} - \text{计划单耗}) \times \text{计划材料单价}]$$

$$\text{单价变动过单位材料成本的影响} = \sum[\text{实际单耗} \times (\text{实际材料单价} - \text{计划材料单价})]$$

【例 11-6】假定 B 产品单位材料成本资料如表 11-18 所示。

表 11-18　B 产品单位材料成本资料

材料名称	计划			实际		
	单耗/千克	材料单价/元	材料成本/元	单耗/千克	材料单价/元	材料成本/元
甲	38	2.5	95	40	3	120
乙	35	3.49	122	30.8	2.5	77
合计			217			197

根据表 11-18，分析计算 B 产品单位材料成本的变动情况。

分析对象：$197 - 217 = -20$（元）

因素分析：$\text{单位材料成本} = \sum(\text{单位产品材料消耗量} \times \text{材料单价})$

单耗变动对单位材料成本的影响 $= (40-38) \times 2.5 + (30.8-35) \times 3.49$
$= -9.6$（元）

材料单价变动对单位材料成本的影响 $= 40 \times (3-2.5) + 30.8 \times (2.5-3.49)$
$= -10.4$（元）

上述分析说明，产品材料成本实际比计划降低 20 元，是由于单耗与材料单价两个因素共同变动影响的结果。其中：单耗变动使单位材料成本比计划降低了 9.6 元，材料单价变动使单位材料成本比计划降低了 10.4 元。

在单耗变动中，甲材料消耗量高于计划，使单位材料成本超支了5元[(40－38)×2.5]，乙材料消耗量比计划降低，使单位材料成本降低了14.6元[(30.8－35)×3.49]。影响单耗变动的原因有材料质量的变化、材料加工方式的改变、利用废料或代用材料、材料利用程度的变化、产品零部件结构的变化、废料回收情况等，应结合上述原因进行深入、具体的分析。

在材料单价变动中，甲材料单价高于计划，使单位材料成本较计划超支了20元[(3－2.5)×40]，乙材料单价较计划降低而使单位材料成本降低了30.4元[(2.5－3.49)×30.8]。影响材料单价变动的原因有材料买价、运费、运输途中的损耗、材料入库前的挑选整理费用等费用的变动，这些原因既有主观的，也有客观的，应结合具体情况加以深入分析。

▶ 2. 直接人工成本项目的分析

(1) 单一产品的人工成本的分析。当企业只生产一种产品时，单位产品的人工成本，是用生产工人人工成本总额除以产品总量求得的，其因素分解式为

$$单位产品人工成本 = 生产工人人工成本总额 \div 产品总量$$

这样，影响单位产品人工成本的因素有两个：人工成本因素和产品总量因素。这两个因素变动对单位人工成本的影响可用如下公式测定：

$$产品总量变动对单位产品人工成本的影响 = \frac{计划生产人工成本总额}{实际产品总量} - \frac{计划生产人工成本总额}{计划产品总量}$$

$$人工成本总额变动对单位产品人工成本的影响 = \frac{人工成本总额实际与计划的差异}{实际的产品总量}$$

人工成本总额的变动与企业工资政策、岗位定员、出缺勤等情况有关，所以应结合有关因素深入分析；产品总量的变动应结合企业生产和销售的具体情况进行分析。

(2) 多种产品的人工成本的分析。在多数企业中，各环节生产的产品品种往往是两种以上，产品的人工成本一般是按生产工时分配计入各种产品成本中的。所以，单位产品人工成本的高低取决于单位产品生产工时和小时工资率这两个因素，其因素分解式为

$$单位产品人工成本 = 单位产品生产工时 \times 小时工资率$$

以上两个因素变动对单位产品人工成本的影响，可用下列公式测定：

单位产品工时变动对单位产品人工成本的影响 = (实际单位产品工时－计划单位产品工时)×计划小时工资率

小时工资率变动对单位产品人工成本的影响 = 实际单位产品工时×(实际小时工资率－计划小时工资率)

现举例说明其分析方法。

【例11-7】假定B产品单位工资成本资料如表11-19所示。

表 11-19 B 产品产量、工时、工资资料

项目	计划	实际	差异
产品产量/千克	400	430	+30
总工时/小时	13 200	15 050	+1 850
工资总额/元	18 744	18 963	+219

根据表 11-19 资料指标计算，可得表 11-20。

表 11-20 B 产品工时、工资资料对比

项目	计划	实际
单位产品工时/小时	33	35
小时工资率	1.42	1.26
单位产品工资成本/元	46.86	44.1

根据表 11-20 进行以下分析。

分析对象：44.1－46.86＝－2.76(元)

因素分析：

单位产品工时变动对单位工资成本的影响＝(35－33)×1.42＝＋2.84(元)

小时工资率变动对单位工资成本的影响＝(1.26－1.42)×35＝－5.6(元)

从以上分析结果可以看出，B 产品单位工资成本实际比计划下降了 2.76 元，是单位产品工时上升和小时工资率下降两个因素共同影响所致。

▶ **3. 制造费用成本项目的分析**

制造费用是为组织和管理生产所发生的各项费用，是生产车间的间接费用。单位产品制造费用的分析方法，取决于是单一产品还是多种产品的生产。

(1) 单一产品制造费用的分析。企业只生产一种产品时，单位产品制造费用的因素分解式为

$$单位产品制造费用 = \frac{制造费用总额}{产品总量}$$

上式各因素变动对单位产品制造费用的影响的测定公式为

$$产品总量变动对单位制造费用的影响 = \frac{计划制造费用}{实际产品总量} - 单位产品计划制造费用$$

$$制造费用总额变动对单位制造费用的影响 = \frac{实际制造费用总额 - 计划制造费用总额}{实际产品总量}$$

(2) 多种产品制造费用的分析。企业如生产多种产品，则单位产品的制造费用应按以下分解式进行因素分析：

$$单位产品的制造费用 = 单位产品生产工时 \times 小时费用率$$

上式两因素变动对单位制造费用的影响，可按以下公式测定：

单位产品工时变动对单位制造费用的影响＝(实际单位产品工时－计划单位产品工时)×计划小时费用率

小时费用率变动对单位制造费用的影响＝实际单位产品工时×(实际小时费用率－计划小时费用率)

【例11-8】假定B产品单位工资成本资料如表11-21所示。

表11-21 B产品单位产品制造费用资料

项目	计划	实际
单位产品工时/小时	33	35
小时费用率	2.06	2.03
单位制造费用成本/元	68	71

根据表11-21对B产品单位产品制造费用进行以下分析：

分析对象：71－68＝＋3(元)

因素分析：

单位产品工时变动对单位制造费用的影响＝(35－33)×2.06＝＋4.12(元)

小时费用率变动对单位制造费用的影响＝(2.03－2.06)×35＝－1.05(元)

以上两个因素的变动共同影响，使单位产品制造费用超支了3.07元。

【例11-9】华英公司甲产品的单位成本有关资料如表11-22所示。

表11-22 甲产品单位成本的资料

编制单位：华英公司　　　　　　　　　　2017年12月

成本项目	计划单位成本/元			实际单位成本/元		
直接材料	22			21		
直接人工	16			20		
制造费用	10			9.625		
合计	48			50.625		
主要技术经济指标	计划指标			实际指标		
	数量	单位/元	金额/元	数量	单位/元	金额/元
A材料	1千克	8	8	1千克	8.5	8.5
B材料	5千克	2.8	14	4.464千克	2.8	12.5
人工费用	4工时	4	16	4.2工时	4.7619	20
制造费用	4工时	2.5	10	4.2工时	2.2917	9.625

根据表11-22，甲产品单位成本实际比计划超支额为2.625，超支率为5.46%，具体分析如下。

(1) 直接材料项目分析如下：

直接材料差异额＝21－22＝－1(元)

材料消耗量变动影响额＝(1－1)×8＋(4.464－5)×2.8＝－1.5(元)

材料单价变动影响额＝(8.5－8)×1＋(2.8－2.8)×4.464＝0.5(元)

甲产品单位产品成本中直接材料节约了1元，其构成因素为：B材料耗用量减少，节约了1.50元，A材料的价格提高，超支了0.5元。

(2) 直接人工项目分析如下：

直接人工差异额＝20－16＝4(元)

人工效率差异＝(4.2－4)×4＝0.8(元)

小时工资率差异＝(4.7619－4)×4.2＝3.20(元)

甲产品单位产品成本直接人工超支了4元，其构成因素为：人工效率降低，超支了0.8元，小时工资率提高超支了3.2。

(3) 制造费用项目分析如下：

制造费用差异额＝9.625－10＝－0.375(元)

工时消耗量变动影响额＝(4.2－4)×2.5＝0.5(元)

小时制造费用分配率变动的影响额＝(2.2917－2.5)×4.2＝－0.875(元)

甲产品单位产品成本制造费用节约了0.375元，其构成因素为：工时消耗增加，超支了0.5元，小时制造费用分配率降低，节约了0.875元。

对通过因素分析计算出来的数据，有关部门和管理人员应做进一步的调查和分析，巩固有利差异，加强对不利差异的控制。

四、制造费用明细表的分析

产品制造费用明细表的分析主要是实际与计划进行对比分析各种费用计划的执行情况。在生产多种产品的企业里，分析单位成本中制造费用变动的原因是困难的。制造费用的分析主要应从整个车间范围，按制造费用包括的各个费用项目进行。

【例11-10】以华英公司制造费用为例，编制制造费用计划执行情况表如表11-23所示。

表11-23 制造费用分配表

编制单位：华英公司　　　　　　2017年12月　　　　　　　　　单位：元

费用项目	本年计划	本年实际	实际与计划的差异
工资薪酬	32 065	32 775	＋710
折旧费	225 000	218 750	－6 250
租赁费	5 000	5 800	＋800
修理费	22 500	25 000	＋2 500
水电费	40 000	42 000	＋2 000
办公费	5 810	5 500	－310

续表

费用项目	本年计划	本年实际	实际与计划的差异
差旅费	3 750	4 000	+250
运输费	6 000	5 500	-500
保险费	18 750	18 750	0
设计制图费	2 000	2 200	+200
试验检验费	1 500	1 250	-250
劳动保护费	5 000	5 000	
停工损失	0	50	+50
其他	4 200	4 500	+300
合计	371 575	371 075	-500

根据表 11-23 计算可知，本年度制造费用总额实际比计划降低了 500 元，这说明本年度制造费用计划执行情况较好。

需要指出的是，由于制造费用所包括的费用项目具有不同的经济性质和经济用途，各项费用的变动又分别受不同因素变动的影响，所以在对制造费用进行分析时，应按各组成项目分别进行分析，而不能只检查费用总额计划的执行情况，更不能用其中一些费用醒目的节约来抵补其他费用的超支。此外，分析时还应注意以下问题。

（1）应注意重点费用项目的分析。对制造费用各明细项目进行分析，分析的重点是实际脱离计划较大的费用项目，以及在制造费用总额中数额较大，所占比重较大的费用项目。

（2）应分析费用项目的构成比例。在重点费用项目的数额变动的同时，应当进一步分析制造费用各明细项目构成比例的变化情况，检查费用构成变化的合理性。

（3）应区分固定费用与变动费用进行分析。根据费用与产品产量之间的关系，将制造费用划分为固定费用与变动费用。在一定产量范围内，固定费用总额应是相对固定的；变动费用总额则随产品产量的变化而变化。在分析时，固定费用项目可以直接对比；变动费用项目可以先按产品产量的变化情况，对本年计划进行调整，再将本年实际数与调整后的计划数进行对比。

本章小结

本章主要介绍成本报表的编制及成本分析的内容及方法。

成本报表是根据企业日常成本核算资料定期编制的、用以反映企业一定时期产品成本水平、考核产品成本计划和生产费用预算执行情况的书面报告，具有灵活性、多样性和综合性的特点，编制时要求数字准确、内容完整。本章主要介绍了商品产品成本表、主要产品单位成本表、制造费用明细表的编制。

　　成本分析主要是利用成本资料与其他相关资料，全面了解成本变动情况，系统研究影响成本升降的因素及形成的原因，寻求降低成本的途径，挖掘降低成本的潜力，以取得更大的经济效益。成本分析的主要方法有指标对比法、连环替代法和差额计算法等。

| 综合练习 |

一、单项选择题

1. 根据现行有关制度规定，成本报表属于（　　）。

　　A. 外部报表

　　B. 内部报表

　　C. 既是内部报表，又是外部报表

　　D. 是内部报表还是外部报表，由企业决定

2. 企业成本报表的种类、格式、项目以及编制方法（　　）。

　　A. 由国家统一规定　　　　　　　　B. 由企业自行确定

　　C. 由主管企业的上级机构规定　　　D. 由审计部门规定

3. 可比产品成本降低率是指（　　）指标与可比产品按上年实际平均单位成本计算的总成本的比率。

　　A. 可比产品本年累计实际总成本

　　B. 可比产品成本降低额

　　C. 可比产品上期累计实际总成本

　　D. 可比产品单位成本降低额

4. 企业以前正式生产过的有历史成本资料的产品是（　　）。

　　A. 可供销售产品　　　　　　　　　B. 全部产品

　　C. 可比产品　　　　　　　　　　　D. 不可比产品

5. 下列各项中，不属于管理费用明细表列示的项目有（　　）。

　　A. 厂部办公费　　　　　　　　　　B. 印花税

　　C. 车间设备修理费　　　　　　　　D. 车间主任的薪酬

6. 下列各项中，不属于成本报表按照编制范围分类的是（　　）。

　　A. 全厂成本报表　　　　　　　　　B. 车间成本报表

　　C. 产品生产成本报表　　　　　　　D. 责任个人成本报表

7. 下列各项中，不属于销售费用明细表列示的项目有（　　）。

　　A. 展览费　　　　　　　　　　　　B. 商品维修费

　　C. 广告费　　　　　　　　　　　　D. 车间设备折旧费

8. 产品生产成本表是反映工业企业在一定时期内生产产品而发生的（　　）的报表。

A. 制造费用　　　　　　　　　　　B. 原材料费用

C. 全部生产费用　　　　　　　　　D. 直接人工费用

二、多项选择题

1. 工业企业的成本、费用报表一般包括（　　）。

A. 产品生产成本表　　　　　　　　B. 制造费用明细表

C. 主要产品单位成本表　　　　　　D. 期间费用明细表

2. 工业企业编制的费用报表主要有（　　）。

A. 制造费用明细表　　　　　　　　B. 销售费用明细表

C. 管理费用明细表　　　　　　　　D. 财务费用明细表

3. 主要产品单位成本表反映的单位成本包括（　　）。

A. 同行业同类产品实际　　　　　　B. 上年实际

C. 本年计划　　　　　　　　　　　D. 本年累计实际平均

4. 按成本项目反映的产品生产成本表的项目主要有（　　）。

A. 上年实际成本　　　　　　　　　B. 本年计划成本

C. 本月实际成本　　　　　　　　　D. 本年累计实际成本

5. 成本报表编制的依据主要有（　　）。

A. 报告期的成本账簿资料　　　　　B. 本期成本计划及费用预算资料

C. 以前年度的会计报表资料　　　　D. 企业有关的统计资料

三、判断题

1. 成本报表的种类、格式和内容必须符合国家有关部门的统一规定。（　　）

2. 成本报表是企业的所有者和债权人报送的，以利于他们决策的一种会计报表。（　　）

3. 编制成本报表的目的主要是满足企业内部的管理需要。（　　）

4. 主要产品单位成本表应该按主要产品分别编制。（　　）

5. 企业可以根据自身的生产特点和管理要求，编制各种有利于进行成本控制和成本考核的报表。（　　）

6. 可比产品成本降低率等于可比产品成本降低额除以全部可比产品的全年总成本。（　　）

7. 如果劳动生产率提高，意味着单位产品成本一定下降。（　　）

四、简答题

1. 成本报表的作用是什么？

2. 成本报表分析的一般方法具有哪些特点？

3. 什么是比率分析法？具体形式有哪几种？

4. 如何分析主要产品单位成本表？

5. 在分析各种费用明细表时应注意哪些问题？

五、业务核算题

1. 某企业本年度各种产品计划成本和实际成本资料如表 11-24 所示。

表 11-24　成本对比分析表

项　　目	本年计划成本/元	本年实际成本/元	成本差异额/元	成本差异率
A 产品	1 000 000	980 000		
B 产品	2 500 000	2 600 000		
C 产品	3 800 000	4 000 000		
合　计				

要求：根据上述资料，采用对比分析法分析各种产品的成本差异额和成本差异率，并将计算结果填入表 11-24 中。

2. 某企业生产的 A 产品，本月产量及其他有关费用的资料如表 11-25 所示。

表 11-25　产量及其他有关资料

项　　目	计　划　数	实　际　数
产品产量/件	200	220
单位产品材料消耗量/千克	30	28
材料单价/元	500	480
材料费用/元		

要求：根据上述资料，采用因素分析法分析各种因素变动对材料费用的影响程度。

3. 某企业本年度生产五种产品，有关产品产量及单位成本资料如表 11-26 所示。

表 11-26　产量及单位成本资料

产品类别		实际产量/件	计划单位成本/元	实际单位成本/元
可比产品	A 产品	200	150	162
	B 产品	300	200	180
	C 产品	800	1 200	1 150
不可比产品	D 产品	260	380	400
	E 产品	400	760	750

要求：根据上述资料，分别按产品计算企业全部商品产品成本计划的完成情况，并将计算结果填入表 11-27 中。

表 11-27　全部商品产品成本计划完成情况分析表

产品名称		总成本/元		差　异	
		按计划计算	按实际计算	降低额/元	降低率
可比产品	A产品				
	B产品				
	C产品				
	小计				
不可比产品	D产品				
	E产品				
	小计				
合计					

第十二章 其他行业成本核算

> **学习目标**
> 1. 了解商品流通企业成本核算；
> 2. 了解施工企业成本核算；
> 3. 了解旅游、餐饮、服务企业成本核算。

本章重点介绍商品流通企业，施工企业，旅游、餐饮、服务企业成本核算的主要特点、核算程序、核算内容及具体核算方法。在学习过程中，思考商品流通企业，施工企业，旅游、餐饮、服务企业成本核算与制造业成本核算的区别与联系。

第一节 商品流通企业成本核算

一、商品流通企业成本概述

商业企业是在社会再生产过程中组织商品流通的企业。它的基本任务是将社会产品通过货币交换形式，从生产领域转移到消费领域，满足人民生活和其他各方面消费的需要，并实现商品价值，取得盈利。商业企业的经济活动主要是商品的购销存活动。

（一）商品流通企业的概念与特点

在商品流通过程中，从事商品批发、商品零售或者批发与零售兼营的企业，均为商品流通企业，包括国有、集体、私营的商业、粮食、物资供销、供销合作社、对外贸易、医药、石油、烟草商业、图书发行等企业。通过商品购、销、调、存等经营业务组织商品流转。商品流转主要表现为商品采购和商品销售两大阶段。

按照商品流通企业在社会再生产过程中的作用，商品流通企业可以分为批发企业和零售企业。批发企业以从事商品批发业务为主，使商品从生产领域进入流通领域，或进入生产性消费领域。零售企业以从事商品零售业务为主，使商品从生产领域或从流通领域进入非生产性消费领域。商品流通企业经营资金在商品经营过程中的适用形态可用"G—W—G"表示，即以货币资金购进商品，形成商品资金；将商品出售收回增量的货币资金。通过低价格购进商品，高价格出售商品，取得商品进销差价以弥补企业的各种费用和税金，并获取利润。

(二) 商品流通企业成本的构成内容

商业企业为了销售商品，必须先购进商品，按购进价格支付采购成本，对发生的采购费用，应计入商品成本，或设专户核算，期末按商品存销比例进行分摊，将属于已销商品负担的采购费用计入当期商品销售成本，将属于储存商品应负担的采购费用计入期末存货成本。为了保证商品销售活动能够持续不断地正常进行，需要储存一定数量的商品，必定会发生储存费用。在销售商品的过程中，还会发生销售费用。由于商品购进最终是为了销售，因此，这些商品储存和销售过程中发生的费用，一般列为销售费用。此外，企业行政管理部门为了组织和管理经营活动，还会发生管理费用。为了筹集业务经营所需资金，还要支付财务费用。因此，商品流通企业的费用包括销售费用、管理费用和财务费用。

(三) 商品流通企业存货管理办法

▶ 1. 批发企业存货管理办法

批发企业的存货一般按采购成本核算，一般是数量进价金额核算法。要设置库存商品数量进价金额明细账（以下简称商品明细账），采用永续盘存制进行管理。即在商品购进时，在商品明细账中记录收入商品的数量、单价和金额；商品销售或其他原因发出商品时，按商品发出凭证在商品明细账中登记发出商品的数量，并结出结存商品数量。由于各批商品的进价往往不同，需要采用适当的方法计算并结转发出商品的实际成本。在批发商品品种规格繁多的情况下，可以对相同或相近性质的商品进行归类，设置商品类目账，形成三级库存商品账户管理的格局。

▶ 2. 零售企业存货管理办法

零售企业直接面对消费者，为方便营业员对存货的管理，一般采用售价金额核算法，即对由营业员保管的零售商品全部按对外销售价格计价，实行"拨货计价、实物负责"的商品管理方式。以柜组长作为实物负责人，分户设置库存商品明细账，进行零售商品的明细分类核算。购进、收入商品，按商品售价计入库存商品明细账户借方；销售商品按售价结转商品销售成本时，登记库存商品明细账的贷方。余额表示实物负责人保管的全部商品的售价金额。对商品售价与进价之间的差额，专门设置"商品进销差价"账户进行核算。月末按商品存销比例进行分摊，计算已销商品实现的商品进销差价，调整按售价结转的商品销售成本。在零售企业中，往往将库存商品与商品进销差价合在一起设置库存商品与进销差价明细账，格式如表12-1所示。

表 12-1 库存商品与进销差价明细账

总第　　页
字第　　页　　　　　　　　　　　　　　　　　　　　　　　　　　　实物负责人：××

2017年		凭证号数	摘要	库存商品			进销差价		
月	日			借方	贷方	余额	借方	贷方	余额
1	1	×	上年结转			3 050			1 050
	1	×	购进	4 700		7 750		1 450	2 500
	1	×	销售		830	6 920			

二、商品采购成本

（一）批发企业商品采购成本

企业购进商品而发生的采购成本，应该设立"在途物资"账户，用来核算商品采购成本。该账户的借方登记按进价计算的商品采购成本；贷方登记按进价计价并已验收的商品采购成本；期末借方余额，反映企业已经采购付款而尚未验收的在途商品的采购成本。该账户应按供货单位、商品类别等设置明细账，进行明细核算。

为了反映商品的收入、发出和结存的情况，应该设置"库存商品"账户。商品流通企业的库存商品，指企业全部自有商品，包括存放在仓库、门市部和寄存在外库的商品等。在批发企业中，商品一般按进价计价入账。在商品验收入库时计入该账户的借方，发出加工或结转已销售商品成本时计入该账户的贷方，余额表示企业全部库存商品的价值。在库存商品账户下，按商品品名、规格等分户设置数量进价金额明细账，并可在库存商品总账户与商品明细账之间加设库存商品类目账。

在批发企业中，采购商品支付货款或开出、承兑商业汇票时，应根据发货票等有关凭证，按照进价借记"在途物资"账户，对发生的采购费用借记"库存商品——采购费用"专户，贷记"银行存款"或"应付票据"等账户；商品到达经验收以后，应根据收货单等有关凭证，按照进价借记"库存商品"账户，贷记"在途物资"账户。

（二）零售企业商品采购成本

零售企业购进商品时，应由实物负责人根据供货单验收商品，并填制零售商品验收单，单中填列商品的品名、规格、进价、售价和进销差价，以便按商品的售价和进销差价分别记账。零售商品验收单的格式如表 12-2 所示。

零售企业为了反映商品的采购成本及库存商品的收入、发出和结存情况，也应设置"在途物资"和"库存商品"账户。采用售价金额核算法下，零售企业的"库存商品"账户要按商品售价登记，其进销差价在"商品进销差价"账户中登记。购进商品时，按照进价借记"在途物资"账户，对发生的采购费用借记"库存商品——采购费用"专户，贷记"银行存款"或"应付票据"等账户；商品到达经验收以后，应根据收货单等有关凭证，按照售价借记"库存商品"账户，贷记"在途物资"账户。按商品的进销差价贷记"商品进销差价"账户。如果商品的售价低于进价，则应借记"商品进销差价"账户。

表 12-2 零售商品验收单

供货单位：华阳公司
收货单位：金珠公司　　　　　　验收日期：××××年×月×日

类别	编号	品名	规格	进价				售价				进销差价
				单位	数量	单价	金额	单位	数量	单价	金额	
×	×	甲	×	件	150	15	2 250	件	150	20	3 000	750
×	×	乙	×	件	50	10	500	件	50	16	800	300
×	×	丙	×	件	100	5	500	件	100	9	900	400
合计							3 250				4 700	1 450

三、商品销售成本的计算

（一）批发企业商品销售成本的计算

批发企业商品销售成本包括已销商品的进价成本和按存销比例分摊后由已销商品负担的采购费用。

▶ 1. 已销商品进价成本的计算

前已述及，批发企业一般按商品进价进行库存商品的核算，同时对发生的采购费用在库存商品账户下设专户进行核算。在这种情况下，商品的销售成本就是按已销商品进价计算的成本及按存销比例分摊后确认由销售商品负担的采购费用。因此商品销售成本的确认包括商品销售进价成本的确认和应负担采购费用的确认。在确认商品销售进价成本时，但由于同种商品的各批进价不一定相同，因此要先采用先进先出法、加权平均法或个别计价法确定已销商品进价，然后根据确定的进价和销售数量，计算商品的销售成本。

采用先进先出法和加权平均法确定已销商品成本的方法，可以比照本书第二章中发出原材料所采用先进先出法和加权平均法做同样处理。

【例 12-1】华阳公司甲商品的库存商品明细账 2017 年 1 月收付情况如表 12-3 所示。分别采用先进先出法和加权平均法确认本期商品销售成本。

表 12-3 库存商品明细账

商品类别：1　　编号：1011　　品名：甲　　规格：××　　　　　　　计量单位：件

2017年		凭证		摘要	收入				发出				结存		
月	日	字	号		购进数量	其他数量	单价	金额	销售数量	其他数量	单价	金额	数量	单价	金额
1	1			上年结转									300	20	6 000
	5	×		购进	150		18	2 700					450		
	7	×		销售					250				200		
	10	×		发出加工						20	20	400	180		
	13	×		购进	350		21	7 350					530		

续表

2017年		凭证		摘要	收 入				发 出				结 存		
月	日	字	号		购进数量	其他数量	单价	金额	销售数量	其他数量	单价	金额	数量	单价	金额
	19		×	销售					130				400		
	23		×	销售					200				200		
	25		×	购进	250		19	4 750					450		
	29		×	销售					235				215		
	30		×	购进	50		17	850					265	18.62	4 935

根据先进先出原理，表12-3中期末结存的265件甲产品，应当由30日购进的50件和25日购进的215件组成，因此，甲商品的期末结存金额为4 935元(50×17+215×19)，当月销售的甲商品成本按"期初结存金额+本期收入金额-本期非销售付出金额-期末结存金额=本期销售商品成本"的公式计算确定。表12-3中，甲商品的销售成本即为16 315元(6 000+2 700+7 350+4 750+850-400-4 935)。

值得注意的是，在月中发生的非销售发出商品，通常按月初结存价格计算其成本。为了便于下月非销售发出商品的计价，对于月末结存商品的单价，也可以计算加权平均单价。例12-1中，月末结存的甲商品的月末加权平均单价应为18.62元(4 935÷265)。

如果对上述甲商品的销售成本按加权平均法确认其销售成本，则要先计算本月甲商品的加权平均价格，然后确认期末结存甲商品的成本，最后倒挤出本月甲商品的销售成本，具体计算如下：

$$甲商品加权平均价格 = \frac{期初结存金额+本期收入金额-本期非销售付出金额}{期初结存数量+本期收入数量-本期非销售付出数量}$$

$$= \frac{6\ 000+2\ 700+7\ 350+4\ 750+850-400}{300+150+350+250+50-20} = 19.675\ 9(元)$$

期末结存甲商品成本 = 265×19.675 9 = 5 214.11(元)

本期销售甲商品成本 = 6 000+2 700+7 350+4 750+850-400-5 214.11 = 16 035.89(元)

如果一家企业经济的商品品种较少，且能分清每次销售商品的进货批次时，可以采用个别计价法计算每批产品的销售成本。个别计价法是指在发出或销售商品时，均按发出或销售商品的原进价计价，以保证商品销售成本计算的正确。但客观上，很少有这样的商品流通企业。

在批发企业中，为减少商品销售成本计算的手续，在实际工作中还可以采用毛利率法匡算已销商品的成本。具体做法是：在每季度的前两个月，在当月商品销售收入中，按上季实际毛利率或本季计划毛利率匡算实际的毛利额，据以推算出当月商品销售成本；到本季度的最后一个月，采用先进先出法或加权平均法计算出本季商品销售成本，再扣除已结转的商品销售成本以确定本季最后月份的商品销售成本。

采用毛利率法匡算商品成本的公式如下：

本月商品销售成本＝本月商品销售收入×[1－上季(计划)毛利率]

【例12-2】华阳公司一季度乙类商品销售收入为1 250 000元，销售成本为1 062 500元。4月份该类商品的销售收入为362 600元。采用毛利率法计算该类商品4月已销商品的进价成本如下：

$$一季度毛利率 = \frac{1\ 250\ 000 - 1\ 062\ 500}{1\ 250\ 000} \times 100\% = 15\%$$

4月份商品销售成本＝362 600×(1－15%)＝308 210(元)

商品流通企业的商品销售成本计算方法一经确定，不得随意变更，以保证各期成本核算资料的可比性，防止通过变更核算方法人为调节各期成本和利润。

▶ 2. 已销商品进价成本的结转

批发企业计算出全部已销商品的进价成本后，应借记"主营业务成本"账户，贷记"库存商品"账户。

对已销商品进价成本的计算和结转工作，可以逐日结转，也可以定期结转。一般在月末定期结转。

在结转已销商品的进价成本时，可以按每种商品进行成本结转，也可以按各种商品加总后进行结转，在会计实务中，前者称为分散结转，后者称为集中结转。为减少成本结转的工作量，企业通常采用集中结转。

采用集中结转的基本做法是：

(1) 在每季的第一和第二个月，采用毛利率法匡算商品销售成本，并按匡算的销售成本冲减库存商品账面记录。

(2) 在季末最后一个月的月末，采用先进先出法或加权平均法计算确定每种商品的期末结存金额。再倒挤出当月的商品销售成本。其计算公式为

季末最后一个月的商品销售成本＝季末结转销售成本前的库存商品账面余额－

季末库存商品数量进价金额明细账各账户余额之和

即

季末最后一个月的商品销售成本＝季初库存商品结存金额＋本季收入库存商品金额－本季非销售发出的库存商品金额－本季前两个匡算的商品销售成本－季末结存库存商品金额

▶ 3. 期末采购费用的分摊和结转

对发生的采购费用应当计入商品采购成本，由于商品品种规格众多，商品的价值、体积、重量又各不相同，因此很难有一种标准进行合理分配，为此，可将发生的采购费用在库存商品账户下设专户进行核算。到会计期末，按库存商品的存销比例进行分配，计算出应由已销商品负担的采购费用和应由结存商品负担的采购费用。计算公式如下：

$$采购费用分配率 = \frac{期初结存采购费用 + 本期增加采购费用}{期末结存商品进价成本 + 本期已销商品进价成本}$$

已销商品应负担的采购费用＝本期已销商品进价成本×采购费用分配率

期末结存商品应负担的采购费用＝期末结存商品进价成本×采购费用分配率

(二) 零售企业商品销售成本的计算

在零售企业中，库存商品按售价计价，在商品销售后，按售价结转商品销售成本，冲减库存商品账面记录。因此，在平时结转的销售成本中包含了已销商品实现的商品进销差价。为正确计算商品销售成本，确认商品销售实现的收益，必须对商品进销差价进行分配。已销商品进销差价的计算方法如下：

$$商品进销差价率＝\frac{期初结存进销差价＋本期增加进销差价－非销售转出进销差价}{本期商品销售成本＋期末库存商品余额－本期非销售付出商品金额}×100\%$$

已销商品实现进销差价＝本期商品销售成本×商品进销差价率

【例 12-3】 大华超市 2017 年 5 月份有关资料为：期初库存商品余额 200 万元，商品进销差价余额为 60 万元，本月购进商品的采购成本为 500 万元，售价金额为 800 万元，商品全部由超市验收无误。本月销售收入 480 万元。计算已销商品实现进销差价如下：

$$商品进销差价率＝\frac{60＋300}{200＋800}×100\%＝36\%$$

已销商品实现进销差价＝480×36%＝172.8（万元）

本月商品销售实际成本＝480－172.8＝307.2（万元）

根据计算编制会计分录如下：

借：商品进销差价　　　　　　　　　　　　　　　　　　1 728 000
　　贷：主营业务成本　　　　　　　　　　　　　　　　　　1 728 000

上述的商品进销差价率是按全部商品计算的，而不同类别的商品往往有不同的进销差价，因此，为了提高已销商品进销差价计算的正确性，对已销商品的进销差价，可以按经营商品的柜组或类别分别计算，再加总计算全部已销商品的进销差价。这种方法称为分类差价率计算法。采用这种方法，商品进销差价、结存商品、商品销售成本和商品销售收入均应按实物负责人进行明细核算。计算公式中的各项金额，也应该根据相应的分户核算资料填列。

年末，对商品进销差价需要进行核实，核实的方法称为盘存商品进销差价计算法。即依据年末商品盘存数量分别按其进价和售价进行计算，确定年末库存商品的售价总金额和进价总金额，两者差额即为年末库存商品应保留的商品进销差价。结存商品进销差价金额与"商品进销差价"账户余额进行核对，将两者差额调整 12 月份的主营业务成本，对应保留差价大于账面进销差价的差额，借记主营业务成本，贷记商品进销差价；对应保留差价小于账面进销差价的差额，借记商品进销差价，贷记主营业务成本。调整后的商品进销差价应与应保留差价相同。

第二节 施工企业成本核算

一、施工企业成本概述

(一) 施工企业的概念与特点

施工企业是指从事建筑安装及其他专业工程施工的生产经营性企业。施工企业的基本生产活动就是生产建筑安装产品，它生产的产品按其性质可分为建筑工程和安装工程两种。

建筑工程主要有房屋和建筑物建造，设备基础的砌筑和金属结构工程，以及建筑物的拆除、清理；各种管道的铺设；石油和天然气的钻井工程；矿井开凿工程和铁路、公路工程、桥梁、水利工程等。设备安装工程主要有生产动力等机械设备的装配装置工程及为测定安装工程质量而进行的设备试运行工作。

从建筑安装工程的内容可以看出，建筑安装工程的产品一般为不动产，与工业企业相比，施工企业的生产经营具有以下特点。

▶ 1. 施工生产具有流动性

施工生产的流动性源于建筑产品场地的固定性。建筑产品必须在建设单位事先规定的地点，地段上从事建筑安装工程施工。因此，产品从开工建设到施工完毕，其生产地点是固定的。一项工程结束后，施工人员及施工设备就转移到其他施工场地，造成施工企业的施工生产有较大的流动性。

▶ 2. 生产具有多样性

施工企业生产施工是按照建设单位的要求进行的，而每一个建设单位工程设计几乎都有其独特形式、结构和特定目的及专门用途，所以每一项工程之间不可能完全相同。即便采用标准设计也会由于施工地点的不同而受到地形、地质、水文等自然条件和交通运输等的影响和制约。因此，在某种情况下往往对设计图纸及施工方法、施工组织做出相应调整，造成建筑安装工程极少完全相同。这就是建筑安装产品的多样性，这种多样性使施工对象具有单件性和非重复性的特征。

▶ 3. 施工生产周期长且易受气候影响

建筑产品体积庞大，一般生产周期也较长，往往跨年度生产。且施工场地一般裸露于自然界，容易受自然环境和候条件的响。

(二) 施工企业成本构成内容

施工企业在生产过程中为建筑安装工程而发生的各种生产耗费的货币表现形成生产费用。企业在一定时期内，以建筑安装工程为对象进行归集、分配的各项生产费用即为工程成本。因此，工程成本是将生产费用对象化了的可归属生产费用，没有对象化的生产费用不能称为工程成本。

生产费用按经济用途不同可分为计入施工成本的费用和不计入施工成本的费用。

▶ 1. 计入工程成本的费用

为建筑安装工程而发生的直接费用及组织管理施工生产活动而发生的费用可计入工程成本，对计入成本的生产费用按其用途可分为下列成本项目。

（1）材料费，指企业在工程施工过程中耗用的构成工程实体的各种原材料、辅助材料、结构件、零配件、管件半成品的费用及周转材料的摊销和租赁费用。

（2）人工费，指施工企业从事建筑安装施工人员（不包括机械施工人员）的工资、奖金及计提的各种社会保险费用。

（3）机械使用费，指工程施工过程中使用自有施工机械所发生的机械使用费（包括机械操作人员的工资及社保费、燃料动力费、机械折旧及修理费等）及租用外单位施工机械的租赁费以及施工机械安装拆卸和进出场费。

（4）其他直接费，指施工现场直接耗用的水、电、风、气等费用；冬季雨季施工增加费；夜间施工增加费；材料二次搬运费；临时设施摊销费；生产工具使用费；检验试验费；工程定位复测费和场地清理费等。

（5）间接费用，指企业各施工单位为组织和管理施工生产活动发生的各项费用，包括施工单位管理人员工资、奖金、计提并交纳的养老保险费、医疗保险费、待业保险费、工伤保险费、生育保险费及住房公积金、临时设施摊销费、工具用具使用摊销费、工程保修费、水电费、财产保险费、排污费、办公费，以及其他费用等。

▶ 2. 不计入工程成本的费用

不计入工程成本的费用主要是期间费用，即施工企业在施工生产过程中发生的不能归属于工程成本而应直接计入当期损益的费用，包括管理费用和财务费用。

（1）管理费用，指企业行政管理部门为管理和组织经营活动而发生的各项费用，包括公司经费、工会经费、职工教育经费、劳动保险费、待业保险费、董事会费、咨询费、审计费、诉讼费、排污费、绿化费、税金、土地使用费、土地损失补偿费、技术转让费、技术开发费、无形资产摊销、开办费摊销、业务招待费等。

（2）财务费用，指企业为筹集资金而发生的各项费用，包括经营期间发生的利息净支出、汇兑净损失、金融机构手续费等。

二、施工成本

施工企业核算施工成本一般以工程作为核算对象，按照一定的程序组织核算工作，以便及时准确地核算工程实际成本。

（一）施工成本的账户设置

为了反映施工企业在工程施工过程中发生的各项费用支出，施工企业一般应设置以下几个成本类账户进行核算。

▶ 1. "工程施工"账户

该账户用以核算施工企业实际发生的合同成本和合同毛利。在本账户下按建造合同分别设"合同成本""间接费用""合同毛利"进行明细核算。企业进行合同建造时发生的材料费、人工费、机械使用费以及施工现场材料的二次搬运费、生产工具和用具使用费、检验试验费、临时设施折旧费等其他直接费用，计入本账户(合同成本)的借方。对发生的施工、管理人员职工薪酬、固定资产折旧费、财产保险费、工程保修费、排污费等间接费用计入本账户(间接费用)借方。期末再按一定分配标准分配将间接费用分配计入各项工程成本时，借记本账户(合同成本)，贷记本账户(间接费用)。确认合同收入、合同费用时，将其差额借记或贷记本账户(合同毛利)。合同完工时，将本账户余额与相关工程施工合同的"工程结算"账户余额对冲，借记工程结算，贷记本账户。本账户的期末借方余额反映企业未完工的建造合同成本和合同毛利。

▶ 2."工程结算"账户

该账户核算企业根据建造合同约定向业主办理结算的累计金额。应按建造合同进行明细核算。企业向业主办理工程价款结算，按应收金额借记"应收账款"等账户，贷记本账户。合同完工时，将本账户余额与"工程施工"账户对冲，借记本账户。期末贷方余额反映企业未完工建造合同已办理结算的累计金额。

▶ 3."机械作业"账户

该账户核算施工企业及内部独立核算的施工单位、机械站、运输队在使用自有施工机械和运输设备进行机械作业时所发生的各项费用。应当按施工机械或运输设备的种类进行明细核算。该账户借方登记发生的各项费用，包括人工费、燃料及动力费、折旧及修理费，以及其他直接费用。贷方登记分配结转的费用，期末应无余额。

(二) 施工企业成本计算程序

(1) 将本期发生的施工费用按经济用途和发生地分别归集到有关施工成本账户。

(2) 将归集在"工程施工——间接费用"账户的费用按照一定分配标准计入有关工程成本。

(3) 将归集在"机械作业"账户的费用按各受益对象进行分配，转入"工程施工"等账户。

(4) 工程完工时将"工程施工"账户余额与相关建造合同的"工程结算"账户对冲。

(三) 施工费用的核算

施工企业对施工费用的核算，类同于工业企业对生产费用的核算，区别在于成本计算账户不同和费用结转处理不同，现阐述如下。

▶ 1. 材料费的归集和分配

构成施工工程成本的材料费，包括在合同施工过程中耗用并构成工程实体或有助于工程形成的主要材料、结构件、其他材料、机械配件的实际成本及周转材料的摊销和租赁费用。

施工企业的材料按其在生产过程中的不同用途可分为以下几类。

(1) 主要材料，指构成工程实体的各种材料，如钢材、木材、水泥、砖瓦、灰、砂石等。

(2) 结构件，指经过吊装、拼砌和安装即能构成房屋及建筑物实体的各种金属、木质、混凝土、钢筋混凝土的结构物、构件、砌块等。

(3) 其他材料，指虽不构成工程实体，但有助于工程形成或便于施工的各种材料，如油料、燃料、擦布、催化剂、速凝剂等。

（4）机械配件，指施工过程中使用的施工机械，运输设备等的替换与维修所需的各种零件和配件，如齿轮、轴承、阀门等。

（5）周转料具，指在施工过程中能多次周转使用的工具性材料，材料型工具如模板、挡板、架料等。

材料费用是工程成本的重要组成部分，因其耗用量大、品种多、用途多样，月末应根据不同情况对材料费用进行归集和分配。

对于领用时即可分清用料对象，并可点清数量的各种材料，应根据领料单、定额领料单、退料单等原始凭证按成本对象直接计入各合同项目成本；对于领用时可以分清用料对象但要集中配料（如油漆、玻璃、木材等）的材料，应编制集中配料耗用计算表，根据材料定额用量比例进行分配计入各成本对象。对于领用时不易分清用料对象，也不容易点清数量的材料（如砖、瓦、砂、石等耗用），一般通过定期进行实地盘点，并按材料进、耗、存关系计算实际耗用量后，按各合同项目所完成的实际工程量及材料定额耗用量或定额成本分配计入各成本对象。

对于施工中反复使用的周期材料（如模板、挡板、架料等），采用分期或分次摊销法进行摊销，编制周转材料摊销计算单确定摊销额，分配计入各成本计算对象。

【例 12-4】大业建筑安装工程公司对材料采用计划成本计价，2017 年 3 月 31 日根据领料单及材料成本差异率（+1%）编制材料耗用分配表，如表 12-4 所示。

表 12-4 材料耗用分配表

2017 年 3 月 31 日　　　　　　　　　　　　　　单位：千元

成本对象	主要材料			结构件			其他材料			周转材料摊销		
	计划	差异	实际成本	计划	差异	实际成本	计划	差异	实际成本	计划	差异	实际成本
工程施工——A 工程	2 400	24	2 424	1 000	10	1 010	80	0.8	80.8	40	0.4	40.4
工程施工——B 工程	1 900	19	1 919	900	9	909	60	0.6	60.6	30	0.3	30.3
工程施工——间接费用	25	0.25	25.25				20	0.2	20.2			
机械作业	15	0.15	15.15				40	0.4	40.4			
合计	4 340	43.40	4 383.4	1 900	19	1 919	200	2.0	202.0	70	0.7	70.7

根据表 12-4 编制会计分录如下：

借：工程施工——A 工程（合同成本）　　　　　　　　　　　　　3 520 000
　　　　　　——B 工程（合同成本）　　　　　　　　　　　　　 2 890 000
　　工程施工——间接费用　　　　　　　　　　　　　　　　　　　 45 000

```
           机械作业                                              55 000
      贷：材料——主要材料                                    4 340 000
            ——结构件                                      1 900 000
            ——其他材料                                      200 000
            ——周转材料                                       70 000
      借：工程施工——A工程                                     35 200
          工程施工——B工程                                     28 900
          工程施工——间接费用                                     450
          机械作业                                                550
      贷：材料成本差异                                          65 100
```

▶ **2. 人工费的归集和分配**

构成工程施工成本的人工费包括在施工过程中直接从事工程施工的建筑安装工人及在施工现场从事运料、配料等工作的辅助施工人员应计算的各项工资及按工资总额计提并缴纳的社会保险费用及住房公积。

工资及社保费用的核算在每月末进行。将发生的职工薪酬按照职工工作的部门及服务对象进行分配，分别计入"工程施工""机械作业""管理费用"等账户借方。计入"应付职工薪酬"账户的贷方。若企业只有一个合同项目，可根据职工薪酬分配表直接计入该合同项目的"人工费"成本项目。若同时存在多项合同项目，在计件工资制度下，根据施工任务书和工资结算凭证直接计入相关合同项目的"人工费"成本项目；在计时工资制度下，可采用一定分配标准在各建造合同项目之间进行分配，分配标准一般为实际耗用工日数。计算公式如下：

$$人工费用分配率 = \frac{工程施工人员薪酬总额}{\sum(各合同项目所耗工日)}$$

某合同项目应负担人工费用 = 该合同项目所耗工日 × 人工费用分配率

【例12-5】大业建筑安装公司根据工资结算单及规定的标准计提"五险一金"（假定计提标准为工资总额的36%），财务人员编制2017年3月的人工费用分配表如表12-5所示。

表12-5 人工费用分配表

2017年3月31日　　　　　　　　　　　　　　　　　　　单位：元

成本对象	应付工资	计提五险一金（假定按工资总额36%）	合计
工程施工——A工程	80 000	28 800	108 800
工程施工——B工程	75 000	27 000	102 000
工程施工——间接费用	20 000	7 200	27 200
机械作业	15 000	5 400	20 400
合计	190 000	68 400	258 400

根据表 12-5 编制会计分录如下：

借：工程施工——A 工程（合同成本）　　　　　　　　　108 800
　　　　　　——B 工程（合同成本）　　　　　　　　　102 000
　　工程施工——间接费用　　　　　　　　　　　　　　 27 200
　　机械作业　　　　　　　　　　　　　　　　　　　　 20 400
　　贷：应付职工薪酬　　　　　　　　　　　　　　　　258 400

▶ **3. 机械使用费的归集和分配**

构成施工成本的机械使用费是指为了直接完成建筑安装工程所需的各种施工机械发生的各项费用，包括租入施工机械的租赁费和使用自有施工机械的使用费，以及施工机械安装、拆卸和进出场费。

租赁机械发生的租赁费可根据结算单由会计人员直接计入"工程施工"账户，不必通过"机械作业"账户核算。

施工单位自行管理的各种施工机械所发生的各项费用，应通过"机械作业"账户核算。其费用项目有人工费、材料费、燃料动力费、折旧及修理费、其他直接费用、间接费用等。月末，将"机械作业"账户归集的费用按适当标准分配给各合同项目。分配机械作业费用的标准通常有三种。

(1) 按各合同项目使用施工机械的台时（台班）数进行分配。计算公式如下：

$$某台（类）机械使用费分配率 = \frac{本月该台（类）机械使用费}{该台（类）机械工作台时（台班）}$$

$$某合同项目应负担的机械使用费 = \sum（该项合同项目使用该机械工作台时（台班）数 \times 该台（类）机械使用费分配率）$$

(2) 按实际发生的机械使用费和预算规定的机械使用费比例进行分配。计算公式如下：

$$某合同项目应负担的机械使用费 = 某合同项目机械使用费的预算额 \times \frac{本月实际发生的机械使用费}{全部合同项目机械使用费预算总额}$$

预算分配法适用于不便计算机械使用台时（台班）或无机械使用台时（台班）记录的中小型机械，如几个合同项目共同使用混凝土搅拌机。

(3) 按各合同项目接受机械所完成的作业量进行分配。计算公式如下：

$$某机械作业量单位成本 = \frac{该机械实际发生的机械使用费}{该机械实际完成的作业量}$$

$$某合同项目应负担的机械使用费 = \sum（该项合同项目使用该机械工作量 \times 该机械作业量单位成本）$$

作业量分配法适用于能计算完成作业量的单台或某类机械，如汽车运输作业。

【例 12-6】大业建筑安装公司 2017 年 3 月发生机械使用费用 79 200 元，记录的机械台班数为 1 200 个台班，其中，A 工程合同项目为 800 个台班，B 工程合同项目为 400 个台班。据以编制机械使用费用分配表，如表 12-6 所示。

表 12-6　机械使用费用分配表

成本对象	台时数	分配比例	分配金额/元
工程施工——A 工程	800		52 800
工程施工——B 工程	400		26 400
合计	1 200	66	79 200

借：工程施工——A 工程（合同成本）　　　　　52 800
　　　　　——B 工程（合同成本）　　　　　26 400
　　贷：机械作业　　　　　79 200

▶ 4. 其他直接费用的归集和分配

构成施工成本的其他直接费用是指施工现场直接耗用的水、电、风、汽费，冬季雨季施工增加费，夜间施工增加费，材料二次搬运费，临时设施摊销费，生产工具使用费，检验试验费，工程定位复测费，场地清理费等。其他直接费用若能明确归属对象，可直接计入该合同成本；若不能确定成本对象，则先通过"工程施工（间接费用）"账户的借方先进行归集，等月末采用适当的方法进行分配计入各合同项目的工程成本。

▶ 5. 间接费用的归集和分配

通过"工程施工（间接费用）"账户归集的各种费用，在月末按所选定的分配标准分配计入各有关合同项目工程成本，分配费用后结平该明细账户。

间接费用分配方法一般有直接费用比例法和人工费比例法两种，计算公式如下：

$$间接费用分配率 = \frac{本期实际发生的全部间接费用}{各合同项目本期发生的直接费用（或人工费）之和}$$

某合同项目应负担间接费用＝该合同项目本期实际发生的直接费用（或人工费）×间接费用分配率

【例 12-7】大业建筑安装公司 2017 年 3 月发生各种间接费用 337 280 元，按各合同项目的人工费用作为分配依据进行分配，本月 A 工程的人工费用为 108 800 元，本月 B 工程的人工费用为 102 000 元。据以编制间接费用分配表，如表 12-7 所示。

表 12-7　间接费用分配表

成本对象	人工费用/元	分配比例	分配金额/元
工程施工——A 工程	108 800		174 080
工程施工——B 工程	102 000		163 200
合计	210 800	1.6	337 280

注：间接费用分配率 $= \frac{337\ 280}{108\ 800 + 102\ 000} = 1.6$。

根据分配结果编制会计分录如下：
借：工程施工——A 工程（合同成本）　　　　　174 080.00
　　　　　——B 工程（合同成本）　　　　　163 200.00
　　贷：工程施工（间接费用）　　　　　337 280.00

▶ 6. 已完工程实际成本的计算

作为成本计算对象的单项合同工程全部完工之后，称为竣工工程；尚未竣工，但已完成或预算定额规定的组成部分的分部分项工程，称为已完工程；虽已投入料工进行施工，但尚未完成预算定额所规定工序的分部分项工程，称为未完施工或未完工工程。由于建筑安装工程的施工周期较长，因此在实际工作中一般不能等到整个工程竣工以后再计算成本，而必须按月及时地计算已完工程的实际成本和预算成本，以便及时反映工程成本的超、降情况。在这种情况下，要进行月度工程成本结算，必须正确及时地计算月度未完施工的实际成本，进而计算出已完工程的实际成本。计算公式如下：

本月已完工工程的实际成本＝月初未完施工成本＋

本月施工费用＋月末未完施工成本

从上式中可见，计算本期已完工程成本的关键是期末未完施工成本的确定。确定期末未完工程施工成本的常用方法如下。

（1）未完施工工程成本按预算成本计价。由于工程的预算成本一般都是以分部工程或分项工程为对象确定的，所以为计算未完施工成本，月末应由统计人员对未完工程进行现场实地测量，将未完施工工程名称、已完工序及数量定额填列未完施工盘点单。再根据盘点单将未完施工折算为已完施工实物量的基础上，根据预算单价计算未完施工的工程成本。计算公式如下：

期末未完施工成本＝期末盘点确定的未完施工项目中已完工序的工作量×

各该工序预算单价

未完施工工程折合的完工工程量＝未完工程已完工序盘存数量×各工序折合率

（2）未完施工工程成本按预算成本比例分配计算。在取得已完施工预算成本和未完施工预算成本的前提下，可按预算成本计算比例进行分配。计算公式如下：

$$实际成本分配率＝\frac{期初未完施工工程实际成本＋本期实际施工成本}{本期已完施工工程预算成本＋期末未完施工工程预算成本}$$

期末未完施工工程实际成本＝期末未完施工工程预算成本×实际成本分配率

【例12-8】大业建筑安装公司施工的A、B工程期初未完施工成本2 000 000元，2017年3月份发生实际发生的工程费用计7 101 380元，月末未完工程量6 000平方米，完工率80%，工程造价预算为600元/平方米，本月已完工程的预算成本为6 000 000元，计算本月已完工工程的实际成本。

月末未完施工的预算成本＝6 000×80%×600＝2 880 000(元)

$$实际成本分配率＝\frac{2\,000\,000＋7\,101\,380}{2\,880\,000＋6\,000\,000}＝1.024\,93$$

期末未完工程实际成本＝2 880 000×1.024 93＝2 951 798.40(元)

本月已完工程的实际成本＝2 000 000＋7 101 380－2 951 798.40＝6 149 581.60(元)

(三) 工程决算

工程竣工后，在正确计算竣工工程的实际成本和预算单价的基础上，要及时办理单位工程竣工成本决算，来反映工程预算的执行情况，分析工程成本超支或节约的原因，并为同类型工程积累成本数据资料。

【例 12-9】 由大业建筑安装公司施工的 A 工程项目已竣工，根据工程成本资料编制竣工工程成本决算表，如表 12-8 所示。

表 12-8　竣工工程成本决算表

建设单位：盘龙房地产品公司　　　　　　　　　　　施工单位：大业建筑安装公司
工程编号、名称：A 号住宅楼　　　　　　　　　　　施工面积：8 000m²
开工日期：2017 年 1 月 15 日　　　　　　　　　　 竣工日期：2017 年 7 月 20 日

项　目	预算成本/元	实际成本/元	成本降低额/元	成本降低率/%
材料费	4 800 000	4 516 000	−284 000	−5.92
人工费	600 000	640 000	+40 000	+6.67
机械使用费	500 000	566 368	+66 368	+13.27
其他直接费	320 000	299 940	−20 060	−6.27
间接费用	180 000	204 750	+24 750	+13.75
工程成本合计	6 400 000	6 215 958	−184 042	−2.88

第三节　旅游、餐饮、服务企业成本核算

一、旅游、餐饮、服务企业成本概述

（一）旅游、餐饮、服务企业的概念与特点

旅游、餐饮、服务企业是国民经济中第三产业的重要组成部分，包括旅游业、饮食业、服务业。旅游、餐饮、服务企业都是以服务设施为条件，以知识和技能为手段，向消费者提供劳务服务的服务性行业，具体包括旅行社、饭店、宾馆、酒楼、度假村、理发店、美容店、洗染店、咨询业、照相馆、修理店、电影院及会计师事务所等中介机构在内的各类服务行业。

旅游、餐饮、服务企业是集生产、流通、服务三个职能为一体的综合性服务企业，其经营活动一般都以服务为中心，辅之以生产和流通，直接为消费者服务。

旅游、餐饮、服务企业的商品生产和销售具有其独特的特点。

▶ 1. 季节性强

旅游、餐饮、服务企业的生产经营季节性强。到了旅游淡季，旅游人数大幅度下降，旅游、餐饮、服务企业的业务随之减少，收入也大大减少，而固定性支出并未减少。旅游旺季则相反。

▶ 2. 依存性强

以旅游行业为例，在旅行社经营过程中，组团社与接团社以及旅馆、餐馆、酒楼等部门之间相互联系，一环套一环，如果哪个环节出现问题，将会给旅行社带来声誉和经济上的巨大损失。

▶ 3. 服务要求严格

旅游、餐饮、服务企业要满足客人文化、精神上的享受，并为客人的衣、食、住、行提供服务。所以，服务行业的服务态度要热情、服务设施要清洁卫生、起居场所要幽静安全。因此要对服务人员进行严格培训，提高服务人员素质，使服务达到要求标准。

（二）旅游、餐饮、服务企业成本核算的特点

旅游、餐饮、服务企业的成本核算，根据其自身的经营特点，采用不同的成本核算方法，从而形成了不同的核算特点。

▶ 1. 成本核算方法多样化

旅游、餐饮、服务企业是一个兼有生产、零售和服务三种职能的综合性服务企业，它们兼有生产、销售和服务三种职能，所以在成本核算上必须区分不同的经营活动，参照产品制造企业、商品流通企业的成本核算方法进行核算。例如，餐饮业在业务经营过程中，除以服务为中心外，还应根据消费者的需要，加工烹制各种菜肴和食品，然后将烹制品直接供应给消费者，并为消费者提供消费的场所、设施和时间。这是一个集生产、销售和服务的过程，包含了制造企业、商品流通企业和服务企业三种不同性质。但饮食制品的质量标准和技艺要求比较高，而且生产、销售、服务全过程所要求的时间很短，因此不可能像制造企业那样，按产品逐次逐件地进行完整的成本计算，而只能计算餐饮制品所耗原材料的总成本。在餐饮、服务过程中，还会出售酒类、饮料等商品，要采用商品流通企业的核算方法。综上所述，旅游、餐饮、服务企业要根据各类经营业务的不同特点，采用不同的成本计算方法。

▶ 2. 分别计算自制商品与外购商品成本

旅游、餐饮、服务企业的经营活动中，通常既经营外购商品业务，又经营自制商品销售业务，需要分别计算外购商品采购成本和自制商品的制造成本，并采用售价金额核算法，准确计算已销商品的实际成本。

▶ 3. 涉外企业需要计算汇兑损益和换汇成本

随着我国旅游业的蓬勃发展，国内旅游者出境旅游和国外旅游者到国内游览逐年增加。在这些业务活动中，对涉外的旅游、餐饮、服务企业，应按照国家外汇管理条例和办法，办理外汇业务，正确计算汇兑损益和换汇成本。

（三）旅游、餐饮、服务企业成本构成的内容

旅游、餐饮、服务企业成本是指企业在经营活动中发生的各种直接费用。可以归纳为以下五个方面。

▶ 1. 直接材料成本

直接材料成本是指企业在经营过程中直接耗费的原材料、调料、配料、辅料、燃料、配件等直接材料的成本，如饭店耗用的食品、饮料的原材料、调料等。

▶ 2. 代付费用

代付费用是指旅行社代付的房费、餐费、交通费、文娱费、行李托运费、门票费、专业活动费、签证费、陪同费、劳务费、宣传费、保险费、机场费等。

▶ 3. 商品采购成本

商品采购成本包括国内商品采购成本和国外购进商品采购成本两种。国内商品采购成本是指购进商品时支付的商品原价和采购费用，如果采购费用较少，也可以直接计入当期损益。国外购进商品采购成本是指商品在购进过程中发生的实际成本，包括进价、进口环节缴纳的税金、代理进口手续费等。

▶ 4. 汽车成本

汽车成本是指旅行社、宾馆、饭店提供车辆服务营运过程中所发生的直接费用，包括汽油费、维修费、高速费、司乘人员工资等。

▶ 5. 其他成本

其他成本是指不能直接计入以上营业成本的其他直接成本，例如复印项目中，消耗复印纸的实际成本等。

旅游、餐饮、服务企业在经营过程中发生的各种直接耗费，均通过"主营业务成本"账户进行核算。该账户损益类账户，费用发生时计入本账户的借方，期末转入"本年利润"账户记贷方，结转后无余额。本账户可按业务性质、劳务服务内容或业务类别设置明细账户。

另外，旅游、餐饮、服务企业为组织和管理经营活动而发生的销售费用、管理费用和财务费用，均应设置相应的账户，作为期间费用，计入当期损益。

二、旅游企业成本

旅游企业是指凭借旅游资源，以旅游设施为条件，为满足游客食、住、行、游、购、娱乐等旅游需求，提供商品和服务的综合性服务企业，主要是指各种旅行社。

（一）旅游经营业务的分类

▶ 1. 按旅游者活动的空间范围分类

按旅游者活动的空间范围划分，可分为国内旅游业务和国际旅游业务两种。

国内旅游业务是指组织本国公民在国家行政主权疆域内进行的旅游活动。国际旅游业务是指游客在不同国家之间进行的旅游活动，包括入境旅游和出境旅游两种。

▶ 2. 按服务形式分类

按服务形式划分，可分为组织团队（以下简称组团）旅游业务和接待团队（以下简称接团）旅游业务两种。

组团旅游业务是指旅行社预先制定目的地、日程、住宿、交通、旅游计划，并通过广告形式招揽游客，组织旅游团队，通过实施旅游计划，与接团旅游业务进行衔接而进行的旅游活动。接团旅游活动是指根据旅游接待安排，为游客在某一目的地或区域，提供导游、翻译，安排游览并负责订餐、订房、订票，为游客提供综合性服务的旅游活动。

▶ **3. 按组织形式分类**

按组织形式划分，可分为团体旅游业务和散客旅游业务两种。

团体旅游业务是指以团体为单位，设有导游或陪同而进行的旅游活动。散客旅游活动是指以个人或少数人为单位，通常不设导游的旅游活动。

（二）旅游营业成本的核算

旅游营业成本是指直接用于接待游客，为其提供各项旅游服务所发生的全部支出。按其经济内容的不同，可分为综合服务成本、组团外联成本、零星服务成本、劳务成本、票务成本、地游及加项成本、其他服务成本。

旅游营业成本还可分为组团社和接团社的成本。组团、接团成本是指在组团、接团过程中直接为客人旅游而支付的费用。

组团成本按其构成可分为拨付给各接团社的综合服务费、陪同费和通信联络费等。其中，拨付给接团社的综合服务费为拨付支出，全程陪同人员费用和通信联络费用则属于服务支出。

接团成本包括房费、餐费、交通费、陪同费、门票费、票务费、文杂费等。其中，房费、车费、文杂费是从组团社取得后，付给为客人提供食、宿、行和游览的单位，实质是属于代付性质的，称为代付费用。其余陪同费和文杂费中的宣传费则完全是旅行社为了向客人提供服务而发生的费用，称为服务费。

旅行社无论是组团社还是接团社，为接待游客而发生的上述直接费用均应计入"主营业务成本"账户，该账户可按房费、交通费、餐费、文杂费、劳务费等项目开设明细账。旅行社除上述直接成本外，在经营过程中还会发生与接待游客有关的其他间接费用，发生时可计入"销售费用"账户，作为期间费用处理。

【例12-10】阳光旅行社2017年5月份共支付房费300 000元，交通费25 000元，餐费6 000元，共计331 000元，均以银行存款支付。另外，还支付广告费6 000元，职工工资32 000元，合计38 000元，也以银行存款支付。

(1) 费用发生时：

借：主营业务成本——房费	300 000
——城市交通费	25 000
——餐费	6 000
销售费用——广告费	6 000
——工资	32 000
贷：银行存款	369 000

(2) 月末结转本年利润时：

借：本年利润	369 000
贷：主营业务成本	331 000
销售费用	38 000

接团社和组团社主营业务成本的认定时间往往不一样。接团社的主营业务成本，一般按实际费用，依组团社的标准，支付各项费用后入账核算，借记"主营业务成本"账户，贷

记"银行存款""应付账款"等账户。

组团社则根据接团社报来的旅游团结算费用通知单,按照收费标准计算应付接团社的全部各项费用,计入当月主营业务成本,借记"主营业务成本"账户,贷记"应付账款——应付联社结算款"账户。实际支付上述款项时,借记"应付账款——应付联社结算款"账户,贷记"银行存款"账户。

【例12-11】绿谷旅行社组织某旅行团去承德避暑山庄旅游,由天宇旅行社代为接待,各项成本尚未结算,该旅行社在月末先按计划成本15 000元入账,编制会计分录如下:

借:主营业务成本　　　　　　　　　　　　　　　　　　　　15 000.00
　　贷:应付账款——应付联社结算款　　　　　　　　　　　　15 000.00

次月初收,到天宇旅行社结算费用通知单,实际成本为15 600元,用银行存款支付。编制会计分录如下:

借:主营业务成本　　　　　　　　　　　　　　　　　　　　　　600.00
　　贷:应付账款——应付联社结算款　　　　　　　　　　　　　600.00
借:应付账款——应付联社结算款　　　　　　　　　　　　　15 600.00
　　贷:银行存款　　　　　　　　　　　　　　　　　　　　　15 600.00

三、餐饮企业成本

餐饮业是指从事出售加工烹制的菜肴和食品,并提供客人消费设施、场所和服务为主要业务的企业,主要包括饭店、酒楼、宾馆、副食品加工等企业。

(一)餐饮业经营业务内容

餐饮业又称饮食业,包括各种类型和风味的中餐馆、西餐馆、酒馆、咖啡馆、小吃店、冷饮店、茶馆、饮食制品以及副食品加工等企业。由于餐饮业具有经营内容繁多,品种规格不一,生产销售时间短等特点,决定了餐饮业成本计算只计算总成本,不计算单位成本和产品品种成本。

(二)餐饮业主营业务成本核算

餐饮业的成本计算采用只计算原材料成本,不计算制造成本的核算方法。其耗用的原材料包括三大类:第一大类是主食,如大米、面粉和杂粮等;第二大类是副食品,如肉类、鱼类、禽蛋类和豆制品等;第三大类是调味品,如食盐、糖、油、酱油、醋等。其原材料购进、领用有两种管理办法:领料制和非领料制。

▶ 1. 领料制

领料制就是对餐饮用原材料的收、发、存设有专人负责,购进原材料时专人负责验收入库,填制相关会计凭证;发料时由专人负责,并根据用料计划填制有关会计凭证。这种方法适用于饭店和大中型餐馆。

采用领料制进行原材料收发核算时,对所购入原材料根据入库凭证,借记"原材料"账户,贷记"现金"或"银行存款"账户。对发出原材料根据发出凭证,借记"主营业务成本"账户,贷记"原材料"账户。如果期末存在尚未用完的在操作间保管的原材料,经过盘点应办理"假退料"手续。本月末,根据盘点金额,借记"主营业务成本"账户(红字),贷记"原材料"(红字),表示对发出原材料的冲回。下月月初再借记"主营业务成本"账户(蓝字),贷记"原材料"账户(蓝字),表示重新计入主营业务成本。

为了简化核算,也可采用"以存计消"的核算方法。采用这种管理方法要求在购进原材料时,根据相关会计凭证,计入"原材料"账户。但是在领用原材料时,只办理领料手续,会计上不做账务处理。月末,通过实地盘点确认原材料的结存金额,再采用一定方法倒挤出当月发出原材料金额,计入"主营业务成本"账户。计算公式如下:

本月耗用原材料成本＝月初原材料结余额＋本月购进原材料额－月末原材料结存额

月初原材料结余额包括原材料库存余额和操作间结存额。

月末原材料余额包括库存原材料实地盘点额和操作间实地盘点额。

采用"以存计消"这种方法简便易行,但不够严谨,难以查明原材料溢余、差错、短缺情况以及发生的原因,容易掩盖在经营管理过程中存在的问题。因此适用于耗用量大,领发比较频繁,而且价值较低的原材料的核算。

【例 12-12】天天餐馆当月领用原材料32 700元,已办理领料手续。月末经过实地盘点,有1 630元原材料尚未用完,按规定应办理"假退料"手续。

(1)领料时:

借:主营业务成本　　　　　　　　　　　　　　　　　　　　32 700.00
　　贷:原材料　　　　　　　　　　　　　　　　　　　　　　　　32 700.00

(2)月末"假退料":

借:主营业务成本　　　　　　　　　　　　　　　　　　　　1 630.00
　　贷:原材料　　　　　　　　　　　　　　　　　　　　　　　　1 630.00

(3)下月初调整:

借:主营业务成本　　　　　　　　　　　　　　　　　　　　1 630.00
　　贷:原材料　　　　　　　　　　　　　　　　　　　　　　　　1 630.00

【例 12-13】仙都餐馆2017年4月"原材料"账户月初余额5 560元,本月购进原材料总额28 270元,月末操作间盘点原材料实存1 130元,仓库盘点实存2 430元,采用"以存计消"核算方法倒挤出4月原材料耗用总成本。

本月消耗原材料总成本＝5 560＋28 270－(1 130＋2 430)＝30 270(元)

借:主营业务成本　　　　　　　　　　　　　　　　　　　　30 270.00
　　贷:原材料　　　　　　　　　　　　　　　　　　　　　　　　30 270.00

【例 12-14】仙都餐馆2017年4月发工资4 000元,购入消毒用品260元,支付水电费480元,燃料费1 800元,合计6 540元,均以银行存款支付。

(1)费用发生时:

借:销售费用　　　　　　　　　　　　　　　　　　　　　　6 540.00
　　贷:银行存款　　　　　　　　　　　　　　　　　　　　　　　6 540.00

(2)期末结转时:

借:本年利润　　　　　　　　　　　　　　　　　　　　　　36 810.00
　　贷:主营业务成本　　　　　　　　　　　　　　　　　　　　　30 270.00

　　　　　销售费用　　　　　　　　　　　　　　　　　　　　　　　　6 540.00

▶ **2. 非领料制**

非领料制是指原材料的购进和领用不办理入库和领发手续，而是根据原材料购进的原始凭证，直接计入主营业务成本。这种方法适用于小型餐饮业。在这种方法下，餐馆不设置专职保管人员，只对原材料的购进和使用实行现场监督。

【例 12-15】仙都餐馆以现金购入副食品 820 元，调味品 23 元，配料 39 元，当即交操作间使用。

　　借：主营业务成本　　　　　　　　　　　　　　　　　　　　882.00
　　　贷：现金　　　　　　　　　　　　　　　　　　　　　　　　 88.00

四、服务企业成本

服务业是指利用特有的设施、场所和条件，以其特有的知识和技能为消费者提供劳务服务的企业，主要包括度假村、游乐场、歌舞厅、理发店、美容院、电影院、照相馆、律师事务所、会计师事务所、中介机构等。

服务业的主营业务成本，是指企业在服务经营过程中经常发生的各种成本费用的总和，是合理制定服务收费标准和考核企业经营管理水平的重要依据。

服务业具有不同的经营特点，有些在服务过程中既要提供劳务服务，又要消耗一定的原材料；有些不使用原材料，只为消费者提供一定的服务。由于各种服务企业提供劳务的方式不同，因此，对成本核算的要求也不相同。

（一）照相、洗染业成本核算

照相、洗染业在服务过程中，需要消耗一定的原材料，如胶片、相纸、显影药品、染料等，必须核算耗用原材料成本及费用。照相、洗染业耗用原材料总成本的核算，与饮食企业的原材料耗用成本的核算基本相同。

【例 12-16】某照相馆购入相纸 1 000 盒，每盒买价 24 元，款已付，相纸清点后入账，根据发票和收料单，编制会计分录如下：

　　借：原材料——相纸　　　　　　　　　　　　　　　　　　24 000.00
　　　贷：银行存款　　　　　　　　　　　　　　　　　　　　24 000.00

领用原材料时，借记"主营业务成本"账户，贷记"原材料"账户。月末根据计算出的实际耗用原材料数额进行调整。

【例 12-17】根据仓库保管人员转来的领料汇总表，本月彩扩车间领用相纸 500 盒，计 12 000 元，编制会计分录如下：

　　借：主营业务成本　　　　　　　　　　　　　　　　　　　12 000.00
　　　贷：原材料——相纸　　　　　　　　　　　　　　　　　12 000.00

照相、洗染业一般采用先收款后取件的收款方式，营业收入是以当月接受服务的数额计算的，而当月接受的照片和衣物不一定能在月末全部完工。为了正确地计算主营业务成本和经营成果，每月末应根据尚未加工的照片和衣物数量，计算出所需要的原材料数量和金额，借记"主营业务成本"账户，贷记"原材料"账户，下月初再红字冲销。如果月末未完工照片或衣物的数量较少,或者各月末完工数量大体相同,也可以不做调整。

(二)旅店、浴池、理发、咨询等行业成本核算

旅店、浴池、理发、咨询等行业,通常不需耗用或很少耗用原材料,平时开支的费用可直接计入"销售费用"账户,而不需要核算主营业务成本。

本章小结

商业企业是在社会再生产过程中组织商品流通的企业。商业企业为了销售商品,必须先购进商品,按购进价格支付采购成本,对发生的采购费用,应计入商品成本,或设专户核算,期末按商品存销比例进行分摊,将属于已销商品负担的采购费用计入当期商品销售成本,将属于储存商品应负担的采购费用计入期末存货成本。为了保证商品销售活动能够持续不断地正常进行,需要储存一定数量的商品,必定会发生储存费用。在销售商品过程中,还会发生销售费用。由于商品购进最终是为了销售商品,因此,这些商品储存和销售过程中发生的费用,一般列为销售费用。此外,企业行政管理部门为了组织和管理经营活动,还会发生管理费用。为了筹集业务经营所需资金,还要支付财务费用。因此,商品流通企业的费用包括销售费用、管理费用和财务费用。

施工企业是指从事建筑安装及其他专业工程施工的生产经营性企业。施工企业的基本生产活动就是生产建筑安装产品。它生产的产品按其性质可分为建筑工程和安装工程两种。施工企业在生产过程中为建筑安装工程而发生的各种生产耗费的货币表现形成生产费用。企业在一定时期内,以建筑安装工程为对象进行归集、分配的各项生产费用即为工程成本。因此,工程成本是将生产费用对象化了的可归属生产费用,没有对象化的生产费用不能称为工程成本。

旅游、餐饮、服务企业是国民经济中第三产业的重要组成部分,包括旅游业、饮食业、服务业。

综合练习

一、单项选择题

1. 在会计实务中,国内购进商品的采购成本是指其( )。

A. 进货原价

B. 进货原价及进货费用

C. 进货原价及入库后的清选整理费用

D. 进货原价及进货手续费

2. 在确定商品采购成本时,应将商品增值税进项税计入商品采购成本的是( )。

A. 一般纳税人采购的农副产品

B. 一般纳税人采购的所有商品

C. 小规模纳税人采购的农副产品

D. 小规模纳税人采购的所有商品

3. 关于"商品进销差价"账户,说法正确的是( )。

A. 批发企业使用

B. 零售企业使用

C. 批发和零售企业都使用

D. 都不使用

4. 旅行社的业务招待费应列入( )账户。

A. "营业外支出"

B. "管理费用"

C. "销售费用"

D. "财务费用"

5. 可计入酒店营业成本的项目是( )。

A. 厨师的工资

B. 餐具消耗

C. 原材料消耗

D. 燃料费

二、多项选择题

1. 按照商业流通企业在社会再生产活动中的作用,商品流通企业可以分为( )两类。

A. 批发企业   B. 商品加工企业
C. 零售企业   D. 其他企业

2. 商业流通企业的生产经营活动主要分为( )两个阶段。

A. 商品周转   B. 商品购进
C. 商品库存   D. 商品销售

3. 批发企业结转已销商品成本的方式有( )两种。

A. 正转成本和倒转成本   B. 分散结转
C. 逐日结转和定期结转   D. 集中结转

4. 接团社的营业成本主要包括为旅游者支付的( )。

A. 餐费

B. 包车费用

C. 行李托运费

D. 市内、市郊车船费

5. 餐饮成本核算的方法主要有( )。

A. 现收制   B. 预收制
C. 实地盘存制   D. 永续盘存制

三、判断题
1. 零售企业的商品无法采用数量金额核算法，只能采用金额核算法。（　）
2. 小规模纳税人购入货物支付的增值税额，也直接计入有关货物的成本。（　）
3. 零售企业结转已销商品成本的方法有分散结转和集中结转两种。（　）
4. 在集中结转成本法下，各商品明细账中不登记已销商品成本。（　）
5. 组团社和接团社在营业成本的账务处理上是不一样的。（　）

四、简答题
1. 旅游、餐饮、服务企业营业成本的主要内容有哪些？
2. 施工企业成本计算的特点是什么？

参 考 文 献

[1] 中华人民共和国财政部. 企业会计准则 2006[M]. 北京：经济科学出版社，2006.
[2] 中华人民共和国财政部. 企业会计准则：应用指南 2006 [M]. 北京：人民出版社，2006.
[3] 财政部会计司. 企业会计准则讲解：2006[M]. 北京：中国财经出版社，2007.
[4] 于富生. 成本会计学[M]. 北京：中国人民大学出版社，2003.
[5] 吴丽新. 新编成本会计[M]. 4 版. 大连：大连理工大学出版社，2001.
[6] 王雄元. 成本会计[M]. 上海：上海财经大学出版社，2007.
[7] 万寿义. 成本会计 [M]. 大连：东北财经大学出版社，2010.
[8] 崔红敏. 成本会计实务[M]. 北京：北京理工大学出版社，2010.
[9] 胡玉明. 成本会计[M]. 厦门：厦门大学出版社，2010.
[10] 林莉. 成本会计 [M]. 北京：中国财政经济出版社，2010.
[11] 鲁亮升. 成本会计 [M]. 北京：经济科学出版社，2010.
[12] 唐婉虹. 成本会计 [M]. 北京：清华大学出版社，2011.
[13] 袁寒松. 成本会计 [M]. 厦门：厦门大学出版社，2010.
[14] 周云凌. 成本会计 [M]. 大连：东北财经大学出版社，2011.
[15] 宋磊. 实用成本会计 [M]. 北京：北京大学出版社，2009.
[16] 蒋国发. 成本会计 [M]. 北京：清华大学出版社，2008.
[17] 顾全根. 成本会计全真实训 [M]. 北京：清华大学出版社，2010.
[18] 冯巧根. 成本会计 [M]. 北京：清华大学出版社，2007.
[19] 夏鑫. 成本会计学 [M]. 北京：清华大学出版社，2010.
[20] 肖薇. 成本会计 [M]. 北京：科学出版社，2010.

○ 会计学 ○

财务会计（英文版·第11版）

本书特色
经典的财务会计教材，配有中文翻译版，课件齐全。

教辅材料
课件、习题库

书号：9787302561934
作者：[美] 沃尔特·小哈里森 查尔斯·亨格瑞 威廉·托马斯 温迪·蒂兹
定价：115.00 元
出版日期：2020.9

任课教师免费申请

财务会计（第11版）

本书特色
经典的财务会计教材，配有英文影印版，教辅资源丰富，有中文课件。

教辅材料
课件、习题库、习题答案

书号：9787302508038
作者：[美] 沃尔特·小哈里森 等 著，赵小鹿 译
定价：109.00 元
出版日期：2018.9

任课教师免费申请

数字财务

本书特色
内容前沿，案例丰富，四色印刷，实操性强。

教辅材料
教学大纲、课件

书号：9787302562931
作者：彭娟 陈虎 王泽霞 胡仁昱
定价：98.00 元
出版日期：2020.10

任课教师免费申请

财务会计学（第二版）

本书特色
体现最新会计准则和会计法规，实用性强，习题丰富，内容全面，课件完备。

教辅材料
教学大纲、课件

书号：9787302520979
作者：王秀芬 李现宗
定价：55.00 元
出版日期：2019.3

任课教师免费申请

中级财务会计（第二版）

本书特色
教材内容丰富，语言通俗易懂。编者均为教学第一线且教学经验丰富的教师，善于用通俗的语言阐述复杂的问题。教材的基本概念源于企业会计准则，比较权威，并根据作者的知识和见解加以诠释。

教辅材料
课件、习题

书号：9787302566793
作者：潘爱玲主编，张健梅 副主编
定价：69.00 元
出版日期：2021.11

任课教师免费申请

中级财务会计

本书特色
"互联网+"教材，按照新准则编写，结构合理，形式丰富，课件齐全，便于教学。

教辅材料
教学大纲、课件

书号：9787302532378
作者：仲伟冰 赵洪进 张云
定价：59.00 元
出版日期：2019.8

任课教师免费申请

。会计学。

中级财务会计

本书特色
根据最新会计准则编写，应用型高校和高职适用教材，案例丰富，结构合理，课件齐全。

教辅材料
课件、教学大纲、习题答案

书号：9787302505099
作者：曹湘平 陈益云
定价：52.50元
出版日期：2018.7

任课教师免费申请

中级财务会计实训教程

本书特色
"互联网+"教材，课件齐全，便于教学。

书号：9787302564089
作者：郑卫茂 郭志英 章雁
定价：55.00元
出版日期：2020.9

任课教师免费申请

中级财务会计（全两册）

本书特色
国家和北京市一流专业建设点所在团队编写，基于最新会计准则和税收法规，全书包含教材和习题共两册，内容全面，提供丰富的教辅资源，便于教学。

教辅材料
教学大纲、课件

获奖信息
国家级一流专业、国家级一流课程建设成果，北京高等学校优质本科教材课件

书号：9787302543015
作者：毛新述
定价：88.00元
出版日期：2020.2

任课教师免费申请

高级财务会计

本书特色
应用型本科教材，篇幅适中，课件齐全，销量良好。

教辅材料
教学大纲、课件

书号：9787302525042
作者：田翠香、李宜
定价：49.00元
出版日期：2019.6

任课教师免费申请

高级财务会计理论与实务（第2版）

本书特色
"互联网+"教材，配套课件及案例完备，结构合理，应用性强，多次重印。

教辅材料
课件

书号：9787302518617
作者：刘颖斐 余国杰 许新霞
定价：45.00元
出版日期：2019.3

任课教师免费申请

高级财务会计

本书特色
"互联网+"教材，应用性强，篇幅适中，结构合理，课件完备，便于教学。

教辅材料
课件

书号：9787302525721
作者：游春晖 王菁
定价：45.00元
出版日期：2019.4

任课教师免费申请

○会计学○

高级财务会计

本书特色
国家级一流专业、国家级一流课程建设成果、北京市优质教材、应用型本科教材、"互联网+"新形态教材，内容丰富，案例新颖，篇幅适中，结构合理，课件完备，便于教学。

教辅材料
课件

获奖信息
国家级一流专业、国家级特色专业建设成果

书号：9787302564621
作者：张宏亮
定价：59.00 元
出版日期：2021.11

任课教师免费申请

会计综合技能实训（第二版）

本书特色
应用性强、篇幅适中、结构合理、课件完备，便于教学。

教辅材料
教学大纲、课件

书号：9787302537885
作者：马智祥 郑鑫 等
定价：28.00 元
出版日期：2019.11

任课教师免费申请

企业会计综合实训（第二版）

本书特色
定位高职，实用性强，案例丰富，课件齐全。

教辅材料
教学大纲、课件

书号：9787302571155
作者：刘燕 等
定价：20.00 元
出版日期：2021.1

任课教师免费申请

成本会计实训教程

本书特色
应用型创新实践实训教材，注重实际操作，有效提升会计操作技能，提供教学课件、数据和参考答案，方便教学和自学。

教辅材料
教学大纲、课件

书号：9787302571490
作者：徐梅鑫 余良宇
定价：45.00 元
出版日期：2021.1

任课教师免费申请

管理会计导论（第16版）

本书特色
全球最畅销管理会计教材，原汁原味地反映了最新的会计教育理念，无任何删减，教辅资料配套齐全，使于教学使用。

教辅材料
教学大纲、课件

书号：9787302487111
作者：亨格瑞 著，刘俊勇 译
定价：88.00 元
出版日期：2019.1

任课教师免费申请

管理会计实践教程

本书特色
"互联网+"教材，课件齐全，便于教学。

书号：9787302570394
作者：肖康元
定价：50.00 元
出版日期：2021.1

任课教师免费申请

○会计学○

管理会计

本书特色
"互联网+"教材,配套资源丰富,课程思政特色鲜明,增设在线测试题。

教辅材料
教学大纲、课件

书号:9787302574897
作者:高樱 徐琪霞
定价:49.00元
出版日期:2021.3

任课教师免费申请

会计信息系统(第二版)

本书特色
应用型本科教材,"互联网+"教材,郭道扬推荐,内容丰富,案例新颖,篇幅适中,结构合理,习题丰富,课件完备,便于教学。

教辅材料
教学大纲、课件、习题答案、试题库、模拟试卷、案例解析

书号:9787302553069
作者:杨定泉
定价:49.80元
出版日期:2020.6

任课教师免费申请

会计学教程(第二版)

本书特色
浙江大学名师之作,"互联网+"教材,畅销教材,习题丰富,课件完备。

教辅材料
教学大纲、课件、习题答案、试题库、模拟试卷

书号:9787302548881
作者:徐晓燕 车幼梅
定价:49.80元
出版日期:2020.6

任课教师免费申请

会计学(第三版)

本书特色
畅销教材,按新准则升级,新形态教材,南开大学倾力打造,教辅齐全,形式新颖。

教辅材料
教学大纲、课件、习题答案

获奖信息
国家级精品课配套教材

书号:9787302536574
作者:王志红 周晓苏
定价:59.00元
出版日期:2019.9

任课教师免费申请

资产评估模拟实训

本书特色
"互联网+"教材,案例丰富新颖,教辅材料齐全,便于教学。

教辅材料
教学大纲、课件、习题答案、试题库、模拟试卷、案例解析、其他素材

书号:9787302558811
作者:闫晓慧 王琳 范雪梅 张莹
定价:52.00元
出版日期:2020.9

任课教师免费申请

会计学原理

本书特色
"互联网+"教材,应用型本科教材,内容丰富,案例新颖,篇幅适中,结构合理,习题丰富,课件完备,便于教学。

教辅材料
课件

书号:9787302527169
作者:何玉润
定价:59.00元
出版日期:2019.5

任课教师免费申请

基础会计学（第二版）

本书特色
应用型本科教材，内容丰富，案例新颖，篇幅适中，结构合理，课件完备，便于教学。

教辅材料
教学大纲、课件

书号：9787302545545
作者：李迪 等
定价：48.00 元
出版日期：2019.12

任课教师免费申请

基础会计（第二版）

本书特色
刘永泽总主编，畅销教材，云南省精品教材，内容丰富，案例新颖，篇幅适中，结构合理，习题丰富，课件完备，便于教学。

教辅材料
教学大纲、课件、习题答案、试题库、模拟试卷

获奖信息
云南省精品课程配套教材

书号：9787302550846
作者：姚荣辉
定价：49.80 元
出版日期：2020.4

任课教师免费申请

基础会计实训教程

本书特色
应用型本科教材，内容丰富，案例新颖，篇幅适中，结构合理，课件完备，便于教学。

教辅材料
教学大纲、课件

书号：9787302520047
作者：李红萍
定价：45.00 元
出版日期：2019.1

任课教师免费申请

基础会计

本书特色
应用型本科教材，内容丰富，案例新颖，篇幅适中，结构合理，课件完备，便于教学。

教辅材料
教学大纲、课件

书号：9787302520030
作者：李红萍
定价：48.00 元
出版日期：2019.1

任课教师免费申请

审计学原理

本书特色
定位高职，实用性强，案例丰富，课件齐全。

教辅材料
教学大纲、课件

书号：9787302556978
作者：祁红涛 等
定价：49.80 元
出版日期：2020.7

任课教师免费申请

审计学

本书特色
国家级一流专业、国家级一流课程建设成果，应用型本科教材，"互联网+"教材，内容丰富，案例新颖，篇幅适中，结构合理，课件完备，便于教学。

教辅材料
课件

获奖信息
国家级一流专业、国家级特色专业建设成果。

书号：9787302563396
作者：赵保卿 主编，杨克智 副主编
定价：69.00 元
出版日期：2021.1

任课教师免费申请

○ 会计学 ○

审计学（第二版）

本书特色

应用型本科教材，"互联网+"教材，郭道扬推荐，内容丰富，案例新颖，篇幅适中，结构合理，习题丰富，课件完备，便于教学。

教辅材料

教学大纲、课件、习题答案、试题库、模拟试卷

书号：9787302553076
作者：叶忠明
定价：49.80 元
出版日期：2020.6

任课教师免费申请

税务会计（第三版）

本书特色

新形态教材，依据最新税收法规制度编写，配有丰富的教学资源。案例丰富，习题丰富，课件齐全。

教辅材料

课件、教学大纲、习题及答案、试题库、模拟试卷、案例解析、其他素材

书号：9787302556671
作者：王迪 臧建玲 马云平 华建新
定价：49.00 元
出版日期：2020.8

任课教师免费申请

银行会计

本书特色

根据最新会计准则编写，应用型高校和高职适用教材，案例丰富，结构合理，课件齐全。

教辅材料

课件

书号：9787302501008
作者：汪运栋
定价：57.00 元
出版日期：2018.6

任课教师免费申请

预算会计

本书特色

应用型本科教材，篇幅适中，课件齐全，销量良好。

教辅材料

教学大纲、课件

书号：9787302529064
作者：王悦 张南 焦争昌 赵士娇 刘亚芬 隋志纯 赵玉荣
定价：49.00 元
出版日期：2019.6

任课教师免费申请

新编政府与非营利组织会计

本书特色

"互联网+"教材，配套资源丰富，增设在线测试题。

教辅材料

教学大纲、课件

书号：9787302558729
作者：董普 王晶
定价：49.00 元
出版日期：2020.7

任课教师免费申请

商业伦理与会计职业道德

本书特色

时效性强，名师佳作，配套资源丰富，课程思政特色突出。

教辅材料

教学大纲、课件

书号：9787302557807
作者：叶陈刚 叶康涛 干胜道 王爱国 李志强
定价：49.00 元
出版日期：2020.7

任课教师免费申请

○会计学○

高新技术企业账务实操

本书特色
搭配用友新道软件,定位高职,实用性强,案例丰富,课件齐全。

教辅材料
教学大纲、课件

书号：9787302562771
作者：杨彩华 吴凤霞
定价：49.00元
出版日期：2020.10

任课教师免费申请

现代商贸企业账务实操

本书特色
搭配用友新道软件,定位高职,实用性强,案例丰富,课件齐全。

教辅材料
教学大纲、课件

书号：9787302553618
作者：石其彪
定价：49.00元
出版日期：2020.8

任课教师免费申请

会计学（第二版）

本书特色
新形态教材，实操性强，案例丰富，配有大量教学资源。

教辅材料
教学大纲、课件、习题答案、试题库、模拟试卷、案例解析、其他素材

书号：9787302588375
作者：闫晓慧、王琳、范雪梅、张莹
定价：59.80元
出版日期：2021.8

任课教师免费申请

成本管理会计（第2版）

本书特色
最新改版，应用型本科教材，互联网＋教材，习题丰富，课件齐全。

教辅材料
教学大纲、课件、习题答案、试题库、模拟试卷、案例解析

书号：9787302548379
作者：肖康元
定价：59.80元
出版日期：2020.6

任课教师免费申请

会计学

本书特色
厦门大学名师大作，"互联网＋"教材，权威、畅销教材，内容结构合理，习题配套丰富，课件齐全，非常便于教学。

教辅材料
教学大纲、课件、习题答案、试题库、模拟试卷

书号：9787302487470
作者：刘峰
定价：39.00元
出版日期：2019.6

任课教师免费申请

财务会计学（第二版）

本书特色
体现最新会计准则和会计法规，实用性强，习题丰富，内容全面，课件完备。

教辅材料
教学大纲、课件、习题答案、试题库

书号：9787302520979
作者：王秀芬 李现宗
定价：55.00元
出版日期：2019.3

任课教师免费申请

○会计学○

会计综合实验教程（第二版）

本书特色
应用型本科教材，内容丰富，案例新颖，篇幅适中，结构合理，习题丰富，课件完备，便于教学。

教辅材料
教学大纲、课件

书号：9787302524335
作者：王秀芬
定价：45.00 元
出版日期：2019.4

任课教师免费申请